CCIEE 中国国际经济交流中心 China Center for International Economic Exchanges | 重大课题

加强能源国际合作研究

Research on strengthening international cooperation in energy

中国国际经济交流中心课题组 著

中国经济出版社
CHINA ECONOMIC PUBLISHING HOUSE
北 京

图书在版编目（CIP）数据

加强能源国际合作研究 / 中国国际经济交流中心课题组著．
北京：中国经济出版社，2018.4
ISBN 978-7-5136-5124-0

Ⅰ．①加… Ⅱ．①中… Ⅲ．①能源经济—经济合作—国际合作—研究—中国
Ⅳ．①F426.2

中国版本图书馆 CIP 数据核字（2018）第 053275 号

责任编辑　严　莉
责任印制　马小宾
封面设计　任燕飞

出版发行　中国经济出版社
印 刷 者　北京力信诚印刷有限公司
经 销 者　各地新华书店
开　　本　710mm × 1000mm　1/16
印　　张　16.5
字　　数　228 千字
版　　次　2018 年 4 月第 1 版
印　　次　2018 年 4 月第 1 次
定　　价　68.00 元
广告经营许可证　京西工商广字第 8179 号

中国经济出版社 **网址** www.economyph.com **社址** 北京市西城区百万庄北街 3 号 **邮编** 100037

本版图书如存在印装质量问题，请与本社发行中心联系调换（联系电话：010-68330607）

课题组组成

课题负责人

韩文科　国家发改委能源研究所原所长

课题组组长

景春梅　中国国际经济交流中心信息部副部长、研究员

课题组成员

陈　妍　中国国际经济交流中心信息部副研究员

王成仁　中国国际经济交流中心信息部副研究员

曾少军　中国国际经济交流中心战略研究部研究员

曾省存　中国社科院研究生院政府政策系博士

金爱伟　民德研究院研究人员

序一

党的十八以来，中央一系列有关改革和开放的战略部署和政策措施，为我国能源领域的转型和发展增添了新的奋斗目标，注入了新的动力。习近平新时代中国特色社会主义思想和习近平总书记关于能源革命的重要论述，为我们把握世界能源发展大势，破解能源资源和环境约束难题，走具有中国特色的能源发展道路，建设现代化的能源体系，建立全面的能源国际合作关系和打造能源利益共同体指明了方向。

近年来，世界能源供需格局发生了重大变化。我国作为全球最大的能源生产国和消费国以及全球最大的能源市场，对世界能源格局变化、对全球能源治理、对全球重要地区和区域的能源合作的影响力仍然较弱；我国企业的国际化程度较低，影响国际能源市场价格的机会和能力十分有限，导致我国获取国际能源资源产品的成本较高。当前，中国特色社会主义进入新时代，这是我国发展新的历史方位，也为我国全方位加强国际能源合作开辟了更加广阔的空间。全方位加强国际能源合作，是习近平总书记提出的能源革命的“四个革命、一个合作”重大战略任务之一，也是我国在不断变化的国际能源局势下保障我国的能源安全，更好地利用国际能源资源，打造国际能源合作利益共同体、责任共同体和命运共同体的必由之路。

自改革开放以来，我国的国际能源合作走过了以“引进来、促发展”和“走出去、加大利用国际资源”，以及“积极参与全球能源治理”和“共建‘一带一路’，提出中国方案”为主要特征的不同阶段。回顾我国国际能源合作的历程和成就，可以看到，成就非凡，令人自豪。但同时，我们也深切感到，我国开展国际能源合作的理念、能力依然有待提高；无论是政府部门还是相关企业等，在能源国际合作中的主动性、塑造力、传播力、引导力、支撑力和效率依然较低。我国开展能源国际合作的总体能力和水平与我国现今的大国地位不相适应。

新时代我国的国际能源合作要有更高的目标，要以保障全面建成小康社会和实现两个一百年奋斗目标为前提，全面参与全球能源治理，承担与自身能力相适应的大国责任，积极推动构建人类能源命运共同体，坚持绿色低碳发展方向，推动形成绿色低碳的全球能源治理格局。新时代加强我国的国际能源合作，应采取积极有为、义利兼顾，融入、改造、引领以及全面加强、重点突破的原则。同时，要以“一带一路”为依托，提出“中国主张”和“中国方案”，完善国际能源合作框架和区域能源合作框架，深化已有的多边机制和双边合作机制，推动能源企业更好地走出去和全面国际化，不断提升我国的能源国际合作软实力。

在“一带一路”能源合作中，在合作的内容上，也要与能源治理平台建设，与国家能源发展战略、规划和政策方面的合作，与结合各自国情推进能源市场化和体制机制方面的改革结合起来，要把能源产业之间的合作由以上游为主拓展到全产业链的合作上。通过深化能源合作，推动经济、贸易、投资、人文交流方面的合作，达到全面提升与沿线国家的合作关系的目的。

国家发改委能源研究所原所长　韩文科

2018 年 4 月于北京

序二

中国前所未有地接近中华民族伟大复兴的目标，中国也前所未有地与国际社会如此深度融合。能源革命在中国风头正劲，也在世界风起云涌。这本著作立足中国能源国际合作的发展与展望，也提供了中国与国际能源发展转型休戚与共的一个视角，让我们可以深入理解正在发生什么，也会更好地指导我们怎么办。

国际能源形势从地缘到结构都在发生前所未有的变化。主要发达国家能源消费总量趋于稳定甚至下降，以中国、印度为代表的新兴经济体的快速发展，使得国际能源的消费中心东移。同时，为应对日益严峻的气候变化、空气污染等问题，能源正在加速朝着清洁化、低碳化方向发展，科技进步也在大幅度降低清洁能源的成本。据国际能源署预测，到下一个十年，光伏将会成为最便宜的发电方式，到2040年，可再生能源、天然气、核能等清洁能源将满足全球85%的能源增量需求。与此进程相伴的是，智能化正在深刻改变能源供应和消费结构，分布式能源、电动汽车、智能家居等领域的快速发展打破了能源消费端和供应端的界限，这种变化无疑也会重构产业格局，带来深远的影响。书中专门单列了新能源与可再生能源合作的专题报告，非常有前瞻性。如书中所言，国际能源合作也正在成为新形势下全球能源转型发展的重要推动力。

虽然加强能源领域国际合作是主旋律，但如书中分析的那样，地缘政治风险、贸易保护主义等影响依然存在，甚至一定时期有加剧的趋势。美国能源独立正在改写能源地缘政治格局，中东、北非复杂局势将长期存在。对能源市场的争夺、政治外交风险的蔓延以及贸易保护主义抬头等，都对能源国际合作深入发展带来阻碍。但在错综复杂的形势中，全球能源领域的联系却愈加紧密，不仅是资源，技术、商业模式乃至理念的快速分享都在能源领域发挥着越来越大的作用，技术正在变得和资源一样越来越成为保障能源安全的基石。

作为能源生产和消费大国，中国在能源发展和国际合作中做出了表率。正如法提赫·毕罗尔署长指出的那样，中国是最大的光伏生产国和装机国、最大的风电装机国、最大的核电在建国、最大的能效改善国以及最大的电动汽车保有国，中国正在成为清洁能源的引领者。通过“一带一路”合作，中国也正在将越来越多的清洁能源带给更多的发展中国家。但相比这些“硬实力”，中国在全球能源治理的“软实力”方面大大落后于务实合作，书中建议全方位推进全球能源治理改革，非常重要。虽然这方面仍然要有很长的路走，中国势必也会从全球治理的跟随者逐步变成重要的主导者。

能源正在成为推动构建全球命运共同体的强大动力。书中大篇幅阐述了“一带一路”相关能源合作的情况和展望，不仅有理论及形势分析，也有很多务实的建议。书中论述了构建区域能源市场的重要性和意义，认为能源交易市场是区域能源合作的重要基础，也是推进人民币国际化的必然要求。这和当前国内开展的能源市场化改革非常契合，石油、天然气等能源市场中心的建设必须有相应的体制改革支撑才能成功，没有成熟的市场体制就不会产生真正的市场价格，也就无法真正有更高的话语权。这也会是开放促进改革、软实力建设的一个典范。书中非常重视投融资机制对“一带一路”能源合作的重要作用，还超前性地提出了加强金融投机监管的建议，具有重要的指导意义。可以说这些论述丰富了“一带一路”能源合作共商、共建、共享的内容。

改革创新不仅是中国的主流，也是全球发展的强音。改革是形势发展的必然要求，国际能源署的演进也体现了这一点。从最初应对能源供应危机，到促进能源市场透明稳定，再到推进全球能源清洁转型，并向新兴经济体敞开大门，国际能源署的现代化改革进程也备受关注。这一进程离不开中国的参与和支持，作为世界上最大的能源消费国，中国是国际能源署的联盟国，如何发挥好中国在推进全球能源治理、加强能源国际合作方面的作用，不仅关乎中国的发展和福祉，也关乎全球的发展和福祉。

本著作是对新时代中国加强能源国际合作较为系统和全面的研究成果。景春梅博士长期专注于能源研究，她所带领的团队在本研究中投入很大精力和心血，收集了大量材料、数据、政策和案例，同时基于细致的分析，提出了能源国际合作的总体思路、目标原则、重点任务和战略举措，内容丰富、结论客观、建议可行，可以说本著作的出版恰当其时。国际能源署副署长保罗·西蒙斯先生曾就能源合作议题专程与课题组进行过交流，本人也在研究进行中与课题组进行多次沟通，切身感受到课题组研究工作的扎实和严谨。

虽然本著作是一部专业研究报告，但语言平实，相信也能给关心国际能源事务的公众带来启发。希望本著作作为能源国际合作中的一朵美丽浪花，为推进相关工作再添新动力。

国际能源署署长高级顾问 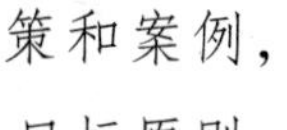

2018 年 4 月于巴黎

2016 年全球生物质能产业保持平稳增长，生物质发电新增装机 9GW 创历史最高纪录，欧洲、中国和巴西是增长的主要驱动力；生物质液体燃料产量增长 2.1%。据预测，2030 年可再生能源在全球能源消费总量中的占比将达到 36%，其中生物质能将占可再生能源的 60%，在能源替代中发挥重要作用。

从生物质发电占可再生能源装机容量（含水力发电）的份额上来看，所占比例较低，历年变化不大。

表 5 生物质发电装机容量占比

年份	[illegible]（GW）	[illegible]（GW）	[illegible]
2013	1560	88	5.6
2014	1712	93	5.4
2015	1849	106	5.7
2016	2017	112	5.6

资料来源：《21 世纪可再生能源政策网络》（REN21）发布的《可再生能源全球现状报告 2017》。

生物燃料生产方面，2016 年产量最大的国家是美国，占全球总量 46%，"一带一路"国家中，印尼、泰国的产量排名靠前，新加坡、波兰和印度也是主要的生产国。

表 6 2016 年全球生物质燃料产量

[illegible]	[illegible]	[illegible]
美国	631	2.6
巴西	308	-1.4
德国	[illegible]	-0.3
阿根廷	39	1
中国	31	—
印度尼西亚	31	1.3
泰国	29	0.2
法国	2?	0.2
英国	23	0.1

目　录

（4）欧洲和非洲沿线一些国家地热能利用也保持着良好的发展势头。土耳其境内多火山，高温地热资源丰富，2017年新增地热发电装机323MW，占全球新增装机的近一半。该国政府鼓励地热能开发，对地热发电在电价和设备上给予补贴，西部已经建成了多座地热发电设备。意大利是世界地热发电主要国家之一，位于罗马西北部的拉德瑞罗地热电站是世界上建成的第一座地热发电站。肯尼亚位于红海—亚丁湾—东非裂谷地热带，地热资源储备丰富，具有开发深层地热资源的可行性。该国能源部大力鼓励地热能利用，目前国家电网中43%的电力来自地热发电，未来地热资源预计可100%满足电力需求。

中国企业可寻求在东盟、欧洲、非洲等一些地热能发展迅速、政府支持力度大的国家布局，就地热开发技术进行国家间交流，在大规模的地热开发项目中展开国际合作，尤其可重点关注发展速度快、未来潜力大的菲律宾、印度尼西亚，目前印尼有331个极具开发潜力的地热矿点等待投资者加盟，当地政府也将通过财政和其他优惠政策为投资者提供便利。在地热供暖、地热发电、地热工农业领域应用上，与这些国家进行地热资源开发的多层次立体式互通互助，将地热能开发推向国际化。

四、促进绿色“一带一路”建设国际合作的政策建议

（一）以传统能源市场促可再生能源拓展

世界能源结构向低碳化、无碳化方向演变的过程中，必然存在一部分新能源对传统能源的替代，但在相当长的一段时期内，新能源与传统能源之间应该是有机结合、分工合理、合作有序的。化石能源经过多年的发展，具有明显的规模与区位优势，技术成熟度与成本竞争力高，而新能源资源丰富，具有可再生性，开发潜力巨大，但成本普遍偏高且尚未形成完善的技术体系。因此，以传统能源市场促可再生能源拓展，平

总报告

在全球能源治理体系加速重构，我国“一带一路”倡议推进实施，以及能源合作“引进来”和“走出去”并举的新时代，应充分把握国际能源合作的新变化和新趋势，以“一带一路”为突破口，开展更加积极有为的能源国际合作，打造国际能源合作的利益共同体、责任共同体和命运共同体。

一、我国能源国际合作的成就、机遇及挑战

改革开放以来，伴随着经济不断发展和综合国力不断提升，我国能源国际合作战略经历了与时俱进、应势调整，合作理念不断更新升级，合作成果不断扩大和丰富的非凡历程。自改革开放以来，能源国际合作大体经历了四个阶段。第一阶段是1978—1992年，通过“引进来”融入国际能源市场。在对外能源依赖程度不高的初期，这些合作形式使我国在短期内迅速融入国际能源市场。第二阶段是1993—2000年，开始“走出去”利用国外资源，探索能源安全战略。我国参与世界能源市场的能力逐渐增强，国际地位有所提升。第三阶段是2001—2012年，开始注重多元发展和区域合作，能源国际合作影响力不断提升。能源国际合作原则性和灵活性高度统一，合作理念和政策随着国内国际的环境变化及时调整，初步提出构建全球能源市场治理机制。第四阶段是2013年至今，提出“中国方案”，能源国际合作进入新时代。一方面，继续深化能源多元化合作，充分有效保障能源安全；另一方面，逐渐成为能源国际合作的主要推动者。作为能源生产和消费大国，我国从国际能源市场的“小伙伴”变成“大块头”，能源合作也从“引进来”走向

“引进来”和“走出去”并举，进入“升级版”，从以双边为主的资源、项目合作转向通过多边机制参与全球能源治理，从以保障自身能源安全为主转向构建全球能源命运共同体。同时，我国在全球能源治理体系中的影响力大幅提升，未来有望在全球能源治理中发挥更大作用。

新时代，我国能源国际合作既面临重大机遇，又存在诸多挑战。当前，我国综合国力进入世界前列，国际地位实现前所未有的提升，欧美在全球化和全球能源治理理念上产生分化，全球能源生产和消费格局发生重大变化，加强我国能源国际合作迎来新机遇。同时，也要清醒地看到，西方发达国家和主要能源输出国拥有近50年的能源国际合作经验，而我国“资历尚浅”，在全球能源治理中的地位与经济规模和能源体量还不相称，在能源国际合作中的主导力、影响力、号召力、塑造力和支撑力还需进一步提升，政府推动能源国际合作的能力仍需进一步加强，企业“走出去”的国际化水平有待进一步提高。

二、国际能源合作新变化、新趋势

（一）国际能源合作环境新变化

能源生产中心加速“西移”，供应格局多极化。随着美国页岩油气革命成功、加拿大油砂大量开采，以及委内瑞拉石油储量跃居世界第一，中东地区油气供应一家独大的传统格局被打破，全球能源供应中心“西移”，开始呈现石油输出国组织（OPEC）、俄罗斯—中亚、北美等多极供应新格局。特朗普政府推出“美国第一能源计划”，将加速世界油气生产中心“西移”步伐，深刻改变全球石油市场供需，并极大削弱OPEC和俄罗斯对国际石油市场的影响。此外，南美油气田的新发现，欧盟可再生能源领域的蓬勃发展，以及中东、俄罗斯等传统能源出口国产能稳定，全球能源生产重心总体将向西半球倾斜。

能源消费中心继续“东扩”，新兴经济体消费不断上升。全球能源需求进入低速增长时期，主要发达国家能源消费总量趋于稳定甚至下降，新兴经济体能源需求将持续增长。以中国、印度为代表的新兴经济体快速发展，使得国际能源消费中心正向东半球偏移。亚太经合组织（APEC）预测，2035 年全球超过 90% 的能源需求增长将来自亚洲，亚太地区成为世界最重要的油气消费地。另据英国石油公司（BP）测算，2035 年全球能源需求将比 2011 年增长 36%，中国和印度将占增长的一半以上。

能源消费结构多元化，进入“四分天下”时代。人类跨入工业文明 200 多年来，煤炭、石油、天然气等化石燃料成为能源中的主力。近年来，新能源和可再生能源快速发展，已成为一次能源消费中最具潜力的领域，未来可望与煤、油、气形成“四分天下”格局。据英国石油公司（BP）统计，2016 年全球一次能源供应中，石油占 33.3%，煤炭占 28.1%，天然气占 24.1%，核能、水电、风能、太阳能等低碳能源合计占到 14.5%。随着页岩气、可燃冰、深海油气技术的成熟和应用，化石能源内部结构也将发生变化，天然气所占比重将不断上升。此外，中国、印度、欧盟等国家（地区）低碳能源的发展将带动全球能源消费日趋多元化。

国际油价大幅震荡，对全球能源市场造成深远影响。低油价致使大国博弈更加激烈，全球能源走势面临诸多不确定因素。低油价周期给美国带来政治和经济利益，有利于其再工业化和制造业回归，但影响了俄罗斯的对外议价能力和能源战略，也使中东产油国的财政压力日益增大。随着能源格局的变化，能源生产和消费国利益分化调整，全球能源治理体系加速重构。在全球能源供需相对宽松和买方市场情形下，以新兴经济体为主的能源消费国开始在能源国际合作中赢得更多主动权。

地缘政治变化致能源合作环境更趋复杂。美国页岩油气革命和能源独立政策正在改写国际能源地缘政治格局。特朗普能源新政更加注重自身发展，将逐步把美国带离世界能源政治版图的核心——中东地区，对中东地区的维稳投入也将逐步减少，中东、北非局势复杂将常态化。随着能源出口不断增加以及油气资源低成本化，美国会拥有更多钳制国际地缘政治的力量，对俄罗斯、中国等传统竞争方形成新的制衡。

（二）国际能源合作新趋势

随着世界能源供需格局的改变，以新兴经济体为主的能源消费国开始在能源合作中赢得更多主动权，国际能源合作呈现四大趋势。

趋势一：能源合作理念从保障个体安全走向维护共同安全。随着经济全球化的发展，能源资源已经全球配置。全球能源供需互利共赢的需求增加，利益博弈也在加剧，越来越多的国家通过双边或多边合作机制协调争端，能源合作理念从保障个体安全走向维护共同安全。

趋势二：能源转型与应对气候变化仍是能源合作主旋律。化石能源大量使用带来环境、生态和全球气候变化等一系列问题，主动破解困局、加快能源转型发展已成为世界各国的自觉行动。虽然美国宣布将退出《巴黎协定》，但无法改变世界能源向绿色低碳转型的趋势。主要经济体纷纷制定新能源发展规划，抢占新能源技术制高点，扩大市场份额。新能源领域已呈竞争态势，新能源合作必将成为未来国际能源合作的重要内容。

趋势三：共建“一带一路”成为能源合作新亮点。“一带一路”关注的欧亚大陆是世界能源经济心脏地带，沿线地区未来将成为世界最大的能源生产与消费市场。能源成为“一带一路”建设的“新丝绸”，能源合作也成为“一带一路”国际合作的重要主题。“一带一路”国际合作高峰论坛召开期间，中国政府提出能源合作俱乐部的倡议，将“一带一路”建设和国际能源合作推向新高度。

趋势四：全球能源治理改革成为能源合作制高点。新兴力量的出现打破了国际能源市场原有平衡，由发达国家主导的现有全球能源治理结构与国际能源市场的新变化、新格局不适应、不匹配，局限性凸显。不仅如此，现有国际能源组织和机构各自为战，缺乏协调，难以平衡新旧能源生产国和消费国的利益诉求。在此背景下，亟须建立共同安全体系，维护各国核心关切和整体能源安全。全球能源治理是维护本国核心利益、保障能源安全、体现国家软实力和影响力的重要途径，因而成为近年来国际能源合作的制高点。

三、新时代我国能源国际合作的总体思路

（一）总体目标

新时代我国能源国际合作要有更高目标。**第一，须以为全面建成小康社会和两个一百年奋斗目标提供充足的能源保障为底线。**要把推进能源革命作为能源发展的基本国策，筑牢能源安全基石，为全面建成小康社会，实现两个一百年奋斗目标和中华民族伟大复兴中国梦提供坚强保障。

第二，全面参与全球能源治理，承担与我国自身能力相适应的责任，构建人类能源命运共同体。充分利用全球能源治理的多边治理机制，树立双赢、多赢、共赢新理念，与国际社会一道，共同致力于打造开放包容、普惠共享的能源命运共同体，为推动全球绿色低碳可持续发展，消除全球能源贫困做出中国贡献。

第三，坚持绿色低碳发展方向，推动形成绿色低碳的全球能源治理格局。进一步提升我国参与全球能源治理的影响力和话语权。推动构建绿色低碳的全球能源治理机制，加强研究和沟通，贡献中国方案，争取将全球能源绿色低碳转型纳入联合国工作计划。

（二）基本原则

积极有为、义利兼顾。当前，经济全球化、区域一体化快速发展，不同国家和地区彼此依赖，俱荣俱损，必须摒弃过时的零和思维，不能只追求你少我多、你输我赢，而要义利兼顾、义利兼得，只有义利平衡才能义利共赢。

融入、改造、引领。中国参与全球能源治理应该遵循融入、改造和主导的路径。融入是前提。要变被动为主动，积极融入全球能源治理体系，熟悉现有国际规则，参与全球能源治理新体系的设计与运行。改造是手段。应在能源治理改革中发挥更大作用，改变不公平、不合理的国际能源秩序，进一步反映新兴国家和发展中国家的诉求和声音。引领是最终目标。在2035年我国基本实现现代化时，推动形成我国深度参与的、充分反映广大发展中国家关切和需求的、以建设全球能源命运共同体为目标的国际能源治理机制。

全面加强、重点突破。全面深化合作领域，拓展合作版图，拓宽能源合作品种和领域，全方位参与全球能源治理。重点突破，在“一带一路”倡议基础上，深化“一带一路”沿线国家能源合作。提升能源安全保障水平，提高能源资源优化配置能力，实现能源市场深度融合。

开放包容、优势互补。要推动建设能源合作伙伴关系，实现国与国平等表达能源合作意愿、互惠互利，确保合作事项不受政治性事件影响。搭建供需对接平台，构建能源市场稳定机制，完善资源与要素流通机制，实现优势互补、共赢合作。

四、新时代加强我国能源国际合作的建议

（一）全方位推进全球能源治理改革

借助现有治理平台提升影响力，全方位与国际能源署（IEA）、二十国集团（G20）、国际能源论坛（IEF）等充分合作，使中国主张获得广泛接纳。积极融入现有全球能源治理机制改革进程，完善治理功能，为能源合作创建更多便利化安排。推动“一带一路”能源合作俱乐部落地，将其打造成为汇集有关国家、国际组织、企业、金融机构、智库等多方参与的多层次合作平台。推动建设能源合作伙伴关系，构建人类能源命运共同体。可考虑在“一带一路”沿线国家或亚洲国家范围内

适时提出建立部长级能源伙伴关系对话机制，开展政策交流和协调。

（二）以共建“一带一路”为依托深化能源国际合作

“一带一路”在全球能源供应中占据核心地位，但发展不平衡，国际合作的潜力尚未充分释放。一些国家能源资源丰富，但铁路、公路、桥梁、港口、机场和通信等基础建设严重不足，能源开发建设水平低，未能有效地将资源优势转化为经济优势；另一些国家能源无法自给，需要大量进口，且高成本制约经济效率提升。亟须构建供需对接的平台和渠道，协调能源流通、投资和贸易，化解因保障供给和争夺通道带来的矛盾。特别是亚洲主要国家在维护稳定的供需关系、保障运输安全、提升话语权、应对气候变化等方面均存在利益契合点，具有互利合作的现实条件和发展共赢的强烈愿望。中国要借助“一带一路”倡议契机，以能源开发为切入点，促进产业合作，推动沿线周边国家能源战略布局，深化与沿线国家的战略合作关系，提高自身在能源市场中的地位。

（三）勾画国际合作框架和区域合作框架

深化与美国、环里海国家及俄罗斯、印度等国战略合作关系。扩大中美共同利益、增进共识，减少美国对中国推动“一带一路”能源合作的抵触情绪。继续加强与环里海国家及俄罗斯能源互联互通，深入开展能源技术合作。在“一带一路”框架下，与印度开展能源供给安全保障、能源技术开发与利用等关键领域合作，缓和中印在能源产地的竞争。在区域合作基础上推动建立“东北亚能源共同体”。以中国、日本、韩国能源领域合作为主，逐渐向俄罗斯、朝鲜和蒙古国开放，建立真正的东北亚能源共同体。由油气合作逐渐扩展到电力、煤炭、核能、可再生能源等“大能源”领域。

（四）深化已有多边和双边合作机制

重点发挥中俄能源合作委员会、中美能源政策对话等46个双边合作机制的积极作用，用好APEC、G20等28个多边合作机制，以高层互访为引领，依托政府间合作平台，以编制双边能源合作规划为基础，以签订政府间能源合作协议为保障，以重大能源合作项目落地为目标，深化和扩大与重点国家的能源务实合作。建立完善双边联合工作机制，研究共同推进能源合作的实施方案、行动路线图。共建“一带一路”能源合作俱乐部，扩大各国间能源智库的合作与交流，推动各国间人才交流和信息共享。

（五）推动能源企业走出去和全面国际化

加快培养支撑能源企业走出去的国际化经营管理人才。推动中国能源企业制定中长期战略和相关制度，做好长期规划和人员培训，争取能够在未来五到十年内，稳步向全球大型跨国公司转变。进一步加强能源企业宽领域、多层次、全产业链合作。未来，中国能源公司发展成为跨国公司，将不单单以资源为导向，而是将设备制造、工程管理和能源服务等一系列配套，开展更为全面、深度的全产业链合作。

（六）提升我国能源国际合作软实力

增强国际交流、解决争端和消除误解的能力，适应和融入现行国际规则，熟练、灵活运用国际法律规则进行交流、谈判，解决能源贸易争端，维护我国国家利益。促进多方位能源合作和全方位公关，化解“中国威胁论”“新殖民主义”等不利舆论。提升战略谋划能力，正确研判国际能源发展的大格局、大趋势，对我国能源发展做出前瞻性、战略性、系统性的设计和谋划；提出中国主张，提升中国参与全球能源治理能力。强化人才储备和派员能力，加大高素质人才队伍建设，促进人才国际交流，培养和储备具有国际化视野和实践经验的专业人才。提高智库研究能力，加大力度支持国内能源智库建设，加强与沿线国家智库交流与合作，创新能源合作模式，提升智库对决策的支撑能力。

五、建设“一带一路”能源合作伙伴关系

（一）“一带一路”能源国际合作进展、机遇及挑战

加强能源国际合作是“一带一路”建设的重要内容。“一带一路”沿线覆盖60多个国家，涵盖约44亿人口，连接欧亚两大能源消费市场和中东、中亚、俄罗斯等主要能源供给区域。党的十九大提出，要以“一带一路”建设为重点，形成陆海内外联动、东西双向互济的开放格局，为新时代推进“一带一路”能源合作提供方向指引。

自“一带一路”倡议提出以来，能源合作进展顺利，取得积极成果。一是搭建多层次合作框架，启动了能源合作俱乐部建设。全球100多个国家和国际组织积极支持和参与“一带一路”建设，40多个国家和国际组织同中国签署了合作协议。二是贸易显著提升。中国超过六成的石油以及大部分天然气进口来自于沿线国家，以大通关体系建设、经贸合作区建设等为重点的贸易便利化大步推进。三是能源基础设施投资规模大，中国对沿线国家电力投资超过1700亿美元，油气等领域投资超过900亿美元，直接投资涉及19个沿线国家40余个重大能源项目。四是电力、核能等领域产能合作进展顺利。中国参与了沿线25个国家的煤电项目，总装机超过25万兆瓦。我国自主三代核电技术正在积极开拓俄罗斯、哈萨克斯坦、巴基斯坦、伊朗等市场。五是能源基础设施互联互通成绩斐然，形成了西北、东北、东南、西南四个方向的能源管道互联互通。

“一带一路”能源合作是一项长期、复杂而艰巨的系统工程，当前拥有有利机遇。如沿线国家化资源优势为经济优势意愿强烈、潜力巨大；各国产业结构与我国互补性强、合作壁垒低；新兴经济体整体崛起与美欧战略调整等。但也面临重大挑战，如不能妥善处理，将会造成较大负面影响。一是沿线国家安全风险高。中亚、西亚、中东、北非等地

区均存在明显的政治安全和军事安全风险，均属能源投资高政治风险和安全风险区。二是仍未形成较为有效的协作机制。突出体现在文化理念、社会认知、协调机制、资金协作等层面。三是尚不具备支撑市场化运作的基础条件。大多数国家市场发育水平低，运作不规范，缺乏统一、明确的法律环境。四是主要大国的介入抬升沿线能源合作风险，地缘局势十分复杂。

（二）"一带一路"能源合作区域重点

"一带一路"能源国际合作需结合各区域、各国家经济与能源发展实际，针对供需多方利益诉求，推动开放包容、互利共赢合作。对于经济落后和能源贫乏地区，要重点满足能源需求，加强能源基础设施建设，以责任共同体带动区域间协同发展。对于能源储备丰富但生产能力不强地区，要加强产能合作，提升当地能源技术水平。对于能源出口大国，要立足本国需求，搭建供需对接平台，建立价格稳定机制和能源市场机制。对于能源需求大国，要探索多元供给，构建安全高效的能源保障体系。要加强各区域、各国之间协同，共商共建，优势互补，共同发展。

一是推动与俄蒙中亚、西亚北非全方位战略对接。重点加强与俄罗斯、哈萨克斯坦、土库曼斯坦、西亚北非国家在油气领域全面合作，顺畅油气资源交易，确保通道安全。推动与以色列、土耳其、埃及、伊朗等国可再生能源合作。二是推动与东南亚、南亚地区在重点领域对接、以点带面开展合作。发挥我国基础设施建设优势，助力提升目标国能源生产与利用水平。完善跨境输电通道，开展区域电网升级改造合作，促进我国丰富水电等电能在当地消纳。加强与印度尼西亚等国煤炭、天然气贸易和勘探开发合作。三是推动与中东欧、独联体国家能源合作项目的先期培育。中东欧国家购买力较强，能源需求多依赖进口，可探索与之开展能源市场建设和价格稳定机制等合作。同时，加强可再生能源、循环经济领域合作，加大核电"走出去"力度。加强与独联体其他六国电力合作，与阿塞拜疆加大在油气资源开发方面的合作，与乌克兰加强核能、水电和可再生能源等领域合作。

（三）构建五大区域能源合作机制

构建能源交易市场机制。建立区域能源交易市场，推动“一带一路”区域在国际市场上形成与自身体量相匹配的能源定价话语权。稳步推进上海国际能源交易中心原油期货交易，加强与新加坡原油交易所、香港国际石油交易所等地较为成熟平台的合作；与新加坡或俄罗斯等国合作开发区域天然气价格指数；与俄罗斯和中亚五国的交易中加大人民币结算比例；发挥中哈霍尔果斯国际边境合作中心的作用，建设以中亚地区为目标的离岸金融市场，加快人民币向西“走出去”的步伐。

构建能源贸易和投资合作机制。区域国家间能源合作将由双边走向多边，需要制定适应多边合作模式的区域能源贸易和投资准则。加强沿线国家能源政策沟通，共同讨论适应“一带一路”国家能源合作水平的贸易规则，建立区域统一标准和更多的贸易投资便利化安排；加强与沿线能源宪章成员国的沟通，了解非成员国的诉求，共同探讨能源宪章中可借鉴的规则；适时提出构建“一带一路”能源贸易和投资准则的倡议，推动完善能源国际合作制度框架。

构建能源过度金融化监管合作机制。区域国家应加强金融市场和能源市场的监管合作，防止能源市场过度金融化导致价格偏离供求关系，破坏能源市场稳定。加强对能源市场过度金融化的国内立法；加强沿线国家监督合作，建立预警机制；加强对能源衍生品市场的金融监督机制，及时发现对市场的投机和操纵价格行为；推行能源衍生品交易合同标准化，实施透明度高和操作简易的标准化期货合同；推动多边金融监管合作，逐步在区域内和全球范围内建立高效监管协调机制。

构建能源企业合作机制。在政府层面达成合作共识的同时，需要各国企业和相关机构加强务实合作，形成上下游、跨行业、金融资本与实业资本之间的利益共同体。根据不同国家经济和能源发展水平的差异，采取灵活合作方式，打造“一带一路”长期合作伙伴；协商成立国际能源企业联盟，打造“一带一路”能源企业交流合作平台；加强双多边开发开放性金融机构和商业金融机构之间的投融资合作，进一步扩大人民币跨境收付结算规模。

构建能源信息交流共享机制。真实的信息对于减少价格非理性波动、稳定交易主体信心非常重要。建立“一带一路”能源数据发布机制，加强对数据的分析研究，为沿线各国提供数据研究成果，搭建国际性的研究网络；成立“一带一路”能源交易数据库，加强对需求预测，引导合理消费，保障市场供应稳定；加强沿线国家数据统计的能力建设。

（四）建设能源合作伙伴关系，打造能源命运共同体

“一带一路”沿线国家能源合作现实需要强烈，合作潜力巨大。加强能源国际合作的最终目标是建立能源合作伙伴关系，打造能源命运共同体。能源合作伙伴关系是由沿线各国自愿结成的，公平、平等地开展能源合作的平台，以解决沿线各国人民共同面临的气候变化、环境保护、能源贫困等问题。能源合作伙伴关系有利于统筹协调能源、环境与经济、政治等关系，将各国利益统一到化解能源贫困、保障能源安全、保护资源与环境上来，旨在建立一种不受政治制度、地缘因素、民族文化因素等影响的能源合作理想状态。

能源合作伙伴关系是实现“一带一路”命运共同体的载体和抓手，有利于发挥资源国的资源潜力，将资源优势转化为经济优势；有利于通过平等协商开展合作，体现各国话语权和利益诉求；有利于协调供需，搭建开放包容、利益共享的平台；有利于优化全球能源治理机制，践行新的能源发展和安全观，推动“一带一路”战略全面落地。建设能源合作伙伴关系，应有序推进与伙伴关系国家能源合作，保障能源供应，共享经济社会发展利益，强化体制机制保障，加强能源合作项目储备。以能源资源为纽带强化“一带一路”沿线国家之间联络，真正结成利

益共同体、责任共同体、命运共同体。

（五）实施一批能源合作重大项目

依托“一带一路”深化能源国际合作，推进我国新一轮对外开放、开拓海外市场，为我国能源企业走出国门奠定基础。实施一批能源合作重大项目，包括中亚跨国油气管道建设、越南太阳能产业基地建设、中东石油集散基地建设、沙特智能电网示范基地建设、区域电网互联互通合作项目，以及能源大通道建设、中亚六国标志性大城市建设等。

上 篇

新时代全方位推进我国能源国际合作

第一章　我国能源国际合作历程及成就

改革开放以来，伴随着经济不断发展和综合国力不断提升，我国能源国际合作战略经历了与时俱进、应势调整，合作理念不断更新升级，合作成果不断扩大和丰富的非凡历程。自改革开放以来，能源国际合作大体经历了四个阶段。

一、第一阶段：通过“引进来”融入国际能源市场（1978—1992 年）

本时期，我国能源国际合作主要特征是“引进来”。引进外资和技术为主，主要形式为海上勘探开发合作、人员技术培训合作和引进海外技术和设备。在合作过程中，中方人员较为系统地学习了国外先进的钻井施工技术与管理经验，提高了钻井质量和经济效益。为保障不断增加的能源需求和出口创汇作出了贡献。在对外能源依赖程度不高的初期，这些合作形式使我国在短期内迅速融入国际能源市场。

（一）合作背景

1. 主要产油国和消费国两大阵营博弈的时代

此阶段，主要产油国和消费国在各自成立的合作组织内部加强联合，外部加强对抗为主要特征。不过，主要石油输出国和消费国之间在稳定石油供应和价格问题上开始开展协作，特别是冷战结束后，开启了真正的全球性能源对话。

在此之前，国际能源供需双方各自内部都相继建立国际或地区合作组织。如欧佩克于 1960 年 9 月 14 日在巴格达宣告成立，联合原油开采国抗衡美、欧等发达国家石油垄断财团的控制与剥削，以维护更加公正合理的世界原油价格。而为制衡石油输出国组织，维护原油消费国和进口国的工业发达国家的能源安全，在 1973—1974 年能源危机背景下，国际能源署于 1974 年 11 月 15 日正式宣告成立。美国在该组织中发挥了核心作用，掌握了话语权。地区层面的政府间能源组织也相继成立，阿拉伯石油输出国组织 1968 年 1 月 9 日成立，拉丁美洲能源组织 1973 年 11 月 2 日成立。有着共同利益目标的国家相互“抱团取暖”，博弈与协作主要在合作组织之间展开。

主要产油国和消费国通过各自成立合作组织，增加了谈判筹码和对话话语权。在国际能源市场上供需双方势均力敌的情况下，有利于达到一个均衡稳定的市场状态。这对国际能源市场的成熟发展产生了推动作用，为今后的国际能源深度合作打下了基础。

在此阶段，全球经历了第二次石油危机。1979 年，原油价格首次突破 20 美元每桶。随后快速飙升，1981 年初，国际原油价格最高达到 39 美元每桶。不过，随后原油价格又逐步滑落，国际原油价格基本上稳定在 20 美元每桶之下运行。只是在 1990 年 9—10 月，油价出现过瞬间暴涨，并首次突破 40 美元每桶，但两个月后很快又滑落至 20 美元每桶之下。

不可否认，这种本质上两极相互对抗的能源国际合作格局，有着明显的局限性。一些重要的能源出口国和进口国未被纳入如国际能源署和欧佩克的组织框架内。如法国当时曾提出，发挥联合国主导作用，设想联合生产国和消费国建立世界能源组织。不过，努力无果后，法国还是非常现实地加入了国际能源机构。此外，相应国际组织的话语权，长期被欧美发达国家主导，对新兴发展国家的能源生产消费和国家发展形成掣肘。更甚至是，为了攫取更多的利益，欧美国家不惜通过军事等野蛮手段进行赤裸裸的掠夺，使得中东这一主要原油产地成为“火药桶”，长期陷入战乱。

庆幸的是，在这一阶段的末期，随着冷战结束，真正全球性能源对话拉开帷幕。如 1991 年 6 月，在法国、委内瑞拉有力倡导下，召开了首届部长级“国际能源会议”。1992 年继续召开，国际能源机构和欧佩克代表参会并进行会晤。这也成为日后“国际能源论坛”的初始阶段。

2. 主要通过“引进来”进行能源国际合作

本时期，邓小平的对外开放思想形成。邓小平同志明确指出：“不坚持社会主义，不坚持改革开放，只能是死路一条”，“经验证明，关起门来搞建设是不能成功的，中国的发展离不开世界”。党的十一届三中全会明确提出：“在自力更生基础上，积极发展同世界各国平等互利的经济合作。”我国步入改革开放时代，开始与西方发达国家进行初步的能源合作。

在此阶段我国的能源国际合作主要是“供给驱动型”下的“引进来”。一方面，随着改革开放，我国经济持续快速发展，能源消费量逐年攀升，石油消费不断增加。当时国内生产技术难以保障产能有效供给。需要引进国外的先进技术和人才，提升我国东西部油田的开采量，同时开启海洋石油工业发展之路。另一方面，随着先进技术的引进，原油产量大幅增加，石油自给又有余。20 世纪 80 年代中期，石油出口还一度成了创汇的主要来源。1978 年，我国成为当时世界第八大产油国，年均增速高达 15%。到 1985 年，我国原油产量达到 1.25 亿吨，位居全球第六。1985 年，我国石油出口创汇最高，占全国出口创汇总额的 26.9%。

这时期，我国能源基本上是自给自足，和主要石油生产国和作为主要消费国的西方发达国家未有大规模深入合作。不过，通过技术引进和合作开发，同西方发达国家建立起良好的能源供给技术端合作关系。合作领域集中在提升开采水平。1992 年，江泽民同志在十四大报告中提出：“积极开拓国际市场，促进对外贸易多元化，发展外向型经济”，

"积极扩大我国企业的对外投资和跨国经营","更多地利用国外资源和引进先进技术"。[1] 随着党的十四大召开,我国发展战略调整以及 1993 年我国成为原油净进口国,这一"引进来"和"出口创汇"的局面也随之转变。

(二)合作成果

1. 与欧美等发达国家建立初步合作关系

1979 年,时任国务院副总理邓小平访问美国与美国总统卡特签署了《中美政府间科学技术合作协定》。美国能源部与我国国家发展计划委员会也签署了双边能源协议。自此拉开中美在化石能源、能源效率、可再生能源等领域合作的序幕。1978 年我国与日本签署了《长期贸易协议》,形成了以石油、煤炭交换技术与设备为主要形式的能源合作。1982 年我国与欧共体签署了能源合作项目合同,标志着以人员和技术交流为先导的能源合作的开始。中俄两国在此期间也展开了电力方面的合作。1988 年签订了《关于苏方向中方供电、进行经济贸易合作的技术交流等问题的协议》,明确以"边贸易货"的方式向我国供电。

2. 利用外资和技术提升产能

本阶段的能源合作政策以"引进来",引进外资和技术为主。西部的新疆油田、东部的大庆油田和胜利油田、海上钻井成为我国进行国际合作的重要基地。海上勘探开发合作、人员技术培训合作和引进海外技术和设备为主要形式。

如,1978—1982 年,新疆油田从罗马尼亚购进了 14 台钻井和一批防喷器。1985—1986 年又从罗马尼亚进口了 2 台水泥车,从美国购进 2 台高功率双泵水泥车。1986—1987 年从美国购进 3 台水泥车和 2 台 7000 米电驱动钻机。1983—1985 年,我国一个地震队与美国两个地震

---

① 《江泽民文选》第 1 卷,人民出版社 2006 年版,第 230、231 页。

队共同进入塔克拉玛干大沙漠腹地进行地震普查，塔里木综合研究联队以此为基础完成了第一份《塔里木盆地油气资源评价》报告，确定 5 个圈闭上钻机，成为油气开发先声。

大庆油田也积极引进和吸收国外先进设备技术。1983 年从美国和加拿大引进 25 台车载钻机，1986 年左右从美国引进水泥车 28 台，1991 年从加拿大引进 1 台斜直井钻机。此外，还引进了一批国际先进的钻井液和固井实验设备。

胜利油田也在这一时期充分利用国外的先进技术，并在合作过程中培养了技术人才。在 20 世纪 70 年代中后期引进美国高效钻头后，在 20 世纪 80 年代初，又引进了若干只 PDC 钻头。1983 年，引进照相单、多点测斜仪和单螺杆钻具。1985 年我国与美国帕克钻井公司合作，钻了 2 口高难度定向井，培养了数十名定向井技术人员，其中胜利油田就有 20 名。

此外，1986—1987 年，我国地矿部与日本石油公司在内蒙古鄂尔多斯北部进行了钻井合作。1986—1988 年与美国钻井公司在四川德阳合作钻井。

海上油气开发难度大，对设备技术要求更高。我国海上钻井初期更多的是一部让渡部分收益、引进国外先进技术为主的合作发展史。1982—1992 年，中海油同 16 个国家的 59 家石油公司签订了 100 个石油合同和协议，国际石油巨头云集我国海域。1981—1983 年，中海油先后与美国、英国、日本和法国等国家的 27 家石油公司签订 18 个石油风险勘探合同。通过合作，我国通过派遣技术人员进修、跟班学习、联合经营等方式，掌握了先进的海洋钻井技术、培养了人才，为以后的海洋油气开发奠定了扎实基础。

3. 利用法律和政策保障能源合作

1978 年，特别是十一届三中全会以后，能源成为我国在改革开放初期与西方国家开展合作的重要领域。1982 年颁布了《中华人民共和国对外合作开采海洋石油资源条例》，决定成立中国海洋石油总公司（以下简称中海油）。在“七五”期间制定了“要继续引进国外先进的勘探技术”，并明确了逐步开展能源领域国际合作的思路。

4. 开始融入国际能源市场

通过中外合作，中方人员较为系统地学习了国外先进的钻井施工技术与管理经验，提高了钻井质量和经济效益。为保障不断增加的能源需求和出口创汇作出了贡献。在能源依赖程度不高的初期，这些合作形式使我国在短期内迅速融入了国际能源市场。

本时段，我国与相关国际能源组织的某些成员之间进行双边能源合作，但与诸如国际能源署开展合作尚未破冰。一是，从国际能源署来说，当时其工作重点是世界主要石油、能源输出国。我国虽然也是石油输出国，但当时的背景下我国石油出口的政治意义大于经济意义。我国在政治上、能源储量上不可能成为国际能源署的重点关注对象。二是，对我国而言，此阶段作为石油出口国，国际能源价格上涨对我国是有利的，我国与国际能源署在利益上有相对立的一面。双方当时没有发现合作的利益共同点。三是，我国小规模的石油出口对石油输出国既不构成竞争，也缺少巨大合作利益空间，同样缺乏合作的驱动力。

就当时而言，我国这种“独立”的双边能源合作策略有利于快速融入国际能源市场，提升自身能源开采利用技术。当然，这些因素制约了我国与国际能源署的合作，使得在下一阶段全球能源合作话语权的争夺中失了先机。

二、第二阶段：“走出去”利用国外资源，探索能源安全战略（1993—2000 年）

本阶段，我国开始“走出去”探索能源国际合作。随着我国经济实力的骤增、能源需求的大幅增加及我国石油企业国际化能力的提升，能源合作领域由上一阶段的“引进来”吸收、利用国外经验与设备逐步过渡为“走出去”。能源国际合作的领域开始多元化。除加强国外能源勘探合作外，我国在能源资本运作、清洁能源利用和可再生能源利用加强了国际合作。开始与国际能源署等国际能源组织机构开展合作与对话。我国参与世界能源市场能力逐渐增强，国际地位有所提升。

（一）合作背景

1. 生产和消费国进入“理性”沟通合作阶段

本阶段恰好处在第二次石油危机结束之后和第三次石油危机（2003—2008 年）爆发之前，国际原油价格总体处在 20 美元每桶以下的稳定期。随着国际能源市场全球化进程的加快以及北美自由贸易区、欧共体及亚洲三大地区经济合作的增多，能源市场同化趋势加强。能源主要消费国依靠国际能源署与石油输出国组织沟通，保持石油的持续、稳定、价格合理的供应仍是此阶段能源国际合作的主要内容。

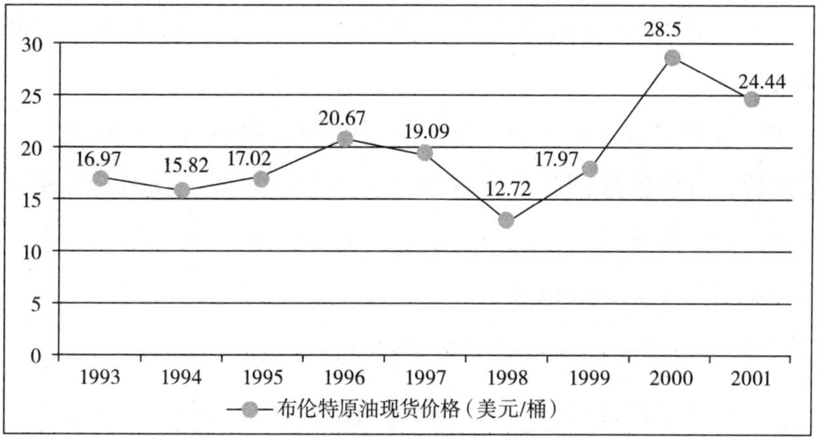

图 1－1　1993—2001 年布伦特原油现货价格变化

资料来源：BP：《2017 年世界能源统计年鉴》。

2. 我国开始重视能源安全，实施“走出去”战略

随着石油进口首次超过出口，成为净进口国，石油对外依存度逐年

增加，我国能源安全战略的思路发生转变。能源形势的紧迫性要求我国必须广泛开展能源国际合作，保障能源安全。1993 年 12 月，江泽民同志在中央财经领导小组会议上提出“稳定东部，发展西部，国内为主，国外补充，油气并举，节约开发并重”的能源发展方向，标志着我国能源产业发展方向发生了历史性变化。

党中央从战略高度提出能源国际合作方针。1996 年 7 月 26 日，刚刚结束非洲六国访问回来的江泽民同志在河北唐山考察工作时提出：要加紧研究国有企业如何有重点有组织地走出去，做好利用国际市场和国外资源这篇大文章。首次明确提出“走出去”战略思想。我国能源国际合作有了明确的指导原则。

具体而言，一方面从国家长远利益出发，立足国内能源资源，同时实现利用国外能源资源在全球范围内的优化配置，提高利用国外能源的经济合理性，促进能源安全体系建立。另一方面，遵循国际石油行业资本运作规律，拓宽资源供应和保障渠道，保证我国原油进口的稳定供应，将输出国的政治风险及地区冲突对我国石油安全的威胁降至最低。①

2001 年底，我国正式加入世界贸易组织，我国对外开放进入一个新的阶段，我国能源国际合作又进入了一个新阶段。我国将在更大范围、更广领域和更高层次上参与国际合作和竞争，同时我们实施“走出去”战略有了更多的机遇。

3. 我国和国际能源组织开始重视彼此间的合作

为了贯彻中央提出的“充分利用国内外两种资源、两个市场”的方针，我国开始实施“走出去”战略，积极开展能源国际合作。国际能源组织开始认识到我国在全球能源市场上的重要作用。通过双边的相向努力，我国逐步加入与国际能源组织的合作中。

---

① 夏义善主编：《中国国际能源发展战略研究》，世界知识出版社 2009 年版，第 15 页。

我国和国际能源署都逐渐意识到建立联系、加强能源国际合作有着共同的利益和必要性。就我国方面而言，我国工业进入工业化中期，能耗攀升，能源供给压力增大。石油对外依存度在提升，需要一个安全的能源供应环境。同时，能源产业中一次能源过度依赖煤炭（70%）、高耗能、煤炭洁净利用技术跟不上等问题暴露出来。高速度、高消耗、高污染、低效率的经济增长方式亟须转变。我国存在加强与主要能源组织合作甚至加入某些国际能源机构的动力。一是解决我国自身能源安全问题。通过多年实践，国际能源署在石油危机应急机制、集体协作应对挑战、提高能源利用效率、新能源新技术开发等方面有很大的优势。加强与国际能源署的合作，是解决我国能源供应安全和消费安全有效手段之一。二是提升国际能源领域大国地位和话语权。

国际能源署也希望加强同我国的能源合作。首先，我国经济发展迅速，能源需求量剧增，对国际能源市场影响力不断加大。其次，能源消费与环境问题关系密切，希望我国在环境问题上承担责任。其三，我国国际能源地位的改变，可以在能源国际合作中发挥更多作用。

（二）合作成果

本阶段，我国开始“走出去”进行国际合作的探索。随着我国经济实力的骤增、能源需求的大幅增加及我国石油企业国际化能力的提升，能源合作领域由上一阶段的“引进来”吸收、利用国外经验与设备逐步过渡为“走出去”。能源国际合作的领域开始多元化。除加强国外能源勘探合作外，我国在能源资本运作、清洁能源利用和可再生能源利用方面也加强了合作。并开始与国际能源署等能源组织机构开展合作与对话。我国对世界能源市场参与能力逐渐增强，国际地位有所提升。

1. 海外石油勘探业务迅速拓展

在“走出去”战略的指导下，我国石油企业海外的勘探业务迅速拓展。1993 年《中华人民共和国对外合作开采陆上石油资源条例》颁布。条例允许能源领域投资多元化，为石油对外合作提供了政策支持。

1993 年 3 月，中石油中标泰国邦哑区块项目，首次获得海外油田开采权益。同年 10 月又获得秘鲁塔拉拉油田第七区块的石油开采服务作业权，由此拉开了我国石油进军海外市场的帷幕。

1993 年，中石油海外一批业务获得进展。在美国德克萨斯州的休斯敦市建立办事处；中标秘鲁塔拉拉的六、七区块项目；在加拿大设立办事处，并获得加拿大艾伯塔省北湍宁油田 15.89% 的工作权益和地面天然气处理厂 11.48% 的权益。1996 年 11 月，中国石油中标苏丹 1/2/4 项目，并以占 40% 的股份与马来西亚、加拿大、苏丹的 3 家石油公司共同组成联合作业公司生产。这成为我国石油企业第一个与外国石油公司联合投资超过 10 亿美元共同作业的海外大型项目。并在短时间内发现 6 个新油田，新增地质储量 13.97 亿桶。

2. 石油石化行业的产业格局初步形成

为推动“走出去”战略的实施，我国加快了能源市场管理机制改革。重组了中国石油天然气集团公司（中石油）和中国石油化工集团公司（中石化），加上原有的中国海洋石油总公司（中海油）和中化集团，初步形成了国内石油石化行业的产业格局，推动了能源市场机制的形成。

除了勘探开采合作外，我国油气企业开始正式参与国际资本运作。中石油股票先后在纽约证券交易所和香港联合交易所挂牌交易即为标志。

3. 开始探索环保与可持续发展的能源产业道路

“九五”计划和“2012 年远景目标纲要”制定了“开发与节约并重，把节约放在首位”的能源发展方针，节约能源问题得到重视。

为应对清洁能源利用和可再生能源利用水平低等问题，我国颁布了《1996—2010 年新能源和可再生能源发展纲要》，把节约能源纳入国家经济社会发展长远规划。《中华人民共和国节约能源法》（1995）、《节约能源管理暂行条例》等一批节能法规先后出台，“乘风计划”“光明工程”等一批新能源项目得以推广。

清洁能源的利用、新能源的开发、环境保护等领域成为我国能源国际合作中重要的组成部分。《中美能源环境十年合作框架》《中美关于建立可再生能源伙伴关系的合作备忘录》等一批合作文件签署。

4. 与国际能源组织开始开展合作

1996 年 10 月，国际能源署执行理事罗伯特・普里德尔访华并与我国签订了“政策谅解备忘录”，标志我国正式与国际能源署建立官方关系。备忘录为国际能源领域合作提供了基本依据。此后，双方合作举办了一系列关于国际能源及我国能源问题的国际会议及各种专题研讨会。1997 年，时任我国国家计划委员会副主任叶青应邀以观察员身份参加了国际能源署部长级理事会会议。2001 年 4 月，已成为国际能源署总干事的罗伯特・普里德尔说，“国际能源署认识到中国在全球能源市场上作为主要角色的重要性，我们准备在前一阶段的基础上，加强与我国石油安全对话。”

2001 年，我国正式成为能源宪章的观察员，并于 2002 年向能源宪章秘书处派出我国政府代表。

我国加强了与海湾阿拉伯国家合作委员会（简称海合会）的联系。1992 年后，赴纽约出席联合国会议的中国外长每年都会集体约见海合会成员国外交大臣或其代表及海合会秘书长。1996 年，双方一致同意要加强我国与海合会间的合作机制。

这一阶段我国更加注重双边能源合作关系。和石油输出国组织成员国建立了双边合作，但并未与石油输出国组织建立整体合作机制。

5. 我国能源安全得到保障，国际话语权从无到有

“走出去”这一战略有力保障了我国能源安全。1999 年，我国获得海外份额油 300 万吨，2000 年 505 万吨，2001 年进一步增加到 831 万吨。2001 年底，江泽民同志在中共中央举办的省部级主要领导干部专

题研究班上发表讲话，指出，“实施‘走出去’战略，是把对外开放推向新阶段的重大举措，是更好地利用国内国外两个市场、两种资源的必然选择，是逐步形成我们自己的大型企业和跨国公司的重要途径”。[①]

我国能源合作的国际话语权逐渐从无到有。积极探索环保与可持续发展的能源产业道路，逐渐树立了负责任大国形象。海外石油勘探开发业务的发展也促进了我国机械设备、原材料的出口和国际工程服务能力的提升。

三、第三阶段：注重多元发展和区域合作，能源国际合作影响力不断提升（2001—2012 年）

本时期，我国能源国际合作原则性和灵活性高度统一，合作理念和政策随着国内国际的环境变化及时调整。合作的内容不断延伸扩大，从单纯的能源到资源再到环境。合作的对象多元化，涵盖国家、国际组织和跨国公司。合作的方式高度灵活，从单边到双边再到多边合作，从局部到区域再到国际。合作的理念更加先进，从保障自身能源安全逐渐提出到保障全球能源安全到可持续发展，再到初步提出构建全球能源市场治理机制。

（一）合作背景

随着进入 21 世纪我国能源形势和国际能源形势转折，当时的能源国际合作理念、方式、规模已无法满足我国能源战略需求。需要在更大范围、更广领域和更高层次参与合作和竞争。需要改变能源国际合作的主导权完全由西方发达国家掌控的局面。由此，我国再次开启能源国际合作又一新阶段。

1. 全球能源领域出现了新的发展趋势

一是能源价格出现大幅波动。消费国和输出国利益都遭受损害。

---

① 《江泽民文选》第 3 卷，人民出版社 2006 年版，第 456 ~ 457 页。

2008 年全球金融危机之前，石油价格一路高歌猛进，石油消费国承受巨大压力。而金融危机爆发后，主要经济体受重创，石油需求大幅减少，导致石油产量严重过剩，特别是 2009 年石油价格大幅下滑，输出国经济承压。

二是全球对气候变化的关注，对能源消费提出了新要求。能源结构加快调整，清洁能源、新能源发展迅速，多元化、清洁化和低碳化趋势明显。

三是随着美国页岩气革命带来的能源独立对全球格局产生了重大影响。全球出现油气消费重心东移，生产重心西移的新趋势，我国的能源安全面临新的挑战。

四是国际能源博弈格局更为复杂。俄罗斯等非欧佩克能源生产国削弱了欧佩克生产国对世界能源供应市场的影响力，中国、印度等非国际能源署能源消费国则冲击世界能源消费市场的承受力。无论是能源生产国、消费国还是过境国，都是以各类非国家行为体为载体全面实施符合自身利益的能源外交。

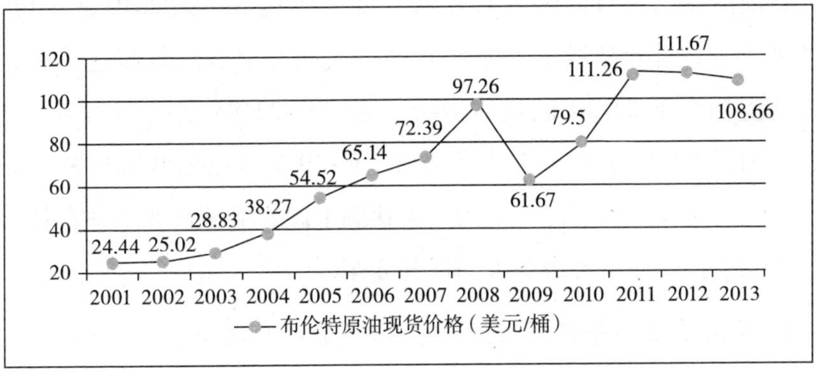

图 1－2　2001—2012 年布伦特原油现货价格

数据来源：BP：《2017 年世界能源统计年鉴》。

说明：此价格是年度平均价格，和图 1－3 每日价格大体趋势一致，但具体价格尤其是波峰价格不一致。比如 2008 年虽然石油价格一度达 140 美元每桶，但因快速回落，全年平均价格未过百为 97.26 美元每桶。而 2011—2012 年因全年价格在高位盘旋，平均价格也就在 100 美元每桶之上。

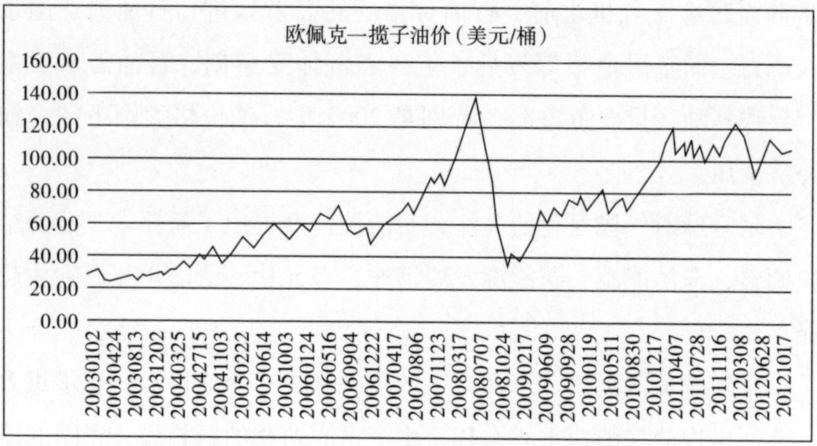

图 1－3　2003—2012 年欧佩克一揽子油价日变化

数据来源：欧佩克官方网站，每日数据。

2. 国内能源需求大幅增加，国内资源环境约束日益加强

本时期，我国进入新一轮高速增长期，高耗能工业迅速发展，石油需求大幅增加。2002 年石油消费达到 2.457 亿吨，成为美国之后的第二大石油消费国。石油消费对外依存度大幅提升。到 2010 年，BP 的 2011 年能源统计年鉴数据显示，我国一次能源消费总量超过美国，我国消费量相当于 23.39 亿吨油当量，美国为 22.85 亿吨油当量。2012 年，我国天然气需求有 1/3 依靠进口，而 2007 年以前我国还是净出口国。与此同时，国内资源环境的约束达到上限，能源产业亟须在技术创新、资源节约、转型升级等方面展开变革。

3. 我国开始倡导在 G20 框架下构建全球能源市场治理机制

随着我国加入世贸组织和自身经济的快速发展，我国能源国际合作获得前所未有的发展机遇的同时，也面临更加复杂的国际环境。不过，就是在复杂的国际环境中，我国能源国际合作理念不断更新升级，开始从关注国内能源安全到全球能源市场治理，再到人类命运共同体的对接。我国开始发出自己的声音。

2006 年，胡锦涛主席在俄罗斯圣彼得堡提出了“互利合作、多元发展、协同保障”的新能源安全观。具体提出，一要维护能源安全稳定的良好政治环境，二要形成先进能源技术的研发推广体系，三要加强能源开发利用的互利合作。这标志着我国能源安全从孤立的以自我为主的纯供应安全转向更加注重多种能源共同发展。从关注来源保障性、运输畅通性、价格承受性、环境可容性的能源安全观，逐渐过渡到更加关注能源性、经济性、环境性、社会安全性的新能源安全观。

在稳定能源价格方面，倡导在二十国集团（G20）框架下构建全球能源资源市场稳定机制。并进一步在保障能源安全方面，提出建立一个包括能源供应国、消费国、中转国在内的全球能源市场治理机制。2008 年金融危机爆发后，我国开始积极倡导在 G20 的框架下构建能源国际合作机制。2011 年 7 月 11 日，曾培炎同志在澳大利亚珀斯召开博鳌亚洲论坛演讲中提出，为了防止能源资源价格大幅波动引发新的全球性经济危机，应当在二十国集团（G20）框架下建立全球能源资源市场稳定机制。他指出，资源需求国和供应国之间是相互依存的共赢关系，能源资源价格快速攀升，不但影响了新兴经济体和其他发展中国家，而且威胁到全球的经济复苏和稳定。

2012 年，温家宝总理在阿布扎比举行的第五届世界未来能源峰会开幕式上发表讲话，明确提出，为有效保障能源安全，“可考虑在 G20 的框架下，本着互利共赢的原则，建立一个包括能源供应国、消费国、中转国在内的全球能源市场治理机制”。建议通过协商对话，制定公正、合理、有约束力的国际规则，构建能源市场的预测预警、价格协调、金融监督、安全应急等多边协调机制，使全球能源市场更加安全、稳定、可持续。

全球能源市场治理机制的提出，标志着我国在能源国际合作中的理念再一次得到更新和升级。我国开始从简单的能源合作上升到更富道德高度的能源治理。我国立足全球能源资源市场发出自己的声音，担负起大国责任，试图在不合理的能源国际合作体系中赢得和大国相符的位置。

（二）合作成果

本阶段我国能源国际合作原则性和灵活性高度统一，合作理念和政策随着国内国际的环境变化及时调整。首先，合作的内容不断延伸扩大，从单纯的能源到资源再到环境合作。其次，合作的对象多元化，涵盖国家、国际组织和跨国公司。其三，合作的方式高度灵活，从单边到双边再到多边合作，从局部到区域再到国际。其四，合作的理念更加先进，从保障自身能源安全逐渐提出到保障全球能源安全到可持续发展，再到初步提出构建全球能源市场治理机制。

1. 继续深入“走出去”战略，满足国内能源需求

为满足国内能源供给缺口，我国仍继续深入“走出去”，充分利用国际国内两种资源的基础。2002 年，在党的第十六大报告中，江泽民同志提出：“坚持‘走出去’与‘引进来’相结合的方针，全面提高对外开放水平。”本阶段虽继续深入实施“走出去”的能源国际合作战略，但合作内容和领域上都有所突破。

我国发改委与商务部等部门联合制定了《境外投资产业指导政策》《境外投资产业指导名录》，明确了石油、天然气境外投资的优先地位。例如，中国石油集团于2005 年收购哈萨克斯坦石油 PK 公司，标志着我国企业在“走出去”的过程中由合作开发领域进入独立开发阶段。我国在继续加大新能源领域合作的同时，与中亚地区、拉美地区的能源合作规模也不断扩大，合作链条不断深入。

2. 拓展多渠道能源合作，双边与多边合作均有所加强

通过政府高层互访和各种首脑峰会等方式，我国与世界多个国家签订了政府间能源合作协议，并与多个国际组织签署了能源合作框架协定，为我国开展对外能源双边与多边国际合作奠定了扎实基础。我国与美国、日本、英国、印度等能源消费国及 OPEC 组织建立了能源对话机制，强化了与东盟、海合会、上海合作组织等多边合作框架。

国务院新闻办公室发布的《中国的能源政策（2012）》白皮书提出了“参与国际能源市场、维护能源市场及价格”的目标，首次把参与全球能源治理纳入了能源合作进程。近年来，我国定位构建中亚—俄罗斯、中东、非洲、美洲和亚太等五大重点能源合作区，确定了建立区域性能源交易市场的目标，建立了多个油气国际合作区域，获得了相当规模的权益油气资源。同时，建立了对外能源贸易体系，我国能源公司的国际竞争力也有极大提高。

3. 合作的能源品种和对象不断多元化

我国能源国际合作已经从最初的以石油和天然气为主，逐步扩展到天然铀、煤炭、电力、风能、生物燃料、节能和能源科技装备等多个领域。

我国能源国际合作的对象不断丰富，不仅有国家行为体，还有非国家行为体，如国际能源政府及非政府组织。目前，我国已与近 40 个国家建立了双边能源合作机制，如中美能源政策对话、中美油气论坛、中俄能源谈判机制、中哈能源合作分委会、中日能源部长对话、中国印度尼西亚能源论坛等。合作对象国从初期的周边邻国、中东地区逐步扩展到了中亚、非洲、美洲、大洋洲等广大地区，覆盖了世界主要能源生产国、消费国和途径国。

4. 合作的方式不断创新

包括“金融元素不断介入”，即利用我国外汇储备优势使能源国际合作中能源和金融实现一揽子合作，如近年来出现的各种“石油换贷款”。还有“非国有企业加盟，合作主体日益增多”，即形成了一个以资源国和投资国的国有公司为主，由资源国的非国有公司和投资国的非国有公司参与的多层次、多国、多种所有制组成的合作主体。

总之，我国能源国际合作理念、途径、内容、机制、合作对象等都出现了很大的变化。[1] 随着“一带一路”倡议的推进对接，随着人类命

① 许勤华主编：《中国能源国际合作报告（2012/2013）》，中国人民大学出版社 2013 年 6 月版，第 4 页。

运共同体概念的提出，我国能源国际合作开启一个新时代。

四、第四阶段：提出“中国方案”，能源国际合作进入新时代（2013 年至今）

本时期，能源国际合作形势发生了很大变化，最重要的是国际能源格局发生变化。我国不可避免地要和美国在全球能源治理中展开博弈。一方面，我国继续深化能源多元化合作，充分有效保障能源安全。另一方面，我国作为“后起之秀”，在不盲目挑战以美国为首的西方发达国家多年建立起来的能源合作体系的基础上，逐渐成为能源国际合作的主要推动者。作为能源生产和消费大国，我国从国际能源市场的“小伙伴”变成“大块头”，能源合作也从“引进来”走向“引进来”和“走出去”并举，进入“升级版”，从以双边为主的资源、项目合作转向通过多边机制参与全球能源治理，从以保障自身能源安全为主转向构建全球能源命运共同体。同时，我国在全球能源治理体系中的影响力大幅提升，未来有望在全球能源治理中发挥更大作用。

（一）合作背景

1. 我国成为世界第一大石油进口国，美国逐渐成为能源输出国

2013 年，我国超越美国成为世界第一的石油进口国。预计到 2020 年，我国的石油进口规模将达到 4.2 亿吨左右，到 2030 年石油进口 6 亿吨左右。2013 年，我国自己开采的原油（2.08 亿吨）只能满足 41% 的国内原油消费。面临急剧增长的能源消耗，我国只能依赖海外市场，2014 年 6 月，习近平同志在中央财经领导小组会议上指出：“全方位加强国际合作，实现开放条件下能源安全。在主要立足国内的前提条件下，在能源生产和消费革命所涉及的各个方面加强国际合作，有效利用国际资源。”

生态环境带来的巨大挑战以及经济转型升级的压力，倒逼我国需要

大力推动能源国际合作，实现能源领域的可持续发展，为经济的发展提供动力。

美国则逐渐从过去的能源消费国转变成能源输出国。据预测，未来20年内，美国的原油进口量将由目前的日均1000万桶降至400万桶。减少部分的55%由其国内增产的原油抵消，其余45%得益于能效的提高。这一变化将使得美国经济的竞争力得到极大加强。而且随着原油进口量的大幅度下降，美国对中东地区原油的依赖程度将会迅速降低。美国能源自给率的大幅度提高，将会导致地缘政治的巨大改变，进而影响到未来的全球安全政策。

2. 我国参与全球能源治理迎来机遇

2013年起石油价格不断大幅下滑，能源消费国与出口国都有构建合作机制的内在需求。能源消费国之间、能源出口国之间、能源消费国与出口国之间，需要多边合作机制进行国际规制从而得以缓解矛盾、化解冲突、协调行动。建立策略共商、项目共建、利益共享、风险共担的多层次国际能源共同体进而实现能源、资本、产业、技术等领域的优势互补，建立国际能源共同体，自然成为落实中国构建利益共同体、命运共同体和责任共同体的重要领域。

图1－4　2008—2016年布伦特原油现货价格变化

资料来源：BP：《2017年世界能源统计年鉴》。

图 1-5　2013—2017 年欧佩克一揽子油价日变化

资料来源：欧佩克官方网站，每日数据。

3. “一带一路”国家战略地位日益凸显

我国在寻求多渠道、多元化能源合作领域的过程中，“一带一路”国家作为重要的全球油气供应中心的战略地位日益凸显。作为我国主要的石油天然气进口来源地区，与该区域开展能源合作是我国能源安全战略部署的重要格局之一。此外，我国能源产业进入了以调整经济结构和消化富余产能为主要目标的阶段，而“一带一路”国家在能源产业及其装备制造领域具有一定的合作空间。重点与该区域的合作为促进双方能源产业升级和推进能源产业融合提供了可能。

4. 我国开始从整个人类命运的高度构建全球能源治理机制

本阶段初期，我国开始从全人类利益的高度，提出构建人类命运共同体的全球能源合作机制。也即开启了能源国际合作新时代。党的十八大后，习近平同志在开拓国际合作方面，创造性地提出实施国际发展战略对接新论断，为国际合作落地提供了新举措。2013 年提出的建设“新丝绸之路经济带”和“21 世纪海上丝绸之路”的战略构想，从一定程度上说，就是为各国战略对接、构建命运共同体提出的。构建能源命运共同体成为题中之义。自此，我国开始从整个人类命运的高度构建全球能源治理机制，我国能源国际合作进入更高层级的新时代。

2017 年，习近平同志在党的十九大报告中明确指出，要坚持推动构建人类命运共同体。强调要坚持正确义利观，树立共同、综合、合作、可持续的新安全观，始终做世界和平的建设者、全球发展的贡献者、国际秩序的维护者。这为我国新时代能源国际合作指明了方向。

（二）合作成果

1. 打造命运共同体，积极倡导构建国际能源治理新机制

2013 年 9 月，上海合作组织成员国元首理事会第十三次会议在吉尔吉斯斯坦首都比什凯克市举行。国家主席习近平同志在《发扬上海精神，促进共同发展》演讲中，提议成立能源俱乐部，以扩大成员国在能源战略、能源政策和能源安全问题上的交流，深化能源技术合作，培养能源专业人才。

2014 年 6 月 13 日，习近平同志主持召开中央财经领导小组第六次会议，专门研究我国能源战略。在此次会议上，习近平提到推进能源革命的四个方面，包括能源消费革命、供给革命、技术革命和体制革命。

2014 年，中国国家主席习近平出席气候变化巴黎大会开幕式并发表讲话，提出了“中国义利观”。他指出，巴黎协议不是终点，而是新的起点，应对气候变化将给人类思考和探索未来全球治理模式、推动建设人类命运共同体带来宝贵启示。而“讲信义、重情义、扬正义、树道义”的“中国义利观”，相信未来将会在全球治理、建设人类命运共同体的过程中发挥应有价值。

2016 年，习近平同志在美国首都华盛顿举行的第四届核安全峰会上发表重要讲话时提出：“在尊重各国主权的前提下，所有国家都要参与到核安全事务中来，以开放包容的精神，努力打造核安全命运共同

体。”这也是我国首次在能源领域提出要打造命运共同体。

2016 年 G20 杭州峰会上，习近平同志提出“共同构建绿色低碳的全球能源治理格局，推动全球绿色发展合作”，这是我国首次在 G20 这样的全球经济治理核心舞台上提出全球能源治理的“中国方案”，推动了全球能源治理的顶层设计。

此外，2013 年 5 月 13 日，《财经国家周刊》文章《曾培炎撰文：探索全球能源革命之路》为新时期能源国际合作提供了思路。他在文中指出，各国应从“人类只有一个地球”的观念出发，重新审视和构建全球能源体系，包括：树立互利合作、多元发展、协同保障的新能源安全观；加强知识产权保护，促进能源先进技术的转移；倡导能源出口国、消费国和中转国之间的对话和交流；建立全球能源资源市场稳定机制。

2016 年 5 月，曾培炎同志在博鳌亚洲论坛资源能源与可持续发展会议暨丝绸之路国家论坛上提出，能源是推进“丝路”建设的媒介。他说，“一带一路”倡议为中亚国家带来新的发展机遇。未来只有沿线国家都实现了经济繁荣，才能使这条“丝带”真正变成一条璀璨夺目的珍珠项链。应将能源资源等大宗商品作为主要媒介，充当新时代的“丝绸”，从而推进丝绸之路经济带建设。同时，这次会议还提出，亚洲各国应共建亚洲能源资源伙伴关系，通过稳定的供需关系形成对价格和市场的稳定预期，促进供需双方经济平稳发展，对世界能源资源市场发挥稳定作用。

2. 加强能源国际合作的顶层设计和政策支持保障

2014 年 11 月，国务院发布了《能源发展战略行动计划（2014—2020 年）》，提出了“四个革命、一个合作”战略思想，在顶层设计上为我国能源发展提出了时间表和路线图。此外，能源外交已经融入我国的经济外交、多边外交、周边外交、峰会外交和首脑外交等多种外交形式和渠道之中，为我国能源企业“走出去”提供了充分政治保障和经济支持。

2016 年 6 月“亚洲能源合作论坛——亚洲能源可持续发展和合作路径”国际研讨会上，出台《亚洲能源合作论坛：重庆共识》和《建立亚洲能源跨国网络合作平台的倡议》两份正式文件。

为落实“一带一路”倡议，全面加快能源合作，国家能源局紧紧把握“一带一路”倡议契机，通过编制《“一带一路”能源合作规划》，明确区域战略布局与合作重点，共享能源发展红利，打造区域利益共同体。同时，国家发展改革委、国家能源局紧密结合“一带一路”倡议及国际多边、双边合作机制，制定电力发展的行动纲领，为编制相关专项计划的指导文件、布局重大电力项目提供了依据。2017 年 2 月 17 日，中国国家能源局发布《2017 年能源工作指导意见》（以下简称《意见》）称，2017 年中国将拓展能源国际合作。《意见》提到积极参与全球能源治理。中国将深化与重点国家的双边能源合作，积极参与多边框架下的能源合作。加强与国际能源署、国际能源论坛等国际能源组织的合作，促进能源政策信息、人力资源等国际交流。

3. 深入推进“一带一路”能源合作

深入推进“一带一路”能源合作是本阶段我国能源国际合作的主要特征之一。国家出台了系列政策文件。《推动共建丝绸之路经济带和 21 世纪海上丝绸之路的愿景与行动》《中国制造 2025》《关于推进国际产能和装备制造合作的指导意见》《建设中蒙俄经济走廊规划纲要》等文件从多个角度对“一带一路”能源产业产能合作提供了政策支持。不同于以往通过资金、技术领域“引进”或“输出”的能源合作，“一带一路”能源合作更强调实现从产品输出向产业输出的升级。该战略为构建新的能源生产与消费区，进而在未来形成一个保障地区能源生产与消费的全球能源中心提供了基础。

在 2014 年的中国—阿拉伯国家合作论坛第六届部长级会议上，习近平还提出了“1 + 2 + 3”的合作格局，即以能源合作为主轴，以基础设施建设、贸易和投资便利化为两翼，以核能、航天卫星、新能源三大高新领域为新的突破口。

习近平在阿拉伯国家联盟总部重要讲话中指出："要推进'油气+'合作新模式，挖掘合作新潜力，构建互惠互利、安全可靠、长期友好的中阿能源战略合作关系。"2014 年 6 月 5 日，习近平在中阿合作论坛第六届部长级会议开幕式上指出："中国同阿拉伯国家因为丝绸之路相知相交，我们是共建'一带一路'的天然合作伙伴。"

此外，合作成果还有，我国国家能源局与瑞士环境、交通、能源和电信部瑞士联邦能源办公室签署能源合作路线图，与巴基斯坦水电部签署关于巴沙项目及巴基斯坦北部水电规划研究路线图的谅解备忘录和关于中巴经济走廊能源项目清单调整的协议。全球能源互联网发展合作组织与联合国经济和社会事务部、联合国亚洲及太平洋经济社会委员会、阿拉伯国家联盟、非洲联盟、海湾合作委员会互联电网管理局签署能源领域合作备忘录。

4. 构建更有效的能源安全保障体系

此外，为应对新的能源安全挑战以降低依赖马六甲和霍尔木兹海峡的海上运输渠道风险，《能源发展战略行动计划 2014—2020 年》中明确了一批能源通道，即丝绸之路经济带、21 世纪海上丝绸之路、孟中印缅经济走廊和中巴经济走廊。另一方面，考虑到全球石油、天然气资源分布和供求格局，围绕保障能源安全供应也展开了工作。

2016 年，《国家石油储备条例（征求意见稿）》的出台，对我国石油战略储备具有现实指导意义。经过数年的准备，中国版的原油期货上市的脚步声越来越近了。截至 2017 年 8 月 17 日，上海国际能源交易中心已完成 4 次全市场生产系统演练，原油期货仿真交易正式进入收尾阶段。此举为未来区域能源金融中心的形成奠定了基础。

总之，中国的全球能源治理理念和实践受到不断变化的国内外发展环境的影响和塑造。我国利用多种机制加强能源国际合作，并将全球能源治理作为实现这一目的的一种战略手段。我国在全球能源治理体系中逐渐从局外走向局内，从被动跟随转变为主动影响，从而对本国和世界产生了巨大影响。我国国际影响力、感召力、塑造力进一步提高，为世界和平与发展作出了重大贡献。

参考文献

[1] 余建华. 中国国际能源合作若干问题论析 [J]. 同济大学学报, 2011 (4): 58 - 64.

[2] 中国能源发展战略与政策研究课题组. 中国能源与政策发展战略研究报告 [J]. 经济研究参考, 2004 (84): 1 - 50.

[3] 林利民. 世界油气中心“西移”及其地缘政治影响 [J]. 现代国际关系, 2012 (9): 53 - 58.

[4] 马方方, 刘长敏. 论新格局下的中国多边国际能源合作 [J]. 太平洋学报, 2015 (6): 83 - 89.

[5] 张生玲, 魏晓博. “一带一路”战略下中国能源贸易与合作展望 [J]. 国际贸易, 2015 (8): 11 - 14.

[6] 印玺, 胡一楠. 我国能源合作政策的发展与演变 [J]. 西安财经学院学报, 2017 (3): 18 - 22.

[7] 韩文科, 等. 能源安全战略 [M]. 北京: 学习出版社, 2014.

[8] 许勤华. 中国能源国际合作报告系列 (2009—2016) [M]. 北京: 中国人民大学出版社.

[9] 赵庆寺. 国际合作与中国能源外交——理念、机制与路径 [M]. 北京: 法律出版社, 2012.

[10] 薛力, 等. 中国的能源外交与国际能源合作 1949—2009 [M]. 北京: 中国社会科学出版社, 2011.

[11] 江泽民文选 (第 1 卷) [M]. 北京: 人民出版社, 2006.

[12] 景春梅. 打造国际能源合作利益与命运共同体 [N]. 上海证

券报，2017 - 09 - 30.

[13] BP 世界能源统计年鉴（2017）. http://www. bp. com/zh_cn/china/reports andpublications. html.

第二章　新时代我国能源国际合作面临的挑战

我国参与能源国际合作，参与全球能源治理意义深远、成就非凡。从能源安全、经济发展和可持续增长角度看，我国和世界其他国家在应对全球挑战和推动全球治理方面存在广泛共同利益。我国可以从国际最佳实践和经验中受益，国际社会可以从中国在维护全球能源安全、推动经济发展、促进可持续增长方面发挥更大作用的过程中受益。二十多年来，我国积极参与能源国际合作，特别是党的十八大以来，参与全球能源治理，积极提出中国方案，解决了许多长期想解决而没有解决的难题，办成了许多过去想办而没有办成的大事，在能源国际合作中取得长足发展。

新时代，我国能源国际合作既面临重大机遇，又存在诸多挑战。当前，我国综合国力进入世界前列，国际地位实现前所未有的提升，欧美在全球化和全球能源治理理念政策上产生分化，全球能源生产消费格局发生变化，加强我国能源国际合作迎来新机遇。同时，也要清醒地看到，西方发达国家和主要能源输出国拥有近五十年的能源国际合作经验，而我国“资历尚浅”，在全球能源治理中的地位与经济规模和能源体量还不相称，在能源国际合作中的主导力、影响力、号召力、塑造力和支撑力还需进一步提升。

党的十九大作出了中国特色社会主义进入了新时代、我国社会主要矛盾已经转化为人民日益增长的美好生活需要和不平衡不充分发展之间的矛盾等重大政治论断，确立了习近平新时代中国特色社会主义思想的历史地位，提出了新时代坚持和发展中国特色社会主义的基本方略，确定了决胜全面建成小康社会、开启全面建设社会主义现代化国家新征程的目标，对新时代推进中国特色社会主义伟大事业作出了全面部署。这给我国参与能源国际合作和全球能源治理提供了基本遵循，指明了方向。

我国要更全面、更系统、更深入地参与全球能源治理，积极推动构建能源命运共同体。要在全球能源治理体系中重要领域发挥主导性作用，在参与的国际能源组织机构中有强大的号召力。要善于提出能源国际合作的议题提升塑造力，要善于设置能源国际合作议程提升引导力。要以习近平新时代中国特色社会主义思想为指引，努力实践中国方案，并使之获得更多国际认可。为此，我们要下大力气补齐短板。我国政府推动能源国际合作的能力仍需进一步加强。我国企业“走出去”国际化水平需要进一步提高。要深入学习贯彻习近平新时代中国特色社会主义思想，参与能源国际合作和全球能源治理的理念要升级更新。要进一步加强能源国际合作的文化建设和强大智库支撑建设，提升能源国际合作软实力。

一、全面参与能源国际合作水平与大国地位不符

党的十九大明确指出，经过长期努力，我国综合国力已进入世界前列，推动我国国际地位实现前所未有的提升，中华民族正以崭新姿态屹立于世界的东方。中国特色社会主义进入了新时代，这是我国发展新的历史方位。随着我国全方位外交布局深入展开，我国能源国际合作作为其中的重要抓手，也不断取得新突破新成就。能源合作项目成为共建“一带一路”倡议中的重要成果，首届“一带一路”国际合作高峰论坛的成果清单里能源合作项目成为“主力军”。在正确义利观和真实亲诚理念的指导下，我国不断扩大同相关国家在能源合作利益方面的交汇点。倡导构建人类命运共同体，积极参与全球治理能源体系改革和建

设，不断贡献中国智慧和力量。

不过，我们也要清醒地认识到，我国在能源国际合作中的国际影响力、感召力、塑造力虽不断提高，但相较我国综合国力和国际地位，仍存明显不足。我国作为当前世界最大能源消费国（占全球能源消费总量的 23%）、最大可再生能源消费国（占全球能源消费总量的 20. 5%）、最大能源生产国（占全球能源供应总量的 19%）、最大石油进口国（2016 年石油对外依存度升至 68%）和二氧化碳排放国，中国处于全球能源事务的中心。[①] 我国能源生产和消费越来越依赖国际市场，石油严重依赖中东，天然气越来越依赖俄罗斯、中亚和东南亚等。但目前，我国与这些地区有效的多边合作机制并不健全和牢固。我国在全球能源市场上的议价能力、定价能力依然较弱。

在当前国际能源组织中，我国严重缺乏主导力和话语权。我国虽参与了许多国际能源组织，但实际融合度和合作程度并不深，提出议题和设置议程的能力相当薄弱，在维护自身能源安全利益和促进全球能源治理方面发挥的作用不及预期。

简而言之，我国在能源国际合作、全球能源治理中扮演的角色滞后于综合国力在全球的地位、滞后于能源经济在全球的地位。这种“不合理”的局面是历史的、外部的等多方面因素造成的，需要通过自身不断努力，进行“伟大斗争”去加以改变。

（一）在传统国际能源治理机构中的主导力不足

近年来，尤其是党的十八以来，我国着力积极融入传统国际能源治理机构。在不改变现有国际秩序框架的前提下，用阻力最小的方式，推动国际秩序变革，提升国际话语权。可以看到，我国与传统国际能源治理机构良性互动增多，融合度增加，提出了更多自己的议题，成效显著。

---

① 数据均来自于 2017 版《BP 世界能源统计年鉴》。中国 2017 年 3 月原油进口量创历史新高，在第一季度超越美国成为全球第一大原油进口国，由于 2016 年油价暴跌导致国内炼油商削减开支，中国国内原油产量出现下滑。

但是，当前我国在主流国际能源合作治理平台并不具备主导力量。如在国际能源署（IEA）、国际能源论坛（IEF）中，话语权依然相对薄弱。在二十国集团（G20）、亚太经合组织（APEC）中不具备绝对主导力，缺乏常规性的能源合作对话运行机制。我国与全球治理机构合作，交的会费与产生的实际效益还不成比例，尚属“净投入”阶段，维护全球和中国能源安全主导力不够。

目前，发达国家有能力管理石油资源、地缘政治、金融等能源国际合作的多重属性。但我国主要还是停留在管理石油的资源属性。虽在加速涉足金融属性，比如期货的管理，但由于起步晚、底子薄，相对而言，仍属初中级阶段。我国在全球石油市场上被动参与者角色有所好转，但还未实现完全根本转变。我国对能源价格的定价、进口来源和运输管道治理等方面主导力远不能满足实际需要。

积极维护全球石油市场安全是中国参与全球能源治理的重要目标。中国倡导建立全球能源市场治理机制，提出建立能源命运共同体。但可以看到，能源生产国和消费国之间的有效对话机制尚未实质形成。主流能源治理机构源于西方，由 OECD 国家主导，还没完全摆脱成立时的初衷，即仍然存在与传统能源生产国的对立关系，生产国和消费国的合作仍存有障碍。IEA 是代表需求国家的主要治理机构，OPEC 是代表供应国家的主要治理机构。目前缺乏真正意义上具有国际性且能够兼顾生产国和消费国共同利益的机构。虽然 IEF 包括了生产国和消费国，但是目前 IEF 秘书处的功能在广度和深度上还远不能符合一个真正意义上的国际能源机构所应达到的标准，其讨论与决策机制的有效性不够。我国在能源国际合作和全球能源治理中的主导力需进一步提升，有着巨大潜在发展空间。

（二）在多边国际能源合作中的倡导力不够

近年来，我国在多边国际能源合作中积极倡导构建能源命运共同体，发出构建“一带一路”倡议，为全球能源治理提供中国方案，影响力在不断提升。

但是，由于我国参与全球能源治理经验相对缺乏，削弱了我国在国际能源政策制定环节的影响力，对国际能源市场的积极贡献尚未得到应有全面承认，在能源国际合作方面的倡议仍面临较大阻力。海外油气投资、新能源制造业产品贸易等，时有受到怀疑和指责。在能源价格、应急响应等关键领域缺乏国际话语权；在国际能源投资中也常遇到不公平待遇。

我国在利用能源技术创新降低全球减排压力方面的倡导力响应者不多或发达国家有实际行动的不多。我国国际减排责任增大，发挥新能源和可再生能源对化石能源的替代作用非常重要。先进的能源技术创新已经成为一种世界潮流。这些技术发展与全球有紧密联系，需要广泛的合作，也存在激烈的竞争。我国一直呼吁，发达国家有法定义务对发展中国家进行资金、技术的支持。针对新能源技术的知识产权制度适度放松对全球有利，可以使技术顺畅地转移到发展中国家。但发达国家常以保护企业利益为由拒绝在节能技术上的支持。虽然有 UNFCCC 这样的减排国际制度和平台，各国承诺的减排量也有所上升，但是目前各国承诺的温室气体减排量与控制全球升温需要的减排量相比，仍然有 50 亿 ~ 100 亿吨的缺口。我国一直积极倡导在国际减排框架下推进减排，公平承担责任，但进展相对较缓。

此外，近几十年来，中国的发展对人类消除贫困的进程做出了巨大的贡献。对中国国内和全球消除能源贫困的进程做出进一步贡献，是我国提升影响力和倡导力的一个突破口，但需要进一步加强与各国和主要国际组织合作。既要进一步提升我国在国际能源署、国际能源论坛及国际能源宪章等多边机构的参与度，又要与发达国家继续深化能源技术、人员交流和能源金融等方面的合作，任重道远。

（三）能源国际合作中的核心利益维护力不强

我国综合国力提升，有力维护了我国在全球能源治理中核心利益。

但由于在能源国际合作和全球能源治理方面的“软实力”支撑不够，提出有效国际合作议案较少，对核心利益的维护明显不足。

我国传统上较为擅长双边能源合作，多边合作能力虽有提升但仍不强。尚未熟练掌握、运用和融入现行多边法律规则及其改革，在遇到能源贸易争端时常无法熟练运用国际法律手段保护自己。

以欧美为主导的国际能源机构或协调机制，并不能自动实现我国在全球能源治理中的“核心利益诉求”。我国除了继续保持与各类国际能源治理机构或协调机制合作外，在不断借鉴 OPEC 和 IEA 的成功经验，需要寻找能源核心利益同盟者，组建基于“共同利益”价值导向的区域能源机构。如中国、印度、日本、韩国、印尼、泰国等是我国能源核心利益的潜在同盟。就油气而言，这些国家的国内产量都很难满足快速增长的需求，进口油气高度依赖中东地区，甚至进口油气共同面临“亚洲溢价”问题。我国可以倡议建立一个类似于 IEA 有执行力的“亚洲能源消费国组织”来推动成员国共同利益的实现。但是，由于中日之间政治信任的长期缺失、美国等西方势力的介入干扰，“亚洲能源消费国组织”的形成障碍重重。

此外，气候问题和能源安全问题易被欧美国家转化为“贸易和经济安全”问题，对我国利益构成潜在威胁。这需要通过进一步深化与周边国家的经济联系的方式促进能源合作，以及在国际气候谈判等其他重大能源环境问题上的利益一致性，培育以中国为主要成员的“经济利益共同体”和“能源利益共同体”。通过深化经济合作减少能源合作障碍，促进成员国在气候变化等国际重大问题上利益趋同。

二、政府对能源国际合作的治理能力需进一步加强

党的十八届三中全会明确提出，要提升国家治理能力现代化水平。能源领域包括能源的国际合作和全球治理的治理能力现代化同样非常重要。提升能源治理能力现代化是中国进一步参与全球能源治理的关键要

素。近年来，我国政府高度重视能源国际合作，在部门架构、政策研究、机制构建、人员保障、经费投入等方面加大了支持力度，为推动我国能源国际合作提供了有力支撑和保障。不过，从政府角度而言，能源国际合作是一项战略性、理论性、专业性和技术性很强的项目。就当前复杂的能源国际合作局面而言，我国政府对能源国际合作的治理能力并不强。在国际合作议题的研究和提出、政策的解释宣传、政府各部门间的合作机制的完善、高端人力资源储备等方面存在明显短板。这制约了我国在能源国际合作中的主导力的提升。

（一）能源国际合作的主动塑造力需进一步加强

国际合作能力是一种“软实力”，其终极目标是为国家参与全球能源市场活动的“硬实力”进行服务。国际合作不应仅限于参与国际论坛和提出无建设性的发言，更不是被动地对国际期待做出回应。而应当根据本国的发展战略，结合国际能源合作潜能和参与国家的共同利益，提出有利加强合作、容易被广大国家接受、包含新理念新思想的议题。如我国提出的“构建能源命运共同体”“建立全球能源资源市场稳定机制”和《2017 年推动丝绸之路经济带和 21 世纪海上丝绸之路能源合作愿景与行动》，对全球能源国际合作产生了积极深远影响，对能源国际合作形成了强大塑造力，推动了我国能源国际合作战略目标的实现。

但是，相比发达国家，我国政府在主要国际平台上提出代表发展中国家的关键议题为数不多，特别是依据我国能源战略研究提出的国际议题的能力还不强，服务国际能源市场活动的能力有待提升。做好这方面工作：一是我国政府需要不断增强善于主动提出议题的意识；二是要大力支持能源国际合作方面的研究，提升提出议题的能力；三是要提升善于将国内的最新研究成果转化为国际议题的能力。

（二）能源国际合作方面的传播力和引导力薄弱

能源国际合作需要稳定的国际环境，需要良好的舆论氛围。经验表明，我国能源国际合作政策解释得越充分，传播力引导力越强，就越能促进政策的执行和落实。习近平总书记在国际舞台上积极倡议构建“能源命运共同体”，提出合作的正确义利观，为我国树立负责任大国形象作出了积极贡献。曾培炎同志也在国际合作论坛上倡议建立全球能源资源市场稳定机制，提升了我国能源国际合作的影响力和公信力，对我国实际开展能源合作产生了较强的推动力。

但是，长期以来，国际社会对中国参与全球能源市场的方式和活动存在误解，这对我国能源国际合作构成了阻碍。我国长期受中国文化讲究“多做少说”的束缚，尤其是作为全球市场的新兴参与者，国际经验较少，希望在多学习的同时提升自身的能力，不擅长阐释宣传自己的观点理念。面对“中国机遇论”“中国威胁论”“新殖民主义”等对中国对外行为的错误解读，常常陷入“沉默不语”，或者应对乏力甚至回应失当。许多有利于各方的优质合作项目，常常迫于舆论压力而破产。明面上影响当期利益，潜在里却影响国家形象和后续合作。对此，我国政府要加强提升能源国际合作政策解释力和宣传力，加强与国内外媒体沟通，要高度重视传播手段建设和创新，提高国际能源合作政策的传播力、引导力、影响力、公信力。

（三）提高能源国际合作效率的支撑力依旧脆弱

以我国国家能源局为主的政府机构，在主导能源国际合作方面发挥了建设性作用。国家能源局等有关部门组织推进能源国际交流与合作，承担同外国能源主管部门和国际能源组织谈判并签订协议有关工作，拟订能源对外开放战略、规划及政策，协调境外能源开发利用。对推动我国能源国际合作形成了有力支撑。

但受相关政策限制，面对千头万绪复杂多变的国际能源合作局面，当前我国政府在提升国际合作效率方面的支撑力比较脆弱。如国家能源局目前承担任务较多，但人手相对不足。在借助多方力量增加我国参与全球能源治理的途径方面面临多方制约。此外，国际合作部门（包括其支撑机构）原则性强有利于管控风险履行职能，有时候却显太过教条，比如在加强能源国际合作方面的出国审批手续繁杂，一些重要会议参加不了，一定程度上制约了能源部门的对外合作交往。

另外，能源国际合作往往牵涉政府多个部门，内部会商机制的不健全，造成能源国际合作的项目行动缓慢甚至停滞不前。我国部委的能源国际合作部门，需建立同其他外事部门定期会商机制，在重大的国际问题上前期多沟通并达成一致意见。保障各部门了解最新情况，统一对外口径，保持一致立场，有力阐释中国观点，提升政府效率。

（四）参与能源国际合作的人力资源需进一步充实

人才是实现民族振兴、赢得国际竞争主动的战略资源。人才也始终是我国参与能源全球合作的中流砥柱，而且需要各种不同类型的人才。如石油行业不仅需要石油开采人才，更需要有跨国和跨文化经历的海归人才。能源战略研究人才、谈判人才也是我国推进能源国际合作必不可少的人才。还有语言仅仅是基本技能，对国际文化有深入了解的人才才有助于在国际上把握先机。同时还需要能主动策划设置议题，在国际舆论场宣传引导中国能源国际合作理念和政策的新闻人才。

近年来，凭借人才强国战略东风，我国政府部门吸纳储备了不少优秀人才，在推动能源国际合法方面发挥了积极作用。但是，因当前促进人才国际交流的相关手续繁杂，重要的国际平台上中国人任职人数有限。现有的外派人员规模和水平需要进一步提升。在实践中对在国际合作中培养和储备人重视不够，对公众和国际社会的政策解释能力较弱，政策实施推进常遇到阻碍。下一步，要贯彻落实党的十九大精神，在人才强国的推动下，实行更加积极、更加开放、更加有效的人才政策，把党内和党外、国内和国外各方面优秀人才集聚到推动能源国际合作工作中来，形成人人尽展其才的良好局面，让各类人才的创造活力竞相迸发、聪明才智充分涌流。

三、企业“走出去”的国际化水平有待提高

能源国际合作中，政府是主导，企业往往成为主体。企业的经营能力和国际化水平，一定程度上决定了能源国际合作的真实水平。在我国“走出去”战略指引下，中国能源企业积极参与国际合作，在实践中提升国际化水平，特别是近年来，为推动我国能源国际合作发挥了积极作用。

但是，我国能源企业“走出去”依旧停留在较低水平。我国能源企业“走出去”的历史不足30年，国际化经营能力相对落后。在竞争激烈的国际能源市场上，中国企业与西方国家的能源企业巨头相比仍有很大差距。我国能源企业在“走出去”的过程中还面临政策、文化、法律、习惯等方面的差异，技术标准的差别、合作方履约能力、专业性人才瓶颈、融资渠道限制等一系列问题；在整体风险控制、技术创新能力提升、关键性装备、材料突破等方面还需要进一步强化。中国“走出去”的能源企业要共同面对新常态、适应新形势、找到新方位、迎接新挑战、拥抱新变化。要在新时代中，持续做大、持续做强，实现规模和质量齐增。

（一）熟练利用国际规则、“协同作战”的能力不足

近年来，我国不少能源企业通过“摸爬滚打”，对国际规则的理解和运用能力得到提升。利用国际商业规则武器维护自身利益的案例开始增多。但是，能源企业总体尚未熟练掌握国际通行的商业规则和跨国经营的相关知识技能。常常因不熟悉国际规则，不了解当地情况，不懂得用国家法律武器维护自身权益，使得我国能源国际合作受到挑战。此外，“走出去”的企业单打独斗的局面依然较多，内斗和恶性竞争的局面未完全扭转，常互相消耗而成全“外人”。

中国“走出去”的能源企业，一要进一步强化行业联盟的资源整

合力度，形成更大的协同效应，强化技术研发方面的优势互补，推动技术融合和研发合作，以协同创新的力量，在全球化竞争中赢得先机。要强化产业链之间的合作，提高产业链协同力度，形成会员企业彼此间的配套互补能力，发挥整体优势。二要进一步强化行业自律，规范有序健康发展。在海外布局的过程中，要深化联合、抱团作战，实现创新发展。要通过有效的机制建设，减少恶意竞争、降低重复建设、杜绝不正当经营。增强企业团结性、融通性、互补性。按照创新、协调、绿色、开放、共享的五大发展理念深耕。三要进一步强化市场深度合作，通过联合开拓市场、联合采购、共享实验、检测设备、共享数据库等基础设施，降低创新成本。四要进一步强化技术标准方面的合作，在充分合作知识产权的前提下，加强创新技术的合作力度与商业化应用能力，让综合成本更低、产品品质更优、参与全球市场竞争的能力更强。

（二）企业现代化经营能力相对落后

我国能源企业现代经营能力在“走出去”过程中不断得到提升。如中国电力企业“走出去”经过多年的艰难探索和实践，已经取得了长足的进步。中国电力企业“走出去”主要还是在对象国的能源、电力、基础设施等消除贫困、提高人民生活水平密切相关的领域，较好地契合了中国企业的比较优势和对象国的实际需求。我国电力企业的“走出去”也由试水、开拓阶段向扩展和深入的方向发展，由建设工程类“走出去”，向资金、设备、技术复合型“走出去”发展。这些变化既体现了我国整体国力的变化、我国企业的成长，也体现了我国企业对国际经济形势变化以及对对象国需求的适应性。

但是，进入一个与中国国内迥异的商业环境，我国能源企业在适应东道国政治、法律、财税、融资、劳动等方面经营能力还需要进一步提升。一些能源企业经营理念和技术水平相对落后，在市场开拓、技术创新开发、产业链融合、金融支持等方面需要进一步加强。

一方面，在前期调研、风险防控体系建设等方面还需不断努力。在能源国际合作中，民营及中小型企业力量已不容忽视，但融资难成为难题。这需要政府加大支持力度，破解难题；同时企业自身也需要加强经营能力，抵御金融资本短缺方面的风险，要加强金融方面的创新与合作，更好支撑企业“走出去”。能源产业应抓住对外投资的大好时机，特别是当前“一带一路”建设的发展机遇，创立自身品牌、树立良好形象，积极寻求与丝路基金、亚投行等机构的联系及合作，加强与中国内外金融机构的对接，突破融资瓶颈，寻求发展新路。另一方面，要不断拓宽合作渠道、加强产能合作及产融对接。充分发挥中国在设计、咨询、投资、工程承包及装备制造等方面的优势产能，积极对接境外重点国别发展战略和用能需求。同时，能源企业要积极对接我国“一带一路”倡议及产能合作战略，在对接、服务国家战略中谋求发展新机遇。

（三）能源企业国际化品牌形象总体不高

近年来，我国能源企业在“走出去”的过程中，逐渐开始重视塑造公司品牌，打造中国企业名片，树立国家形象，不断积累经验，取得扎实成果。能源企业开始通过坚持“本地化”发展原则、“零伤害”安全理念、“绿色运营”环保理念及“尊重、协商”原则，成功融入社区、赢得理解、塑造形象。如在2016年新华网举办的“第六届中国能源高层对话”和国家外文局主办的“2016中国企业海外形象高峰论坛”上，国家电网公司获得“2016中国能源品牌价值杰出企业”奖和“最佳海外形象企业”称号。又如在2015（第三届）中国企业海外形象高峰论坛上，中国石油获评“2015年度中国企业海外形象20强”，并入选能源行业“最佳海外形象”企业榜（“一带一路”版）。

但是，我国能源企业国际化品牌识别度和西方国家还有较大差距。能源企业国际化经营统一规范性不强，在投资对象国往往难以树立良好的企业形象，也不利于维护好国家形象。越多“走出去”就意味着相互依赖的加大，中国能源国际合作必定会给中国对外关系带来一种负附加值的外部效应，会给正常的双边关系贴上“能源”的标签，加大合作对象国对中国的“资源掠夺”猜疑。近年来，无论在缅甸、哈萨克斯坦、俄罗斯还是拉美资源国，对中国企业的反对声音从民间到政府总是存在。

新时代，能源企业“走出去”过程中要抓住国家综合国力提升的机遇，不断加强企业品牌形象塑造。一是要注重将提升企业海外形象作为企业核心战略对待。二是要明确海外形象建设的战略目标。要成为中国文化和文明的重要传播者，成为中国国家形象的独特代言人。三是要加强海外形象建设的经验交流和学习。四是要拓展海外形象建设的传播渠道，多通过第三方和民间组织，巧用宣传手段，增强传播力、引导力、影响力和公信力。五要重视企业形象建设的危机公关，要加强企业海外形象的舆情监测和品牌评估，高效维护企业形象。

（四）企业“走出去”的模式相对单一和过时

能源企业投资密度大、产业链长、产业覆盖面广，能源企业“走出去”，对于中国产能和资本“走出去”具有重要意义。近年来，我国能源企业搭乘国家大外交的东风，利用自身优势，对接国家战略项目，并采用适合当地发展的经营模式，取得了巨大发展。

不过，我国能源企业从进行能源贸易、与产能国合作开发当地资源，到发展深加工业务，再到战略全面对接，还有很长一段路要走。中国能源企业的海外并购仍处于初级阶段。资源、技术、通道、市场、储运的“组合拳”运用不够，多角度制定战略能力不强，从规模化向纵深化发展有待进一步加强，我国能源企业“走出去”的模式需要进一步更新升级。

新时代，我国能源企业要利用国家好政策好机遇积极作为。我国坚持对外开放的基本国策，坚持打开国门搞建设，积极促进“一带一路”国际合作蕴含了重要机遇。我国能源企业当努力在设施联通、贸易畅通、资金融通、民心相通，打造国际合作新平台，增添共同发展新动力中有所作为。一是可利用多元所有制优势，进行优势组合，进行海外经营。二是可利用我国的技术和装备优势，在新能源方面利用国际竞争优势进行海外布局。在传统能源领域也可以和国际先进企业进行多方位、多角度的合作，努力实现迎头赶上、奋起直追。三是可利用我国人才和管理方面的优势，发挥近年来培养出来的一系列的专业人才和管理方面的经验作用，在国际上开展能源合作。四是可利用资金方面的优势，抢夺优势资源和占据主动地位。

参考文献

[1] 高世宪，朱跃中．依托“一带一路”深化国际能源合作[M]．北京：中国经济出版社，2016.

[2] 王海燕．中国与中亚地区能源合作的新进展与新挑战 [J]．国际石油经济，2016，24 (7).

[3] 帕米·阿尔托．东亚能源市场一体化及相关区域合作机制研究 [J]．南洋资料译丛，2016，202 (2).

[4] 史丹，侯建朝．中国和东盟能源行业的互补性格局研究 [J]．中外能源，2016，21 (8).

[5] 孙玉琴，姜慧．中国与中东地区油气合作的现状及前景 [J]．国际经济合作，2015 (9).

[6] 于果．我国生物质能技术发展研究 [J]．资源与产业，2016，18 (5).

[7] 国家可再生能源中心．2016 国际可再生能源发展报告 [M]．北京：中国环境出版社，2016.

[8] 王海波．“一带一路”背景下我国生物质能源发展的机遇与挑战 [J]．林业调查规划，2017，42 (2).

[9] 周长玲．可再生能源产业化中的知识产权保护．中国可再生能源和新能源产业化高端论坛，2006.

[10] 李峰．“一带一路”战略下行业协会的组织功能与作用探索 [J]．理论与现代化，2016，4 (4).

第三章　国际能源合作新变化和新趋势

近年来，随着美国页岩油气革命和国际油价低位震荡，全球能源形势发生重大变化，加之中国“一带一路”倡议的实施，传统的能源生产国和消费国身份发生变化，能源贸易的主体、品种、结构以及流向等都愈加多元，使得国际能源合作环境更加复杂，合作趋势出现新的特征，多边合作机制下的国际能源治理成为国际能源合作的制高点。

一、国际能源合作环境五大新变化

（一）能源生产中心加速“西移”，供应格局多极化

随着美国页岩油气革命成功、加拿大油砂大量开采，中东以外地区油气储量大幅增加，中东地区油气供应一家独大的传统格局被打破，全球能源供应中心“西移”，开始呈现 OPEC、俄罗斯—中亚、北美等多极供应新格局。2017 年，特朗普政府推出“美国第一能源计划”，明确提出尽量开发本土能源，鼓励扩大美国本土石油生产，继续保持页岩气高速增长，减少国外石油进口，降低国内能源价格，进一步摆脱对能源进口的依赖。在这一战略目标之下，美国很可能会从石油进口国转变为石油出口国，这将加速世界油气生产中心“西移”步伐，深刻改变全球石油市场供需，并极大削弱石油输出国组织（OPEC）和俄罗斯对国际石油市场的影响。特朗普之后又决定退出《巴黎协定》，以期为化石

能源松绑。此外，南美油气田的新发现，欧盟在可再生能源领域蓬勃发展，以及考虑到中东、俄罗斯等传统能源出口国产能稳定，全球能源生产重心总体将向西半球倾斜（见图3－1）。

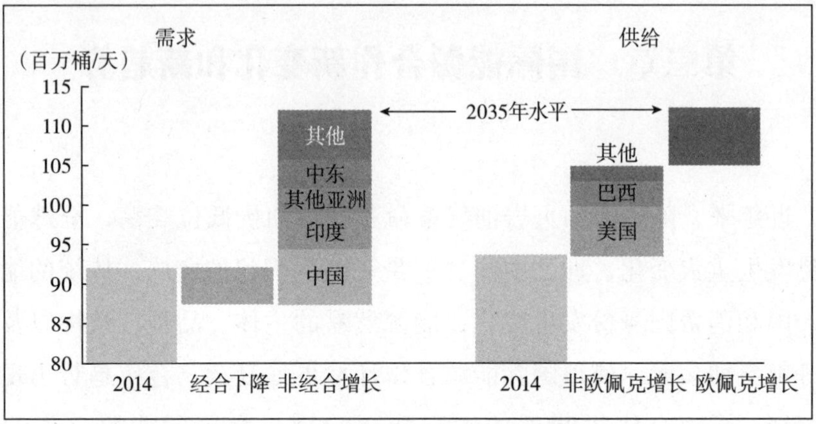

图3－1 2035年世界石油供需情况

资料来源：《BP世界能源展望（2017版）》，2017年3月。

（二）能源消费中心继续“东扩”，新兴经济体消费不断上升

全球能源需求进入低速增长时期，主要发达国家能源消费总量趋于稳定甚至下降，新兴经济体能源需求将持续增长。以中国、印度为代表的新兴经济体的快速发展，使得国际能源的消费中心正在向东半球偏移。中国能源的进口量不断攀升，目前能源对外依存度已超过16%，天然气的对外依存度超过30%，石油更是达到65%，接近美国石油对外依存度的历史峰值66%。2016年，中国原油进口量创下日均763万桶的纪录高位，与美国日均790万桶的进口量相差无几。近年来，印度的能源消费也快速增长，2016年印度超过日本成为世界第三大石油消费国，IEA发布的2017年石油市场中期报告认为，印度原油需求量的增速将在2022年左右超过中国。亚太经合组织（APEC）预测，2035年全球超过90%的能源需求增长将来自亚洲，亚太地区成为世界最重要的油气消费地区。另据英国石油公司（BP）测

算，2035 年全球能源需求将比 2011 年增长 36%，中国和印度将占增长的一半以上。

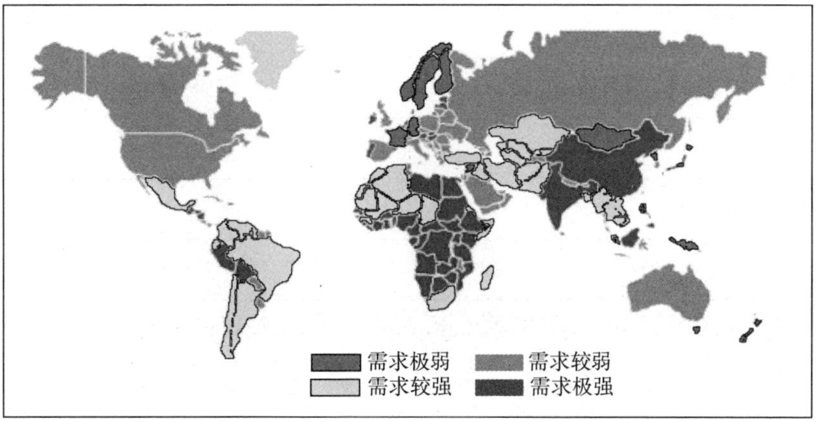

图 3－2　世界能源需求图

资料来源：IEA《2017 石油市场中期报告》，2017 年 5 月。

（三）能源消费结构多元化，迈向“四分天下”时代

人类跨入工业文明 200 多年来，煤炭、石油、天然气等化石燃料成为能源中的主力。近些年来，新能源和可再生能源快速发展，已成为一次能源消费中最具潜力的领域，未来可望与煤、油、气形成“四分天下”格局。据英国石油公司（BP）统计，2016 年全球一次能源供应中，石油占 33.3%，煤炭占 28.1%，天然气占 24.1%，核能、水电、风能、太阳能等低碳能源合计占到 14.5%（见图 3－3 和图 3－4）。随着页岩气、可燃冰、深海油气技术的成熟和应用，化石能源内部结构也将发生变化，天然气所占比重将不断上升。此外，中国、印度、欧盟等国家（地区）低碳能源发展将带动全球能源消费日趋多元化（见图 3－5）。

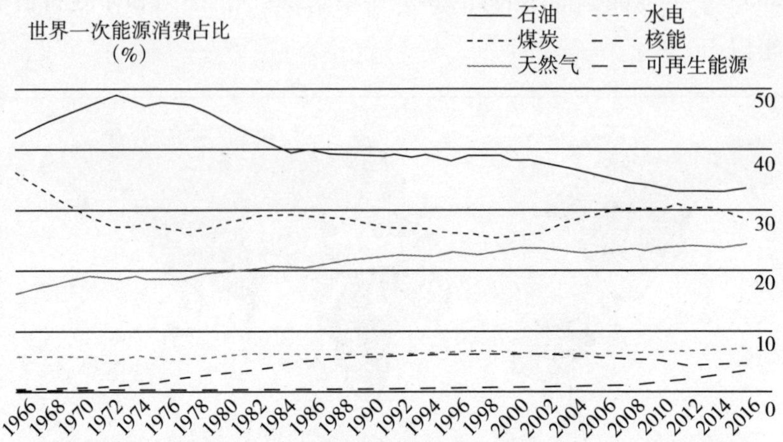

石油仍是世界的主导燃料，占所有能源消费的近1/3。2016年，在1999—2014年连续15年下降之后，石油的全球市场份额连续第二年增加。煤炭的市场份额降至28.1%，为2004年来最低水平。可再生能源发电在全球一次能源消费中占比达到了3.2%的记录。

图 3－3　2016 年全球一次能源消费占比

资料来源：《2017 年 BP 世界能源统计年鉴》，2017 年 6 月。

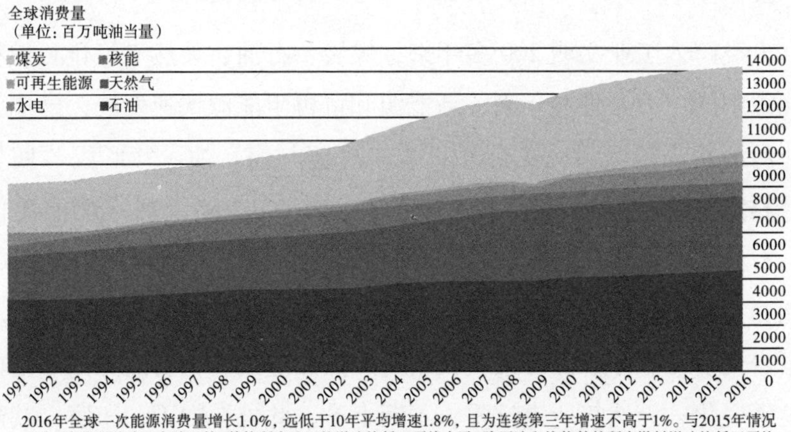

2016年全球一次能源消费量增长1.0%，远低于10年平均增速1.8%，且为连续第三年增速不高于1%。与2015年情况一致，除欧洲及欧亚大陆以外，其他所有地区的增速均低于平均水平。除石油和核能外的所有燃料增速均低于平均水平。石油是能源消费中最大的增量来源（7700万吨油当量），其次是天然气（5700万吨油当量）和可再生能源（5300万吨油当量）。

图 3－4　2016 年全球一次能源消费量

资料来源：《2017 年 BP 世界能源统计年鉴》，2017 年 6 月。

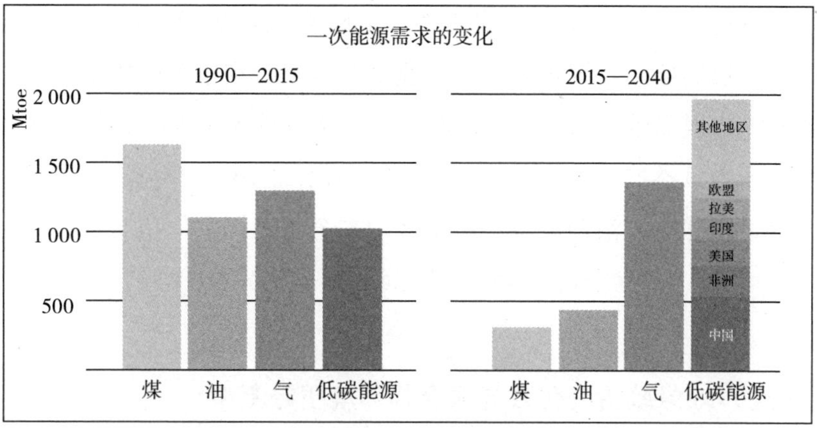

图 3－5　世界一次能源需求变化

资料来源：IEA《世界能源展望 2016》，2016 年 12 月，转引自国际能源网，http：//www. in－en. com/article/html/energy－2258071. shtml。

（四）国际油价大幅震荡，对全球能源市场造成深远影响

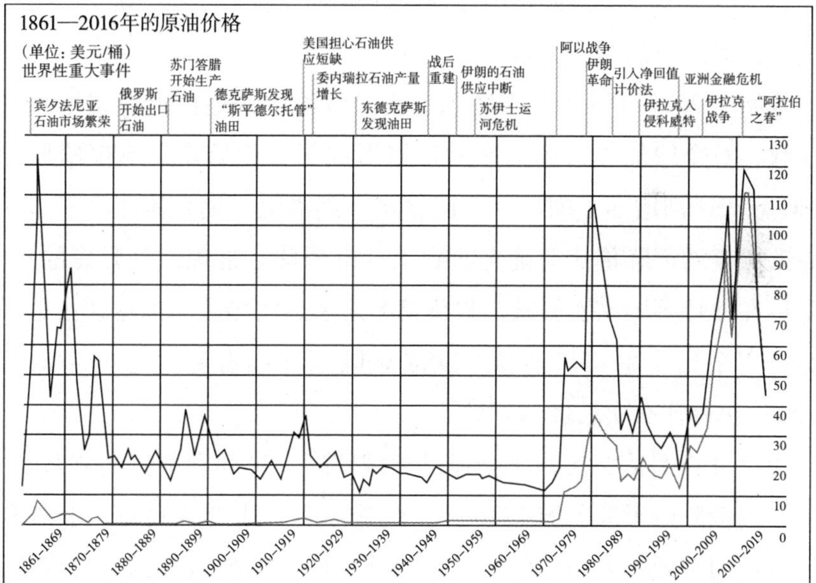

图 3－6　1861—2016 年国际原油价格变动

资料来源：《2017 年 BP 世界能源统计年鉴》，2017 年 6 月。

低油价致使大国博弈更加激烈，全球能源走势面临诸多不确定因素。低油价周期给美国带来政治和经济利益，有利于美国再工业化和制造业回归，但影响了俄罗斯的对外议价能力和能源战略，也使中东产油国财政压力日益增加。随着能源格局的变化，能源生产和消费国利益分化调整，全球能源治理体系加速重构。在全球能源供需相对宽松，买方市场情形下，以新兴经济体为主的能源消费国在能源国际合作中的主动权增加。

（五）地缘政治变化致能源合作环境更趋复杂

美国页岩油气革命和能源独立政策正在改写国际能源地缘政治格局。特朗普的能源新政更加注重自身发展，将逐步把美国带离世界能源政治版图的核心——中东地区，减少维护这一地区稳定的资源投入，中东、北非复杂局势将常态化。随着能源出口不断增加以及油气资源低成本化，美国会拥有更多制衡国际地缘政治的力量，对俄罗斯、中国等传统竞争方形成新的制衡力量。

肇始于 2017 年 6 月的卡塔尔外交风波给中东地区的稳定增加了新的变数，对全球油气市场低迷的价格形成了一记重击。不仅给原定的 OPEC 减产谈判增加了困难，而且能源“武器化”的范围正在扩大。上一轮欧佩克增产降价活动确实起到了打击全球非常规油气开发的目的。但随后在沙特等国家实施减产提价策略之后，美国页岩油迅速占领了沙特减产空余出来的市场份额。欧佩克国家并没有通过这两年的油价“折腾”获得什么实质性的好处。

2017 年 7 月底，美国国会通过对俄罗斯、伊朗和朝鲜的制裁议案。该议案以俄罗斯干涉美国 2016 年总统选举和军事介入乌克兰和叙利亚为由，追加对俄个人和实体的经济制裁；以发展弹道导弹项目等为由，对伊朗和朝鲜实施制裁。在对俄制裁方面，美国国会的新措施表面上针对俄罗斯，实际上暴露出美国抢占欧洲能源市场的愿望。制裁法案有多个条款瞄准俄能源行业，不仅限制美国公民和美国公司参与任何俄能源项目，还把制裁对象扩大到任何投资或帮助俄罗斯能源勘探的外国公司，以及帮助建设俄罗斯能源出口管道的公司。其中至少涉及俄罗斯与欧洲合作的8个能源项目，包括“北溪”和“北溪-2”天然气管道项目、壳牌石油参股的“萨哈林-2”石油天然气综合开发项目、多个欧洲公司参股的里海管道财团石油运输管道项目、南高加索管道等。制裁法案引发朝鲜和欧洲强烈不满，俄伊立即表示将联手应对美国经济制裁。2017年以来一系列地缘政治事件都使国际能源形势充满不确定性，能源合作外部环境日趋复杂。

二、国际能源合作四大新趋势

（一）维护共同安全成为能源合作新理念

随着经济贸易全球化的不断发展和融合，能源资源已经全球配置。一个国家很难完全依靠一己之力满足本国的能源资源需求，也很难单独应对能源供应、价格、通道等风险，更很难在复杂多变的能源市场和地缘政治动荡中独善其身。近年来，全球能源供需你中有我、我中有你，互利共赢需求增加，利益博弈也在加剧，越来越多国家通过双边合作或借助多边合作机制协调利益争端，能源合作理念从保障个体安全走向寻求集体安全。在国际油价进入下行周期以来，OPEC为了保持自己的市场份额，多次召集成员国进行协商，无论是增产降价还是减产提价，都是一种“抱团取暖”、互助合作的方式。当前，在全球能源格局加快调整、利益不断分化，逆经济全球化思潮泛起和地缘政治形势日益复杂的背景下，越来越多的国家通过双边或多边合作机制协调争端，能源合作理念从保障个体安全走向维护共同安全。

（二）能源转型与应对气候变化仍是能源合作主旋律

化石能源大量使用带来环境、生态和全球气候变化等一系列问题，主动破解困局、加快能源转型发展已经成为世界各国的自觉行动。在人类共同应对全球气候变化大背景下，各国纷纷制定能源转型战略，提出更高的能效目标，寻求低成本清洁能源替代方案，加大温室气体减排力度，推动经济绿色低碳转型。联合国气候变化《巴黎协定》提出了新的更高要求，明确本世纪下半叶实现全球温室气体排放和吸收相平衡的目标，将驱动以新能源和可再生能源为主体的能源供应体系尽早形成。

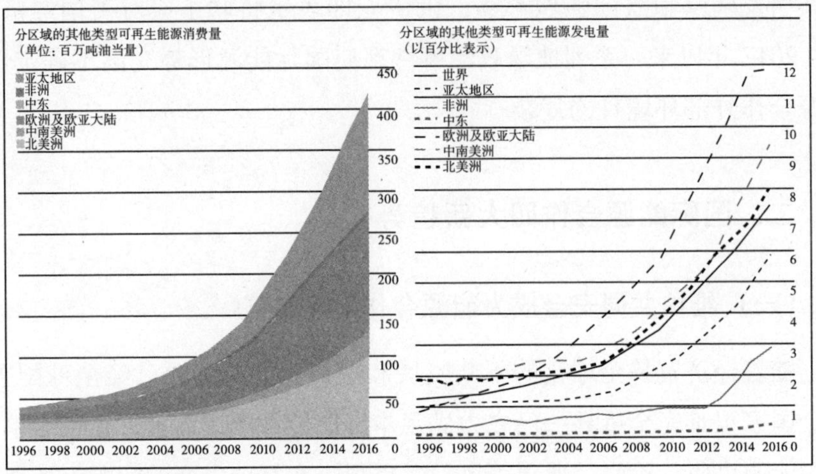

图3－7　2016年全球可再生能源消费量和发电量

资料来源：《2017年BP世界能源统计年鉴》，2017年6月。

在这样的大背景下，特朗普逆流而上宣布退出《巴黎协定》，为全球气候变化合作注入负能量。“美国第一能源计划”替代奥巴马政府的“气候行动计划”，是特朗普政府“美国利益第一”“从全球事务中脱身”的具体表现之一，这势必会对全球应对气候变化行动产生消极影响。但是，气候变化已经成为全球最严峻的挑战之一，绿色低碳发展已成为世界发展的潮流和趋势，全球可再生能源继续快速增长。2017年BP世界能源统计年鉴显示，2016年全球可再生能源发电量（不含水电）增长了14.1%，略低于10年平均增速，但已是有记录以来的最大增量，达到了5290万吨油当量。从结构看，风能提供了一半以上的增量，而太阳能则贡献了几乎1/3的增量。从地区看，亚太贡献了60%

的增量，中国取代美国成为世界最大的可再生能源生产国。全球可再生能源发电量的比例从 2015 年的 6.7% 上升到 2016 年的 7.5%，欧洲及欧亚大陆可再生能源发电量达到 11.8%，是全球占比最大的地区（见图 3－7）。当前，世界各国家都在积极转变发展方式、调整结构来保护生活环境和应对气候变化，美国新政府的政策无法改变这一历史趋势。

随着应对全球气候变化压力的增大以及绿色发展理念深入人心，主要经济体纷纷制定新能源发展规划，加大新能源技术研发投入力度，抢占新能源技术高点，扩大国际新能源市场份额，新能源国际合作领域已形成竞争态势。当前，能源新技术与现代信息、材料和先进制造技术深度融合，太阳能、风能、新能源汽车技术不断成熟，大规模储能、氢燃料电池、第四代核电等技术有望突破，能源利用新模式、新业态、新产品日益丰富，将带来人类生产生活方式深刻变化。新能源领域的国际合作必将成为未来能源合作的重要方面。

（三）共建"一带一路"成为能源合作新亮点

2013 年，习近平总书记提出"一带一路"倡议，受到国际社会高度关注和相关国家积极响应。从资源禀赋和产业发展水平看，我国与"一带一路"沿线国家在能源领域契合度最高，开展长期稳定合作的愿望和基础也最强，能源成为"一带一路"建设的"新丝绸"，能源合作也成为"一带一路"国际合作的重要主题。"一带一路"国际合作高峰论坛召开期间，中国政府发布了《推动丝绸之路经济带和 21 世纪海上丝绸之路能源合作愿景与行动》（简称《"一带一路"能源合作愿景与行动》），并提出了构建"一带一路"能源合作俱乐部的倡议，乘势而上将"一带一路"建设和国际能源合作推向了一个新高度。"一带一路"的提出正是全球油气供需格局调整期，能源消费结构转型期，也是全球能源治理改革期，"一带一路"能源合作必将成为国际能源合作一道亮丽的风景线。

首先，"一带一路"关注的欧亚大陆是世界能源经济心脏地带。欧亚大陆幅员辽阔，国家众多，经济发展极不平衡，呈现出“两端发达，中间塌陷”的特点。两端是位居世界三大经济圈的欧洲经济圈和东亚经济圈，中间是大部分发展中国家，其经济水平比较低，发展空间十分巨大。同时，欧亚大陆也是“世界能源心脏地带”，包括从北非马格里布到波斯湾、里海、俄罗斯西伯利亚和远东地区的供应地带，以及包括东亚、东南亚、南亚和欧洲大陆在内的“内需求月型地带”和主要包括北美、撒哈拉以南非洲和南太平洋等地区在内的“外需求月型地带”。“一带一路”在全球能源资源供应中占有核心地位，全球油气储量前十位的国家中，有 7 个分布在“一带一路”地区，也是我国进口主要来源地和运输通道。“一带一路”能源合作有助于相关国家将资源优势转变为经济优势，实现资源互补，互利共赢，从而激活和带动欧亚大陆经济持续、平衡发展。

其次，“一带一路”沿线地区将成为世界最大的能源生产与消费市场。中国、印度、巴基斯坦、东南亚等发展中国家能源消费持续增长将促进中亚、西亚、俄罗斯等能源富集区能源产量。“一带一路”能源合作将在区域内实现能源生产与消费的短距化供需联系。随着贸易规模扩大与沿线国家间互利互信水平提升，区内将形成多个稳定的短距离能源生产与消费关联区，有效地保障能源生产国的利益和能源消费国的安全。

再次，欧亚大陆将逐渐建设多条新的能源转运中心，形成海路、陆路比肩并进的合理布局。欧亚大陆的东部地区已涌现出不少能源供需板块，而中国在这些板块中居于中心地位，随着能源合作机制完善与合作平台建立，在我国周边的东亚、中亚、东南亚将形成若干个次区域的能源合作网络。借助“一带一路”倡议，以中国为中心搭建的地区能源合作的平台，将会提高欧亚大陆东部和南部地区的权重，使全球能源格局的演变更趋平衡和优化。

（四）全球能源治理改革成为能源合作制高点

全球能源格局新形势新变化，凸显了当前全球治理架构的缺陷。新兴力量的出现打破了国际能源市场原有平衡，由发达国家主导的现有全球能源治理结构，与国际能源市场的新变化、新格局不适应、不匹配，其局限性逐渐凸显。如现有国际能源治理无法有效体现新兴国家和发展中国家利益诉求，无法应对能源供应多极化带来的新风险、多元化治理目标，并缺乏对能源市场的金融监管、知识产权保护、能源贫困应对、气候变化和低碳政策、运输通道争议和贸易争端解决机制等等。因此，国际社会特别是新兴经济体要求变革的呼声日益强烈，全球能源治理机制酝酿深刻变革。

不仅如此，现有国际能源组织机构也各自为战，缺乏协调，难以平衡新旧能源生产国和消费国的利益诉求分歧。如 OPEC 仅代表生产方利益，国际能源署（IEA）为经合组织国家代言，唯一包含油气生产国和消费国在内的能源宪章条约（ECT）明显倾向于主要发达经济体，俄罗斯、中亚地区国家等被排除在外。在此背景下，亟须建立共同安全体系，将主要能源生产国、消费国和过境国凝聚在一起，构建新的治理机制，就能源政策、市场建设、定价机制、运输通道安全等重大问题形成有约束力的机制，维护各国核心关切和整体能源安全。

随着全球能源格局的调整，通过参与多边机制的全球能源治理，实现互利共赢成为各国的共同选择。同时，全球能源治理也是维护本国核心利益，保障能源安全，体现国家软实力和影响力的重要途径，因而成为近年来国际能源合作的制高点。

参考文献

[1] 范必等．世界能源新格局——美国“能源独立”的冲击及中国应对［M］．北京：中国经济出版社，2014.

[2] 高世宪，朱跃中．依托“一带一路”深化国际能源合作［M］．

北京：中国经济出版社，2016.
[3] 中国参与全球能源治理之路，IEA，2016.
[4] BP 世界能源展望（2017 版），2017.
[5] 2017 年 BP 世界能源统计年鉴，2017.
[6] IEA2017 石油市场中期报告，2017.
[7] IEA 世界能源展望 2016，2016.

第四章　新时代加强我国能源国际合作的建议

全方位加强国际合作，实现开放条件下能源安全，是我国能源革命战略的重要任务之一。中国特色社会主义进入新时代，这是我国发展新的历史方位，也为我国全方位加强国际合作开辟了更加广阔的空间。作为全球最大的能源生产国和消费国，中国是世界能源格局中最大的利益相关者之一。在全球能源治理体系加速重构和我国能源合作迈入“引进来”和“走出去”并举的重要历史时期，我们应充分把握国际能源合作的新变化和新趋势，以“一带一路”为突破口，积极参与全球能源治理，开展更加积极有效的能源国际合作，打造国际能源合作的利益共同体、责任共同体和命运共同体。

一、新时代我国能源国际合作的总体目标

随着全球能源格局的重大变革和我国综合国力的提升，我国能源国际合作也迈入新时代。一是从国际能源市场的“小伙伴”变成“大块头”，从“引进来”走向“引进来”和“走出去”并举。二是能源合作进入“升级版”，从以双边为主的获取资源、项目合作转向通过多边机制参与全球能源治理，从保障自身能源安全为主转向构建全球能源命运共同体。三是在全球能源治理体系中的存在感和影响力大幅提升。目前已与26个国际能源机制建立了合作关系或成为其成员，包括IEA、IEF、OPEC、IRENA等专业性能源组织，以及主要国际或区域综合性合作机制如G20、BRICS、APEC、SCO等下设的能源合作机制。在起草

实施 G20 能源合作原则和创建启动 IEA 联盟过程中发挥了领导作用，并参与了 IEF 和能源宪章重组改革进程，成为全球能源治理体系的参与者和建设者。四是未来有望在全球能源治理中发挥更大作用。虽然国际合作进展很大，但在全球能源治理中的地位与自身经济规模和在全球能源事务中的重要性还不相称，未来提升的空间还很大。

站在新的历史起点，我国未来能源国际合作应有更高目标，争取在全球能源治理中发挥更大作用。**第一，我国能源国际合作须以为全面建成小康社会和两个一百年奋斗目标提供充足的能源保障为底线。**经过近 40 年改革开放，我国已进入全面深化改革，构建开放型经济新体制的关键时期，必须紧紧围绕统筹推进“五位一体”总体布局和协调推进“四个全面”战略布局，牢固树立和贯彻落实创新、协调、绿色、开放、共享的发展理念，把推进能源革命作为能源发展的国策，筑牢能源安全基石，为全面建成小康社会，实现两个一百年奋斗目标和中华民族伟大复兴中国梦提供坚强保障。

第二，坚持绿色低碳发展方向，推动形成绿色低碳的全球能源治理机制。当前，加快能源转型、实现绿色低碳发展已经成为世界各国的自觉行动，即便美国退出《巴黎协定》，也改变不了全球绿色低碳发展大势。我国已成为世界最大的能源消费国和生产国，最大石油进口国，最大风电、太阳能光伏和水电生产国，成为全球能源结构优化进程中最重要的推动因子。在 2016 年 G20 杭州峰会上，习近平总书记提出“共同构建绿色低碳的全球能源治理格局，推动全球绿色发展合作”，这是我国首次在 G20 这样的全球经济治理核心舞台上提出全球能源治理的“中国方案”，推动了全球能源治理的顶层设计。我们应坚持绿色低碳发展方向，并以此为切入点，进一步提升我国参与全球能源治理的影响力和话语权。关于构建绿色低碳的全球能源治理机制，作为以油气立国的俄罗斯、沙特还未接受，对此我们应该加强研究和沟通，贡献中国方案，争取将全球能源绿色低碳转型变成联合国工作计划。

第三，全面参与全球能源治理，承担与我国自身能力相适应的责任，构建人类能源命运共同体。长期以来，对能源资源的争夺往往使国家间陷入战乱纷争，成为战争和灾难的导火索。近一百年来两次世界大战的惨痛教训证明，弱肉强食、丛林法则不是人类共存之道。面向新时代，我们应充分利用全球能源治理的多边治理机制，树立双赢、多赢、共赢新理念，与国际社会一道，共同致力于打造开放包容、普惠共享的能源利益共同体、责任共同体和命运共同体，为推动全球绿色低碳可持续发展，全球消除能源贫困的进程做出中国贡献。

二、新时代加强我国能源国际合作的基本原则

（一）积极有为、义利兼顾

过去几十年来，我国能源国际合作不断深化，合作成果不断扩大，但总体而言是被动跟随大于主动影响，还缺乏与自身体量相称的发言权。进入新时代，我国应以更加自主、有为的姿态加强国际合作。在保障能源安全和提升定价权方面，深化与主要油气生产国的上、中、下游的产能合作，成为能源生产的直接相关方；在促进能源转型方面，着力践行能源革命战略，积极倡导绿色低碳发展理念，与国际社会一道，努力实现减排目标；在参与全球能源治理方面，在积极参与现有国际治理机制的同时，推动“一带一路”能源合作俱乐部落地并发挥积极作用；在能源市场建设方面，建设好上海、重庆等油气交易中心，完善以亚投行为代表的新兴能源金融体系，推动能源领域人民币国际化进程，加强国际能源金融秩序监管合作；在提升参与国际能源合作的能力建设方面，主动塑造国际能源议题，科学设计现代化政府架构，创新现代化能源外交手段，着力培养能源治理人才和外派人才，发挥能源智库服务国家能源战略的能力。

当前，经济全球化、区域一体化快速发展，不同国家和地区彼此依赖，俱荣俱损，必须摒弃过时的零和思维，不能只追求你少我多、你输

我赢，只有义利兼顾才能义利兼得，只有义利平衡才能义利共赢。2017年，中国政府提出构建“一带一路”能源合作俱乐部的倡议，旨在构建利益共同体、责任共同体和命运共同体，这就要求我们要倡导互惠互利、双赢共同发展的能源合作计划。

（二）融入、改造、引领

作为全球最大的能源生产国和消费国，中国参与全球能源治理是保障能源安全的必由之路，也是能源外交的战略选择。中国参与全球能源治理应该遵循融入、改造和主导的路径。

融入是前提。中国能源国际合作虽然取得了很大成就，但总体而言参与全球能源治理的经验和程度还较为有限。比如：国际合作中话语权缺失，在国际治理中“跟随”多于“塑造”；定价权缺失，长期受高能源价格之累；影响力不足，还不能通过多边能源合作有效实现自身诉求。为此，今后加强我国能源国际合作，首当其冲的是要变被动为主动，以积极有为的姿态融入全球能源治理体系，充分了解和熟悉现有国际规则，积极参与全球能源治理新体系的设计与运行，做全球能源治理体系的建设者、贡献者。

改造是手段。现有国际能源秩序成型于20世纪70年代两次石油危机以后，实现了一定程度的全球能源市场的规范性建设和较高程度的国际合作，为全球能源治理的进一步发展打下了重要基础。但现有能源治理秩序无法代表新兴国家和发展中国家，未能建立能源生产国和消费国之间的有效对话，未能防范能源供应多极化带来的新风险，也缺乏对能源转型、环境治理、能源贫困、贸易争端等能源重大问题的足够关注和有效应对。我们应顺势而为，充分调动各种有利因素，在能源治理改革中发挥更大的领导作用，改变不公平不合理的国际能源秩序，进一步反映新兴国家和发展中国家的诉求和声音。

引领是目标。中国虽然是全球能源市场体量最大的参与者，但至今尚未获得与自身体量相称的话语权、定价权和影响力。应通过不懈努力，在2035年我国基本实现现代化时，形成以我国为主导、以建设全球能源命运共同体为目标的国际能源治理机制。为此，我国能源国际合作应从“一对一”的单点合作向“一对多”的整体协同转变，以建设“一带一路”能源合作俱乐部为契机，积极构建能源合作伙伴关系，在时机成熟时构建形成以我国为主的国际能源组织，制定能真正反映国际能源格局变化和“一带一路”国家迫切诉求的新制度和新规则。

（三）全面加强、重点突破

全方位加强国际合作，实现开放条件下能源安全，是我国能源革命的重要战略任务。首先，要全面深化合作领域，在主要立足国内的前提下，从能源生产和消费革命所涉及的各个方面加强国际合作，加强全产业链能源合作，有效利用国际资源。其次，要全面拓展合作版图，除了“一带一路”，还要加强与北美、东北亚、印度等地区和国家的合作。第三，要拓宽能源合作的品种和领域，除了我国较缺乏的油气资源合作，继续促进我国有优势的新能源、先进发电与输变电装备、工程、技术等领域的合作，加快能源企业“走出去”。第四，全方位参与全球能源治理，要在世界各种重要区域合作机制里发挥重要作用，促进全球能源发展实现绿色低碳转型，并力推成为联合国工作计划。

新时代加强能源国际合作还要重点突破。“一带一路”能源合作是未来我国能源合作的重中之重，应在“一带一路”倡议的基础上，重点发展以及深化“一带一路”沿线国家的能源合作。共同打造开放包容、普惠共享的能源利益共同体、责任共同体和命运共同体，提升区域能源安全保障水平，提高区域能源资源优化配置能力，实现区域能源市场深度融合。

（四）开放包容、优势互补

推动建立“能源合作伙伴关系”，实现国与国平等表达能源合作意愿、互惠互利，确保合作事项不受政治性事件影响。搭建供需对接平台，构建能源市场稳定机制，完善资源与要素流通机制，实现优势互补、共赢合作。

三、新时代加强我国能源国际合作的建议

（一）全方位推进全球能源治理改革

一是充分借助现有治理平台提升影响力。在推行“一带一路”、提高能源获取度等中国提出的国际能源合作主张时，需要全方位与国际能源署（IEA）、二十国集团（G20）、国际能源论坛（IEF）等治理平台充分合作，以尽可能在大范围内达成共识，使相关主张获得广泛接纳。可进一步在G20框架下探索能源治理合作新方式。我国领导人可在国际场合，按照双边与多边相结合的原则，就建立全球能源治理机制与G20国家积极磋商，在适当的多边场合，向国际社会正式提出进一步推进全球能源治理进程的建议，并积极推动付诸实施。

二是积极融入现有全球能源治理机制改革进程。在最大限度拓展与现行机构合作的基础上，积极促进这些机构进行改革，建立更完善的治理功能，为能源合作创建更多便利化安排。包括深入参与IEA正在进行的国际化改革、G20框架下能源治理功能的加强以及IEF能源信息分享机制的建设等进程。同时最大限度利用亚洲地区的多边对话，包括亚洲合作对话、亚欧会议、亚信峰会等宣传“一带一路”等区域能源合作倡议。

三是推动“一带一路”能源合作俱乐部落地工作。我国政府在《“一带一路”能源合作愿景与行动》中已经向沿线国家发出了构建“一带一路”能源合作俱乐部的倡议，下一步应做好落地工作，将其打造成为一个汇集有关国家、国际组织、企业、金融机构、智库等多方参与的多层次合作平台。推动“一带一路”能源合作是中国的倡议，也是各国的利益所在。中国应与各国携手推动更大范围、更高水平、更深层次的能源合作，共同确定一批能够照顾各方利益的项目，对条件成熟

的项目抓紧启动实施，争取早日开花结果。

四是推动形成“能源合作伙伴关系”，构建人类能源命运共同体。习近平总书记在2015年博鳌亚洲论坛年会上提出的建立亚洲资源能源合作机制的倡议。在当前全球能源配置格局调整和“一带一路”深入推进的大背景下，可考虑在“一带一路”沿线国家或亚洲国家范围内适时提出建立部长级能源伙伴关系对话机制，开展政策交流和协调，加深理解，为能源合作创造必要共识和政策环境。或是采用“化零为整、分散突破”的路径，根据不同国家和区域特点，将建立能源伙伴关系在现有多边经济合作机制中分别加以推进落实。这种“润物细无声”的有序推进方式，更有利于取得实效，也可避免国际炒作我国能源扩展问题。通过推动相关国家形成互联互通的伙伴关系，最终构建人类能源命运共同体。

（二）以共建“一带一路”为依托深化能源国际合作

“一带一路”在全球能源供应中占据核心地位，但发展不平衡，国际合作的潜力尚未充分释放。一些国家能源资源丰富，但铁路、公路、桥梁、港口、机场和通信等基础建设严重不足，能源开发建设水平低，未能有效地将资源优势转化为经济优势；另一些国家能源无法自给，需要大量进口，高成本制约经济效率提升。亟须构建供需对接的平台和渠道，协调能源流通、投资和贸易，化解因保障供给和争夺通道带来的突出矛盾。特别是亚洲主要国家在维护稳定的供需关系、保障运输安全、提升话语权、应对气候变化等方面均存在利益契合点，具有互利合作的现实条件和发展共赢的强烈愿望。

要借助共建“一带一路”契机，以能源开发为切入点，分区域、分重点，先易后难，有序推进与“一带一路”沿线国家能源合作。一是推动与俄蒙中亚、西亚北非全方位战略对接。重点加强与俄罗斯、哈萨克斯坦、土库曼斯坦、西亚北非国家在油气领域全面合作，顺畅油气资源交易，确保通道安全。推动与以色列、土耳其、埃及、伊朗等国可再生能源合作。二是推动与东南亚、南亚地区在重点领域对接、以点带面开展合作。发挥我国基础设施建设优势，助力提升目标国能源生产与利用水平。完善跨境输电通道，开展区域电网升级改造合作，促进我国丰富水电等电能在当地消纳。加强与印度尼西亚等的煤炭、天然气贸易和勘探开发合作。三是推动与中东欧、独联体国家能源合作项目的先期培育。中东欧国家购买力较强，能源需求多依赖进口。探索与之开展能源市场建设和价格稳定机制等合作。同时，加强可再生能源、循环经济领域合作，加大核电“走出去”力度。加强与独联体其他六国电力合作，与阿塞拜疆加大在油气资源开发方面的合作，与乌克兰加强核能、水电和可再生能源等领域合作。

（三）形成新的国际合作框架和区域合作框架

借助“一带一路”倡议布局构建中国重点，进一步深化与美国、环里海国家及俄罗斯、印度等国的战略合作关系。中国开展“一带一路”能源合作，无论是扩大贸易规模、进行基础设施建设，还是建立能源合作机制，都将扩大自身在主要能源产区的影响力。中美在“一带一路”沿线能源领域合作潜力巨大，双方通过扩大共同利益、增进共识，可减少美国对中国推动“一带一路”能源合作的抵触情绪。环里海国家及俄罗斯对中国推动“一带一路”建设及其相关能源合作总体上持积极态度，双方应继续加强能源互联互通建设，深入开展能源技术合作。中印既有竞争，又有合作，双方在“一带一路”框架下开展能源供给安全保障、能源技术开发与利用等关键领域合作，有利于扩大中印共同利益，缓和中印在能源产地的竞争。

在区域合作基础上推动建立“东北亚能源共同体”。中日韩在能源领域各有优势，而且互补性强。具体说来，在能源供应、能源运输、能源使用方面中日韩三国具有广泛的合作基础。目前应以中、日、韩在能源领域的合作为主，逐渐向俄罗斯、朝鲜和蒙古国开放，建立真正的东北亚能源共同体。就合作领域而言，可由油气合作逐渐扩展到电力、煤炭、核能、可再生能源等“大能源”领域。

（四）深化已有多边和双边合作机制

双边合作更加简单务实，牵制因素少，见效快，我国长期以来更重视以具体项目为基础的双边合作。这种以追求短期商业利益为主的倾向给中国的国际能源合作抹上了浓重的重商主义色彩。加上缺少了解国际能源市场的专业人员和烦琐的出国手续，多边合作成为我们的短板。我国对国际多边能源合作尚未形成有效的参与、影响和重塑力。比如，我国是国际能源署（IEA）的联盟国，但没有加入其战略石油储备体系；是能源宪章组织的观察员，但合作仅限于信息交流和人员互访；还加入了国际能源论坛和世界能源理事会等国际组织，并向国际能源论坛派出了秘书长，但合作的深度还有待进一步挖掘。

“一带一路”将助推中国能源合作由双边向多边转换。“十三五”期间，我国应在已有多边和双边合作机制基础上，继续深化合作的广度和深度。重点发挥中俄能源合作委员会、中美能源政策对话等 46 个双边合作机制的积极作用，用好 APEC、G20 等 28 个多边合作机制，以高层互访为引领，依托政府间合作平台，以编制双边能源合作规划为基础，以签订政府间能源合作协议为保障，以重大能源合作项目落地为目标，深化和扩大与重点国家的能源务实合作。

应依托多双边能源合作机制，促进“一带一路”能源合作向更深更广发展。建立完善双边联合工作机制，研究共同推进能源合作的实施方案、行动路线图。充分发挥双边能源合作机制的作用，协调推动能源合作项目实施。积极参与联合国、二十国集团、亚太经合组织、上海合作组织、金砖国家、澜沧江—湄公河合作、大湄公河次区域、中亚区域经济合作、中国—东盟、东盟与中日韩、东亚峰会、亚洲合作对话、中国—中东欧国家合作、中国—阿盟、中国—海合会等多边框架下的能源合作。继续加强与国际能源署、石油输出国组织、国际能源论坛、国际可再生能源署、能源宪章、世界能源理事会等能源国际组织的合作。积极实施中国—东盟清洁能源能力建设计划，推动中国—阿盟清洁能源中心和中国—中东欧能源项目对话与合作中心建设。继续发挥国际能源变革论坛、东亚峰会清洁能源论坛等平台的建设性作用。共建“一带一路”能源合作俱乐部，为更多国家和地区参与“一带一路”能源合作提供平台，增进理解、凝聚共识。扩大各国间能源智库的合作与交流，推动各国间人才交流和信息共享。

（五）推动能源企业走出去和全面国际化

经过20多年的发展，中国能源企业已经在某些成套设备上具备了一定的国际竞争优势，比如特高压装备、大型燃气轮机、风力发电机组、太阳能电池板、以AP1000为代表的第三代核能装备等，在性价比方面甚至超过了欧盟等发达国家。

首先，加快培养支撑能源企业走出去的国际化经营管理人才。相比全球顶尖的跨国能源企业，中国能源企业进入国际市场较晚，仍处于“走出去”的初期阶段，在很多方面存在差距。国际化人才匮乏、国际化经营管理水平不足、覆盖上中下游全产业链能力欠缺等问题也比较突出。应该说，目前中国能源企业“走出去”战略的最大瓶颈，不是资金和技术，而是缺乏全球战略意识和一大批拥有国际经验的人力资源。人才的培养是一个比较困难的过程，需要一定的时间跨度才可能完成。因此，中国能源企业需要制定全球跨国公司的中长期战略和相关制度，做好长期规划和相应的人员培训，争取能够在未来五到十年内，稳步向全球大型跨国公司转变。

其次，进一步加强能源企业宽领域、多层次、全产业链合作。未来，中国能源公司发展成为跨国公司，将不单单以资源为导向，而是将设备制造、工程管理和能源服务等一系列配套，比如说在其他国家开加油站，建设发电厂和电网。譬如，国家电网投资、运营菲律宾国家电网、葡萄牙国家能源公司、澳大利亚南澳输电网公司等，在巴西市场更是实现了输电、配电、新能源发电、售电等业务领域的全面覆盖，与之配合，中国大型能源设备制造商也应充分发挥其技术、价格优势，在全球设备市场上占有一席之地。

“一带一路”倡议的实施为中国能源企业参与国际能源合作提供了一个新的成长平台，中国能源企业将被更快地推向国际市场，增加与全球顶尖跨国能源企业的合作机会，在合作中培养和引进国际化人才，进而优化管理模式，全面提升国际化水平，并以高端装备带动投资、技术和标准走出去，打造国际能源市场上的“中国航母”。

（六）提升我国能源国际合作四大软实力

提升能源合作软实力是我国加强能源国际合作的必由之路，也是进一步参与全球能源治理的核心要素。这种软实力包括：

一是战略谋划能力。正确研判国际能源发展的大格局、大趋势，从保障我国核心利益和构建全球能源命运共同体的角度出发，对当前和未来我国能源发展做出前瞻性、战略性、系统性的设计和谋划；主动塑造议题、提出中国主张，在主要国际平台上提出代表发展中国家的关键议题，在参与全球能源治理中提升中国影响力。

二是国际交流能力。进行国际交流、解决争端和消除误解的能力。不仅要适应和融入现行的国际规则，还要熟练、灵活地运用国际法律规则进行交流、谈判，解决能源贸易争端，维护我国国家利益。提升和运用官方和民间渠道、网络平台，促进多方位能源合作和全方位公关，加强对公众和国际社会的政策解读，化解“中国威胁论”“新殖民主义”等对我国不利的国际舆论。

三是人才储备和派员能力。企业走出去需要大批具有跨国和跨文化经历的海归人才。我国参与全球能源治理也需要大量懂专业、无语言障碍，熟悉国际规则和当地文化的复合型人才，进行研究、交流、沟通和谈判。同时，我国还需增强向国际组织派员的能力，确保在重要国际平台上均有中国人任职。因此，应制定能源国际合作人才的培养计划，加大高素质人才队伍建设，简化出国手续，促进人才的国际交流，在实际的国际合作中培养和储备具有国际化视野的专业人才。

四是智库研究能力。智库是“思想库”和“智囊团”，也是人才“孵化器”。政府决策、企业发展、参与全球能源治理都需要有更多可供选择的战略、方案、建议以及人才，这都需要智库进行扎实有效的研究，孵化和储备大量专业人才。而国内目前从事能源研究的专业化智库数量很少，力量也较分散，与我国能源发展和参与全球治理的要求相去甚远。因此，要加大力度支持国内能源智库建设，加强智库国际交流与合作，提升智库对决策的服务能力，为中国政府提出中国方案、中国主张提供更大智力支持。

参考文献

[1] 习近平. 中方有信心当好 2016 年 G20 峰会主席国 [EB/OL], 2014 - 11 - 16. http: //news. xinhuanet. com/politics/2014 - 11/16/c_ 1113268114. htm.

[2] 国家发展和改革委员会，国家能源局. 推动丝绸之路经济带和 21 世纪海上丝绸之路能源合作愿景与行动，2017.

[3] 新华社. “一带一路”国际合作高峰论坛成果清单[EB/OL], 2017 - 05 - 16. http: //news. xinhuanet. com/world/2017 - 05/16/c_ 1120976848. htm.

[4] 韩文科. 一带一路与深化国际能源合作 [EB/OL], 2017. http: //union. china. com. cn/zhuanti/txt/2016 - 09/07/content_ 9018825. htm.

[5] 范必. 建立全球大宗能源资源市场稳定机制的构想 [J]. 宏观经济管理，2012 (4).

[6] 许勤华. 中国能源国际合作报告系列 (2009—2016) [M]. 北京：中国人民大学出版社.

[7] 景春梅. 能源革命与能源供给侧改革 [M]. 北京：经济科学出版社，2016.

[8] IEA. 中国参与全球能源治理之路，2016.

下 篇

构建“一带一路”能源合作伙伴关系

第五章 “一带一路”
国际能源合作现状、机遇与挑战

2013 年下半年，国家主席习近平在出访中亚和东南亚国家期间，先后提出共建“丝绸之路经济带”和“21 世纪海上丝绸之路”（简称“一带一路”）的重大倡议，得到国际社会高度关注和沿线国家的广泛支持。

国际能源合作是“一带一路”的重要内容。“一带一路”沿线覆盖 60 多个国家，涵盖约44 亿人口，经济总量21 万亿美元左右，连接着欧亚两大能源消费市场和中东、中亚、俄罗斯等主要能源供给区域。在 2015 年提出“五通”基础上，针对能源合作，2017 年国家发改委和能源局共同出台《“一带一路”能源合作愿景与行动》（以下简称《愿景》），为深入推进“一带一路”能源合作提出具体实施路线图。《愿景》指出，要加强政策沟通，为务实合作提供政策支持；能源资源贸易便利化，构建全球能源市场；深化投资合作，形成良好的能源“产业＋金融”合作模式；开展能源装备和工程建设合作，高端关键技术和装备联合研发，推动能源科技创新；加强油气、电力等能源基础设施互联互通；促进清洁能源投资和开发利用；构建绿色低碳的全球能源治理格局等。

党的十九大提出，要以“一带一路”建设为重点，坚持引进来和走出去并重，遵循共商共建共享原则，加强创新能力开放合作，形成陆海内外联动、东西双向互济的开放格局。要拓展对外贸易，培育贸易新

业态新模式；实行高水平的贸易和投资自由化便利化政策，大幅度放宽市场准入；创新对外投资方式，促进国际产能合作，形成面向全球的贸易、投融资、生产、服务网络。为深入推进“一带一路”国际能源合作提供了新指针、新动力。

图 5－1　“一带一路”倡议线路图

资料来源：新华网。

一、“一带一路”国际能源合作现状

“一带一路”倡议自 2013 年提出以来，进展顺利，中国与沿线国家的合作共识不断扩大，共建“一带一路”由规划设计方案变为各方参与的合作行动。在能源合作领域，突出重点，初步搭建了较为完整的合作框架。在能源政策沟通、基础设施互联互通、能源贸易、能源投融资等方面，取得了显著的成果。

总体上看，中国与“一带一路”沿线国家的政策沟通效果好，政治互信明显增强；能源基础设施互联互通方面，俄罗斯、哈萨克斯坦、蒙古国、缅甸与中国能源设施联通较好；在贸易和投资方面，中国的对外投资合作较为顺利，国别合作项目和工程拓展势头良好。① 据不完全统计，截至2017年5月，中国已经与“一带一路”沿线40多个国家签订了协定，已开工的能源项目超过40项，签订的能源重大合作项目超过20项②。

（一）政策沟通取得较大进展，搭建了多层次合作框架

“一带一路”能源合作的目标是“打造开放包容、普惠共享的能源利益共同体、责任共同体和命运共同体”。政策沟通是实现这一目标的重要保障，也是开展务实合作的重要前提。“一带一路”倡议覆盖亚非欧三大洲的60多个国家，各国资源禀赋、发展水平、利益诉求、制度体制、政策法规、文化认同等方面都存在较大差异。只有加强政策沟通、增进共识，才能解决发展中面临的困难和挑战。经过4年来的推动，政策沟通不断深化，初步形成了“一带一路”顶层设计蓝图。

1. 签署了广泛的合作框架协议

《“一带一路”能源合作愿景与行动》明确提出，中国愿与各国就能源发展政策和规划进行充分交流和协调，联合制定合作规划和实施方案，协商解决合作中的问题，共同为推进务实合作提供政策支持。

表5－1　中国与沿线国家战略对接情况（截至2017年5月部分）

序号	时间	对接战略	能源合作内容
1	2013年2月	中巴经济走廊	开展重大项目、基础设施、能源资源、信息通信等多个领域的合作

① 2016年，国家信息中心“一带一路”大数据中心对中国与“一带一路”沿线60多个国家之间国别合作情况进行数量化评价并形成综合测评指数，并发布了《“一带一路”大数据报告(2016)》。

② 韩立群：《推进“一带一路”沿线能源合作》，中国网，2017年5月5日。

续表

序号	时间	对接战略	能源合作内容
2	2014 年 8 月	《中蒙关于建立和发展全面战略伙伴关系的联合宣言》	双方将在中蒙矿能和互联互通合作委员会以及双边其他机制框架内，加快推动中蒙煤炭、石油、电力、化工等基础设施和矿能资源大项目产业投资合作。双方将结合本国能源发展战略和各自实际需求，进一步加强电力、可再生能源领域合作，积极研究在蒙合作建设煤矿坑口电厂，以及向中国出口电力并签署相关协议等事宜
3	2015 年 5 月	中华人民共和国与俄罗斯联邦关于丝绸之路经济带建设和欧亚经济联盟建设对接合作的联合声明	扩大投资贸易合作；促进相互投资便利化和产能合作，实施大型投资合作项目，共同打造产业园区和跨境经济合作区；在物流、交通基础设施、多式联运等领域加强互联互通，实施基础设施共同开发项目，以扩大并优化区域生产网络
4	2015 年 11 月	中国—中东欧国家合作中期规划	加强“16 + 1”互联互通合作、产能和装备制造合作和金融合作等，推动“16 + 1”合作提质增效。“16 + 1”合作将与欧盟重大倡议和规划对接
5	2016 年 9 月	建设中蒙俄经济走廊规划纲要	“一带一路”框架下首个多边合作规划纲要，六大国际经济合作走廊之一
6	2016 年 9 月	《“丝绸之路经济带”建设与“光明之路”新经济政策对接合作规划》	两国已经形成了总金额达 270 亿美元的重点合作项目清单，同时成立了 20 亿美元的中哈产能合作基金，丝路基金在当中发挥了重要作用，设立了一期 150 亿美元的中哈产能合作专项贷款
7		欧盟“容克投资计划”	容克计划资金主要投向能源、电信、数字、交通以及教育创新等领域

资料来源：根据公开资料整理。

截至 2017 年 5 月，全球 100 多个国家和国际组织积极支持和参与“一带一路”建设，联合国大会、联合国安理会等重要决议也纳入“一带一路”建设内容，40 多个国家和国际组织同中国签署合作协议。

在 2017 年 5 月中旬的“一带一路”国际合作高峰论坛上，中国政府又同蒙古国等 11 国签署政府间“一带一路”合作谅解备忘录，同联合国开发计划署等 9 个国际组织签署“一带一路”合作文件，与匈牙利政府签署合作谅解备忘录，与老挝、柬埔寨政府签署共建“一带一路”政府间双边合作规划。与联合国欧洲经济委员会等 10 个有关国际组织签署了“一带一路”合作文件，与希腊经济发展部签署《中希重点领域2017—2019年合作计划》，与捷克工业和贸易部签署关于共同协调推进“一带一路”倡议框架下合作规划及项目实施的谅解备忘录，中国财政部与相关国家财政部共同核准《“一带一路”融资指导原则》。

目前，“一带一路”倡议已与俄罗斯的“跨欧亚大通道建设”、哈萨克斯坦的“光明大道”、蒙古国的“草原之路”等战略和规划实现对接，正在开展同老挝、柬埔寨、孟加拉国、塔吉克斯坦、沙特阿拉伯、波兰、匈牙利等国的规划对接。

2. 机制建设取得阶段成果

机制和平台是落实政策沟通的重要载体。随着“一带一路”倡议覆盖范围扩大，能源合作走向深入，亟须搭建政策沟通平台，解决各国能源发展战略、政策法规、技术标准中的协调问题。在机制建设方面，除了推动上海合作组织、中国—中东欧16+1合作机制、亚太经合组织、博鳌亚洲论坛等现有多边合作机制不断深化外，中国提出了建设“一带一路”能源合作俱乐部的倡议。能源合作俱乐部定位为面向所有国家和所有利益相关方开放的平台。在这个平台机制内，推动各国进一步加强战略、规划、政策、标准等方面的交流和对接；加强产能融通，加强能源科技研究，开展关键技术和核心装备联合攻关，推动重大项目、先进标准和工程服务合作，协同提高区域与全球能源供应和保障能力；加强设施联通，积极推动跨境能源通道建设等。

能源俱乐部等机制、平台的建立将为“一带一路”能源合作奠定坚实制度基础，确保政策沟通落实落地，及时化解项目实施中的问题和困难，推动能源合作互利共赢。

（二）能源贸易规模大幅提升，便利化稳步推进

能源贸易是推进“一带一路”能源合作的重要内容。“一带一路”沿线分布着全球最为重要的能源生产国和消费国，欧亚、中东、亚太等

地区的原油生产分别占全球20.9%、32.4%和9.1%，三个地区的消费占比分别为19.9%、9.8%和34.7%，地域上的供需格局严重不匹配，为能源贸易提供了发展空间。2013年以来，“一带一路”沿线国家能源资源贸易规模迅速扩大，贸易便利化有所提高，正在朝向能源资源更大范围内优化配置，形成开放、稳定的全球性能源市场前进。

1. 能源贸易规模显著提升

2014—2016年，中国同“一带一路”沿线国家贸易总额超过3万亿美元。在与“一带一路”沿线国家的双边贸易中，石油、天然气等能源产品的贸易金额大、占比高。2016年，从“一带一路”国家和地区进口石油2.49亿吨，占我国进口总量的65%，“一带一路”沿线国家成为我国石油进口的最主要来源。2016年我国进口天然气合计736亿立方米，其中管道天然气进口总额380亿立方米，全部来自于中亚国家和缅甸，液化天然气进口量355.69亿立方米，主要来源“一带一路”沿线的澳大利亚、卡塔尔和印尼。2016年，我国成品油（汽、煤、柴油）出口总量达到3820万吨，比上年大增50.3%，总金额193亿美元。其中90%的汽油、60%的柴油都出口到了“一带一路”沿线国家和地区。

2. 能源贸易便利化加速推进

中国积极推动与“一带一路”沿线国家制定实施贸易便利化措施，扩大相互市场开放程度。包括与“一带一路”沿线国家共同推进海关大通关体系建设，与沿线海关开展“信息互换、监管互认、执法互助”合作。启动国际贸易“单一窗口”试点。与“一带一路”沿线国家和地区签署了多项合作文件，推动工作制度对接、技术标准协调、检验结果互认、电子证书联网。利用出口信贷、出口信用保险等政策支持大型成套设备出口，扩大自沿线国家进口，发展跨境电子商务，支持中欧班列有序发展。开展一系列贸易投资促进活动，举办中国—东盟博览会、中国—亚欧博览会、广交会等大型综合性展会。目前，提升与“一带一路”沿线国家贸易合作水平已经被列为《对外贸易发展“十三五”规划》八大任务之一。作为“一带一路”经贸合作的重要载体，近年来境外经贸合作区建设进展顺利，取得早期收获。截至 2017 年 4 月，中国企业在 36 个国家在建合作区 77 个，其中在 20 个“一带一路”沿线国家在建合作区 56 个，累计投资 185.5 亿美元，入区企业 1082 家，总产值 506.9 亿美元，上缴东道国税费 10.7 亿美元，为当地创造就业岗位 17.7 万个，一批重大基础设施项目稳步推进，沿线国家的产品、服务、技术、资本正在源源不断地进入中国。

2017 年 5 月，“一带一路”国际合作高峰论坛就继续推进贸易便利化形成广泛共识，提出要逐步建立政策、通关、信息、监管、司法等信息互通协调机制，根据国别区域特点制定差异化的贸易便利化措施，降低贸易成本。

（三）能源基础设施投资进展顺利，但融资渠道有待拓展

我国积极拓展与沿线国家双向投资，完善企业“走出去”的促进政策和便利化措施，优化对外投资管理模式，强化服务保障。以基础设施为主的能源投资顺利推进，规模稳步扩大。亚投行、丝路基金、国家开发银行等官方金融机构提供了重要的资金支持，国际融资尚处于起步阶段。

1. 总投资规模稳步扩大

2013 年以来，在“一带一路”倡议的带动下，我国与沿线国家的投资和贸易呈上涨趋势，主要集中在能源、交通运输和农业领域。2014—2016 年，中国企业对“一带一路”相关国家直接投资超过 500 亿美元；在“一带一路”相关国家新签对外承包工程合同额 3049 亿美元。能源是中国对“一带一路”相关国家直接投资规模最大的领域。据不完全统计，截至 2017 年，我国在海外签署和建设的电站、输电、输油和输气等重大能源项目已达 40 余个，涉及 19 个沿线国家。中俄、

中哈、中缅油气管道项目等一批重大项目建设有序推进。2017 年“一带一路”国际合作高峰论坛提出要培育新的投资支撑点，建立企业海外投资支撑体系，灵活运用境外经贸合作区、跨境经济合作区、边境经济合作区等平台为企业对外投资铺路搭桥，这将进一步提升包括能源领域在内的投资规模。

2. 能源基础设施成为投资重点

“一带一路”能源互联互通合作，主要围绕油气管网和电力走廊等能源通道建设展开。《推动共建丝绸之路经济带和 21 世纪海上丝绸之路的愿景与行动》明确，加强能源基础设施互联互通合作，要共同维护输油、输气管道等运输通道安全，推进跨境电力与输电通道建设，积极开展区域电网升级改造合作。机构研究显示，目前，“一带一路”投资项目中能源、交通行业占比较大，其中电力行业投资 1718 亿美元，油气等能源行业投资 912 亿美元（天然气 597 亿美元），规模排名居于所有领域的第二、四位，“一带一路”沿线火电项目已超过 80 个[①]。从国别看，我国对俄罗斯的项目金额最大，已超千亿美元。

3. 官方金融机构成为资金来源主力

“一带一路”沿线涉及基础设施建设投资总规模或高达 6 万亿美元，其中能源基础设施占有较大份额。满足资金需求并合理设计方案是落实“一带一路”倡议的重要环节。《推动丝绸之路经济带和 21 世纪海上丝绸之路能源合作愿景与行动》提出，鼓励企业以直接投资、收购并购、政府与社会资本合作模式（PPP）等多种方式，深化能源投资合作。加强金融机构在能源合作项目全周期的深度参与，形成良好的能源“产业 + 金融”合作模式。但目前来看，资金来源仍以官方机构为主。政策性银行提供资金支持，大型国企、央企负责落实。这些官方机构包括：中国政策性银行、上海合作组织银联体、中亚区域经济合作机

① 数据截至 2017 年 4 月，来源：国金证券。

制、亚洲基础设施投资银行、金砖国家开发银行、丝路基金等。国家开发银行建立900多个储备项目，涉及投资资金超过8900亿美元，已签署煤气、矿产、电力、基础设施等领域近50份协议，实施22个，累计贷款余额超过100亿美元。亚投行批准能源项目4个，涉及能源管线及输电网络建设、化石能源发电技术合作、水电设施建设升级领域。丝路基金支持了中巴卡洛特水电站等项目。“一带一路”高峰论坛上，中国承诺将向丝路基金新增资金1000亿元人民币。

4. 国际融资尚处于起步阶段

国际融资合作是推进能源合作的重要动力。目前，国际融资合作仍处于起步阶段，要鼓励信用资质较好的境外金融机构、外国政府、外资企业联合组建项目投资主体，发行丝路债券，开发贷款证券化、资产证券化等创新金融产品，筹集建设资金。2017年5月，中国财政部与阿根廷、白俄罗斯、柬埔寨、智利、捷克、埃塞俄比亚、斐济、格鲁吉亚、希腊、匈牙利、印度尼西亚、伊朗、肯尼亚、老挝、马来西亚、蒙古国、缅甸、巴基斯坦、卡塔尔、俄罗斯、塞尔维亚、苏丹、瑞士、泰国、土耳其、英国等26国财政部共同核准了《“一带一路”融资指导原则》（以下简称《指导原则》），这为打开“一带一路”能源合作国际融资，提供了政策指南。

（四）电力、核能等能源领域产能合作进展顺利

“一带一路”沿线国家电力等能源缺乏，而我国在能源装备制造、项目运维、人才储备、能源前沿技术研发以及资本积累等领域具有优势，特别是在特高压、核电、新能源等技术领域处于世界领先地位。在“一带一路”倡议框架下，中国与沿线国家在电力、核能等能源领域的产能合作取得较大进展，为沿线国家能源行业发展提供了重要支撑。

据统计，截至2016年，中国参与了“一带一路”沿线25个国家的煤电项目共有240个，总装机达到251054兆瓦。国家电网公司承揽了

埃塞俄比亚、波兰、缅甸、老挝、巴基斯坦等国骨干电网项目，将电工装备出口到沿线的几十个国家，建成了中俄、中蒙、中吉等 10 条跨国输电线路，并超前开展非洲电网投资规划布局和新能源开发。

在核电领域，中国已经与俄罗斯、哈萨克斯坦、巴基斯坦、伊朗等国家开展合作，推动我国自主三代核电技术走出国门。地方层面积极推动能源国际产能合作。22 个省、市与国家发展改革委签署《推进国际产能和装备制造合作协议》，31 个省市出台“一带一路”对接方案，16 省市与国外相关州市签署了“一带一路”或产能合作方面的相关协议，10 个省市均设立了“一带一路”相关的专项资金。

截至 2016 年 8 月，中国与“一带一路”沿线国家的各类双边、多边产能合作基金规模已经超过了 1000 亿美元。中国已与法国、德国、韩国、英国、西班牙等国就共同开拓“一带一路”沿线第三方市场达成重要共识①。

（五）以油气、电力、港口合作为主的能源基础设施互联互通成绩斐然

中国加强与沿线国家能源网络互联互通建设，强化输油输气管道、输电线路、重要港口等能源运输通道安全合作，初步实现了能源生产国、过境国、消费国的区域能源互联互通。在格局上，我国已经形成西北、东北、东南、西南四个方向的能源管道互联互通。

1. 构建了多方位跨国油气供应网络

目前，中国陆上跨国油气管道已连接中亚国家、俄罗斯、缅甸等油气资源国与过境国，总长度达到 1.1 万公里。

中俄方面，原油管道（一线）已实现原油 1 亿吨输送量，原油管道（二线）和中俄天然气管道东线未来两年有望贯通运营，天然气管

① 《习近平讲解“一带一路”建设进度和成果为何超出预期》，国际在线，2016 年 8 月 20 日。

道西线方案逐渐成熟。中俄油气管线全部贯通后，将形成对华每年3000万吨原油、680亿立方米的天然气的能源供给，保障中国能源供给能力。其中，2011年1月，中俄原油管道正式投入运营，管线经远东和西伯利亚进入中国东北地区，合同计划实现每年1500万吨原油贸易，合同期20年，6年来累计对华输送原油1亿吨。2016年8月，中俄原油管道二线工程开工建设，管道起自黑龙江省漠河县，止于黑龙江省大庆市，与已建成投产的中俄原油管道（一线）并行敷设，设计年输油能力1500万吨。2018年1月1日已正式投入使用。

2014年5月，中俄双方签署了总价值超过4000亿美元、年供气量380亿立方米、期限长达30年的中俄东线天然气购销合同。目前正抓紧推进，供应计划于2019年12月20日开始。2014年11月，中俄西线天然气管道框架协议签订，将通过管道向中国提供达300亿立方米/年的天然气，期限同样为30年。由西西伯利亚经俄罗斯阿尔泰共和国至中国新疆，全长2800公里，最终和中国的“西气东输”管道连接，目前谈判已进入较成熟阶段。

中缅方面，中缅油气管道项目由天然气管道工程与原油管道工程构成，二者分别以缅甸西海岸的皎漂和马德岛为起点，由云南瑞丽进入中国，2013年9月中缅天然气管道全线贯通正式运营。截至2017年5月，向中国输气135亿立方米。原油管道于2010年6月开工建设，2015年1月全线贯通，设计输量为每年1300万吨。2017年5月，原油正式通过管道进入我国。

中国与中亚油气管道合作。石油管道方面，2004年9月中哈原油管道开工建设，全长2798公里，2006年、2009年分别实现一期、二期工程全线通油，截至2017年3月，向中国输送原油达到1亿吨，成为三大陆上能源战略通道中第一个建成投用且输油量达亿吨的跨国管道。天然气管道方面。目前已经形成ABC三线，D线正在建设中。A、B两线起点为土、乌边境，经乌兹别克斯坦、哈萨克斯坦，从新疆阿拉山口入境。全长约 1 万公里，A 线于 2009 年 12 月投入运行，B 线于 2010 年 10 月投入运行。A、B 两线输气能力 300 亿立方米/年。C 线起于土乌边境格达依姆，与 A、B 线并行敷设，线路总长度 1830 公里，设计年输气能力 250 亿立方米/年，2014 年 6 月开始向国内供气。中亚天然气管道 ABC 三线输送能力达到每年 550 亿立方米。D 线起始于土、乌边境，以土库曼斯坦复兴气田为主要气源地，经乌兹别克斯坦、塔吉克斯坦、吉尔吉斯斯坦，从新疆乌恰入境。设计输气量为 300 亿立方米/年，D 线已于 2014 年 9 月开工，投产后，中国从中亚进口天然气规模将达 850 亿立方米/年，接近 2013 年国内天然气生产总量，可极大保障天然气供给能力，改善国内能源结构。

2. 建成北西南三方面跨国输电通道

2015 年 9 月，习近平主席宣布，中国倡议探讨构建全球能源互联网，推动以清洁和绿色方式满足全球电力需求。截至 2017 年，中国已经与周边国家建成 20 多条跨国输电通道，与俄罗斯、蒙古国、吉尔吉斯斯坦、朝鲜、缅甸、越南、老挝共 7 个国家进行电力互联及边贸。2016 年，我国与周边国家电网互联规模合计约 260 万千瓦，此外，东北亚电力联网也已着手研究。

中国与周边国家电力基础设施互联互通重点聚焦三个方向。一是中亚五国到新疆的输电通道（西向），二是俄罗斯、蒙古国输电通道（北向），三是南亚邻国联网通道（西南向）。2015 年，国家电网公司提出，落实“一带一路”倡议部署，加快电网互联互通，建设以特高压电网为骨干网架、输送清洁能源为主导、全球互联互通的坚强智能电网，并提出与俄罗斯、蒙古国、哈萨克斯坦和巴基斯坦等国电网互联互通的项目计划。截至 2017 年 5 月，已经建成中俄、中蒙、中吉等 10 条跨国输电线路。根据国家电网公司构建的全球能源互联网设想，未来“一带一路”沿线国家和地区都将通过以特高压为骨干网架的坚强智能电网实现互联，更好地分享“一带一路”倡议实施带来的红利。南方电网公司在西南方向建成12条交流跨境联网线路与老挝、缅甸、越南相连，自2004年首条线路开通至今与周边国家累计交换470多亿千瓦时电量。2015年南方电网提出三步走规划，计划用3～5年的时间，与越南、老挝、缅甸、泰国等周边国家实现电网基础设施的互联互通。到2030年，形成中国与东盟国家、孟中印缅的电网互联格局；2050年前后，实现中国与东盟国家、孟、中、印、缅互联电网的成熟开放的交易平台。

此外，东北亚电力联网的研究已经启动。2016年3月，中国、日本、韩国、俄罗斯电网公司共同签署了《东北亚电力联网合作备忘录》。东北亚联网将把蒙古国、我国东北和华北以及俄罗斯远东地区的可再生能源基地与我国华北、日韩等负荷中心连接起来，实现地区可再生能源的大规模开发利用。

3. 建设海上合作支点打造安全高效大通道

海上运输是21世纪海上丝绸之路不可或缺的支柱。港口则是海上运输的“重要支点”“重要枢纽”，也日益成为区域经济发展的核心。海上丝绸之路沿线分布有众多世界级的石油、铁矿石等资源装卸港。《推动共建丝绸之路经济带和21世纪海上丝绸之路的愿景与行动》明确，21世纪海上丝绸之路重点方向是从中国沿海港口过南海到印度洋，延伸至欧洲；从中国沿海港口过南海到南太平洋。海上以重点港口为节点，共同建设通畅安全高效的运输大通道。推动口岸基础设施建设，畅通陆水联运通道，推进港口合作建设，增加海上航线和班次，加强海上物流信息化合作。

“一带一路”倡议提出以来，我国积极推动港口合作，建设海上合作支点。据不完全统计，截至2017年7月，中国已在“一带一路”沿线23个国家与地区投资港口码头建设，年投资额超百亿美元。其中，中远海运港口在“一带一路”沿线投资11个码头，分布在新加坡、比利时、荷兰、希腊、西班牙等国家。招商局港口海外港口总投资超20亿美元，分布在19个国家和地区，例如，斯里兰卡科伦坡港与汉班托塔港、吉布提港、尼日利亚庭堪码头、多哥洛美码头、土耳其昆波特码头等，这些港口大多是“一带一路”沿线国家重要港口[①]。随着海上丝绸之路经济带沿线港口合作的深入推进，石油、LNG、煤炭等能源产品的接卸能力大大增强，有利于打造通畅安全高效的运输大通道。

二、“一带一路”能源合作面临的机遇

加强“一带一路”能源合作旨在共同打造开放包容、普惠共享的能源利益共同体、责任共同体和命运共同体。这一理念高度契合了全球能源转型发展目标和沿线各国发展诉求。综合来看，大力推进“一带一路”能源合作，面临重大机遇。

（一）沿线国家变资源优势为经济优势潜力巨大

总体来看，“一带一路”沿线国家大多欠发达，交通、能源、电力、通信等基础设施水平不高，变资源优势为经济优势的潜力巨大。据测算，沿线国家人均能源消费为0.83吨油当量，仅为世界平均水平的64%；人均装机仅为400瓦，为世界平均水平的一半。

1. 中亚国家发挥能源资源优势加快发展意愿强烈

根据世界银行最新统计的数据，中亚五国人均GDP排名十分靠后，其中吉尔吉斯斯坦、塔吉克斯坦接近垫底。2016年，哈萨克斯坦人均GDP为7510美元（现价，下同），在187个国家或地区中排名第73；土库曼斯坦人均GDP为6389美元，排名第82；乌兹别克斯坦人均GDP为2111美元，排名第134；吉尔吉斯斯坦人均GDP为1077美元，排名第154；塔吉克斯坦人均GDP为796美元，排名第161。中亚五国交通基础设施发展落后，除哈萨克斯坦和塔吉克斯坦铁路发展较为迅速外，

① 《“一带一路”之港口大观》，《航运交易公报》，2017-07-26。

公路、港口、机场基础设施都较差①。因此，尽管中亚五国能源资源丰富，但能源输出长期受制于滞后的基础设施体系。目前，中亚地区拥有全球最多的尚未建成投产的或半投产状态的大型油气田项目。中亚地区具有丰富的风能、太阳能、生物质能和水能等可再生能源资源。但可再生能源开发利用率极低，发电占比不足1%②。

充分利用能源资源优势，对外开放，发展经济，已经成为中亚国家普遍的共识和行动。哈萨克斯坦制定了《2050年国家发展战略》，将促进传统矿产、油气等资源开采领域的发展以及保障城市化、交通和能源三大板块的基础设施建设列为优先发展方向，以实现到2050年前成为世界上最发达的30个国家之一目标。塔吉克斯坦推动实施《至2030年塔国家发展战略》，确立了“确保能源安全和高效使用电力能源”“将塔吉克斯坦从交通死角转变为重要交通枢纽国家”“确保粮食安全和为公众提供高品质食物”以及“扩大生产性就业”战略发展目标。乌兹别克斯坦2016年提出要进一步激活投资规划，吸引金融和技术资源，实现经济现代化，更新工业生产，以保证到2030年前国内生产总值翻一番。哈萨克斯坦和土库曼斯坦将“能源出口多元化”上升为国家长期战略。借助“一带一路”倡议契机，深化中国与中亚国家能源合作，前景广阔。

2. 与南亚、东南亚国家能源合作大有可为

包括巴基斯坦、马尔代夫、尼泊尔、印度、孟加拉国、斯里兰卡、阿富汗、不丹在内的南亚国家经济发展水平普遍较低，能源瓶颈成为阻碍该地区经济发展的重要因素。通过国际能源合作，获得稳定的化石能源供给，提高区域化石能源和新能源的开发利用水平，改善电力短缺状况，一直是区域发展亟须解决的问题。例如，印度煤炭储量排名世界第

① 《全球竞争力报告（2016—2017年）》，世界经济论坛。

② 《连点成线，能源互联网优化升级》，《中国矿业报》，2017-05-24。

五，孟加拉国拥有丰富的天然气资源，尼泊尔和不丹水力资源丰富，巴基斯坦生物质能、太阳能、风能、潮汐能资源丰富。

南亚国家具备通过开发区域资源，缓解或解除能源供给不足，明显改善电力供应的潜力。中国在资金、能源技术、产能等方面具有显著优势，充分利用“一带一路”契机，加强中国与南亚国家能源合作，将大有可为。

东南亚拥有6.16亿人口，近年来经济发展势头良好，但整体水平仍落后。其中越南、菲律宾、老挝、柬埔寨、缅甸、印度尼西亚、东帝汶仍属低收入国家。东南亚区域油气资源比较丰富，但近年来石油产量下降，可再生资源潜在市场广阔，泰国、越南、菲律宾太阳能资源丰富，缅甸、老挝、菲律宾、柬埔寨水能资源丰富。整体上看，区域能源开发利用水平较低，电力短缺。我国与东南亚国家在新能源与可再生资源领域的产能合作已逐步展开。中国—东盟领导人会议提出制订“中国—东盟新能源与可再生能源合作行动计划”，在包括太阳能和生物质能在内的可再生能源与新能源开发应用领域中建立了良好的关系。

3. 中东国家谋求转型升级打开合作新空间

中东地区处于“一带一路”的交汇地带，是联通欧亚非三大洲的重要枢纽。在“一带一路”沿线国家中，超过1/4的国家属于中东国家。该地区石油资源富集，是世界上最大的石油储产地，石油探明储量占到世界总量30%以上，原油出口占世界总出口的35%左右①。但是地区发展总体落后，中东国家大多属于新兴经济体和发展中国家，人均国内生产总值、人均公路里程、人均铁路里程等指标均远低于发达国家，很多国家正处在工业化、城市化的起步或加速阶段，对能源、通信、交

① http：//www. oilobserver. com/history/article/1981。

通等基础设施需求量大[1]。

新千年以来，尤其是2008年金融危机以来，国际油价大幅下挫，中东地区动荡与混乱程度和烈度明显加剧，促使该地区国家加速产业转型进程。以埃及为代表的阿拉伯国家正在大力推进本国的工业化，改善国家经济造血能力；沙特、卡塔尔、阿曼等海湾产油国，在油价长期低迷下谋求经济和产业多元化[2]。在此背景下，中国谋求与“一带一路”沿线中东国家能源合作，除了传统油气投资、油气贸易外，在下游的炼化、管道运输、工程服务、科研开发等领域，新能源开发以及电能、风能、海洋能、核能等的开发和利用等领域，面临巨大机遇。

（二）沿线国家与我国产业互补性强、合作壁垒低

总体上看，“一带一路”沿线国家仍处于以资源投入为主的要素驱动发展阶段，工业化水平较低，在发展思路、政策框架、商业标准等多方面仍处于塑造期。与我国发展阶段存在较大互补性，在投资、贸易、技术、产能等方面存在较强互补性，整体合作壁垒小，十分有利于建立良好的共赢合作关系。

在发展理念上，中国欢迎各国搭乘中国发展快车和便车、更多受惠中国持续增长红利，为推进“一带一路”沿线能源合作提供机遇。我国的外交方针秉持“亲诚惠容”理念，奉行“共商、共建、共享”的原则，尊重各国自主选择，推动沿线各国之间发展经验互鉴和发展资源共享。积极与沿线周边国家发展睦邻友好关系，以优势互补、互利互惠、共同发展为先导，与沿线国家关系发展势头总体良好。

在发展思路上，经过30多年改革开放，中国成功地从低收入国家迈入中高收入阶段，经济实力跃居世界第二位，工业化进入中后期、城市化加快推进，市场经济制度不断完善，取得了举世瞩目的成就。进入

① 《“一带一路”为中东国家带来发展机遇》，《人民日报》，2017－08－16。

② 同上。

新常态以来，明确以“创新、协调、绿色、开放、共享”五大发展理念作为今后发展思路、发展方向、发展着力点的集中体现。这些经验与成果对于“一带一路”沿线处于工业化前期、中期和转型发展阶段国家，具有重要参考价值。

在资源禀赋、产业发展阶段上，沿线国家拥有丰富的劳动力资源和自然资源，但在资本、技术和基础设施建设方面存在较大瓶颈，沿线国家吸引利用外资意愿强烈，对技术和管理等方面存在长期而巨大的需求，部分中东国家还面临“再工业化”挑战①。而我国则存在较大的资源需求，资本相对充裕，核电、能源基础设施等方面拥有明显技术优势，部分优势产能存在走出去的空间，还有巨大的市场容量。供求双方资源禀赋、经济结构的互补和战略利益诉求的契合，使我国与沿线国家之间实现优势互补、资源引进来、资本和优势产能走出去具有较强的操作空间。沿线国家和地区有望形成产业互补互动的新格局。“一带一路”将全面系统地提升所有成员特别是发展中成员在全球价值链中的位置，共同营建有利于全球价值链发展的核算体系与政策环境②。

（三）外部环境总体有利于推进我国与“一带一路”沿线国家合作

2008 年全球金融危机深刻地改变了世界格局，由此引发的一系列变革形成了较有利于“一带一路”深入推进的外部环境。

1. 新兴经济体成为全球化重要推手

当前，全球贸易减缓、保护主义盛行，发达经济体推动全球化的动力衰减。全球贸易增速从 1990—2008 年均 7% 降至 2009—2015 年的 3%，2016 年速度仅为 1.7%，创下 2009 年以来的最低水平。贸易限制措施明显增多，2015 年 10 月至 2016 年 5 月，二十国集团新增加实施 145 项贸易限制措施，平均每月 12 起，同比大幅提升。与此同时，新

① 吴涧生：《“一带一路”战略的内涵及面临的机遇和挑战》，《前线》，2015 年 9 月 15 日。
② 陈文玲：《以长效机制推进“一带一路”建设》，《光明日报》，2015 年 4 月 15 日。

兴经济体已经成为全球化的主力。E11 国家（新兴 11 国，指二十国集团中的 11 个新兴经济体，即阿根廷、巴西、中国、印度、印度尼西亚、韩国、墨西哥、俄罗斯、沙特阿拉伯、南非和土耳其）2016 年对世界经济增长的贡献率为 60%，经济总量占全球份额持续增加，成为推动世界经济增长重要力量[①]。“一带一路”覆盖了众多新兴经济体国家，倡导的新型合作模式，顺应全球治理新模式，正成为推动全球化发展的新方式、新动力。

2. 地缘战略风险有所下降

当前美国、中国、欧盟是少数几个具备全球影响力的国家（或国家集团）[②]。2008 年全球金融危机后，美欧加速政策调整，将战略重心回归到国（区域）内。特朗普政府高举“美国优先”大旗，2017 年 1 月正式退出跨太平洋伙伴关系协定（TPP），跨大西洋贸易与投资伙伴关系协定（TTIP）目前也陷入深度冻结状态，前途未卜。欧债危机牵绊了欧盟对外扩张的步伐，2016 年作为支撑欧盟三根台柱子之一英国通过脱欧公投，欧盟内部不稳定性增加，削弱其全球影响力。目前，欧盟仍在艰难地推进结构性改革，消化英国退欧和部分爆发债务危机国家留下的政治经济问题。美欧战略调整，一定程度降低了与我国推进“一带一路”倡议相互摩擦的风险。

3. 沿线国家搭中国便车意愿较强

美国长期奉行“两洋战略”，即通过主导太平洋和大西洋沿岸的东亚、欧洲地区，实现其全球利益。二战以后，美国通过北约机制和“马歇尔计划”，在欧洲建立了牢固的美欧同盟；在亚洲通过与日本、韩国等建立同盟关系，长期主导东亚格局。“一带一路”沿线的东南

① 《新兴经济体发展 2017 年度报告》，博鳌亚洲论坛。

② 2017 年 7 月 11 日，博鳌亚洲论坛副理事长曾培炎在博鳌亚洲论坛开幕式上发表主旨演讲。曾培炎表示，当今世界，北美、欧洲和东亚是全球经济三大板块，各自拥有 20 万亿美元的规模，而东亚是三大板块中最活跃的一极。

亚、中亚、西亚等区域国家并不属美国对外战略的重点，与美国政治经济关系相对较松散。欧洲、日本、俄罗斯、印度等国家和地区对“一带一路”沿线部分国家虽然保有较大影响力，但整体上看，这些国家并不存在明显排斥中国的态势。而且，中国经济的快速发展、国内巨大的市场空间以及奉行开放共赢、欢迎各国搭便车的大国胸怀，正在吸引更多的国家，强化合作意愿，提升合作水平。

（四）中国与各国发展战略对接带来务实机遇

战略对接是推进“一带一路”沿线国家能源合作的有效抓手。习近平总书记强调，要把“一带一路”建设国际合作同落实联合国2030年可持续发展议程、二十国集团领导人峰会成果结合起来，同亚太经合组织、东盟、非盟、欧亚经济联盟、欧盟、拉共体区域发展规划对接起来，同有关国家提出的发展规划协调起来，产生“1+1>2”的效果。经过4年多的政策沟通，中国的“一带一路”倡议已经与欧亚非三大洲数十个国家及联合国、世界银行、国际货币基金组织等重要国际组织实现了战略对接（或对接意向）。比如，在亚洲与俄罗斯主导的欧亚经济联盟、蒙古国“草原之路”战略、哈萨克斯坦“光明之路”、印尼“全球海上支点”、越南“两廊一圈”发展战略，土耳其“中间走廊”计划、沙特“2030年愿景”、伊朗四大走廊及跨境走廊、老挝“变陆锁国为陆联国”等战略对接推进。在非洲，与非盟《2063年议程》、埃及“振兴计划”战略。在欧洲，与欧盟“容克投资计划”、德国“工业4.0”、英国“英格兰北方经济中心”、波兰“琥珀之路”等战略对接。

推进战略对接为加强能源务实合作提供了重要支持。例如，在《中巴经济走廊》框架内，截至2015年4月，中巴敲定27个能源合作项目，涉及金额约487亿美元。2017年6月，巴基斯坦萨希瓦尔2台66万千瓦燃煤电站工程全部建成投产，成为中巴经济走廊首个能源项目。

三、“一带一路”能源合作面临的挑战

“一带一路”能源合作是一项长期、复杂而艰巨的系统工程，深入推进面临一系列重大挑战。综合来看，这些挑战主要集中在“一带一路”倡议内部，包括沿线国家内部动荡风险、市场运行环境、各国协作协调机制建设等。解决问题的出路在于合作，正如习近平总书记所讲，不论来自亚洲、欧洲，还是非洲、美洲，都是“一带一路”建设国际合作的伙伴。“一带一路”建设将由大家共同商量，“一带一路”建设成果将由大家共同分享。

（一）沿线国家安全风险高，能源合作存在较大不确定性

“一带一路”覆盖面广，沿线国家情况复杂，除了普遍存在的能源发展理念相对落后、能源基础设施不足、能源规划能力欠缺等问题，一些国家还存在较高的政治风险、安全风险。中亚、西亚、中东、北非等地区均存在明显的政治安全和军事安全风险，均属能源投资高政治风险区[①]。

俄罗斯及中亚国家政治稳定的潜在威胁增多。哈萨克斯坦、塔吉克斯坦等国家现任总统，执政时间均已超过30年，依靠个人魅力尚能稳住局势，一旦总统更迭，这些国家面临较大的稳定风险。利比亚“两个议会、两个政府”，叙利亚内战不断，伊拉克“一分为三”局面加

① 能源投资低投资政治风险国家（3个）为新加坡、马来西亚、阿联酋。较低投资风险国家（22个）为哈萨克斯坦、沙特阿拉伯、波兰、文莱、越南、俄罗斯、阿曼、卡塔尔、科威特、匈牙利、以色列、爱沙尼亚、罗马尼亚、菲律宾、蒙古国、泰国、阿塞拜疆、拉脱维亚、斯洛文尼亚、印度尼西亚、立陶宛、格鲁吉亚。中等投资风险国家（28个）为伊朗、土耳其、印度、斯洛伐克、捷克、巴林、保加利亚、埃及、土库曼斯坦、塞尔维亚、阿尔巴尼亚、缅甸、吉尔吉斯斯坦、柬埔寨、老挝、斯里兰卡、白俄罗斯、伊拉克、克罗地亚、巴基斯坦、亚美尼亚、孟加拉国、塔吉克斯坦、乌克兰、也门、约旦、波斯尼亚、黑山。较高投资风险国家（8个）为叙利亚、黎巴嫩、摩尔多瓦、马其顿、乌兹别克斯坦、马尔代夫、东帝汶、不丹。高风险投资国家（3个）为尼泊尔、阿富汗、巴勒斯坦。资料来源：中国人民大学国家发展与战略研究院能源与资源战略研究中心《“一带一路”能源资源投资政治风险评估报告》。

剧，都属全球高政治风险区域。中东国家基本都是威权统治和强人政治，领导人普遍老化。随着各国的民主转型，不同程度出现政府掌控能力下降、权力内耗加剧、安全形势恶化等一系列新问题，隐含极大政局和政策变动风险。

中东地区安全形势十分严峻。近年来，教派矛盾激化，中东逊尼派与什叶派间有矛盾被明显“激活”，极端恐怖势力空前壮大。叙利亚、伊拉克、黎巴嫩、也门等国教派矛盾升级，伊朗与沙特的教派冲突升温使该地区政治撕裂加剧、族群关系紧张。“基地”等恐怖组织趁机扩大活动范围。叙利亚、利比亚、也门、伊拉克等国的恐怖事态严峻，且有向北非、南亚、中亚、东南亚等方向蔓延趋势。“伊斯兰国”的活动范围与“一带一路”扩展区域高度重叠。该组织对“一带一路”的安全威胁不容低估。地区分离主义抬头，动荡与危机将长期存在。“一带一路”能源合作大多投资大、周期长、收益慢，受沿线国家政局、安全形势影响大，如果不能有效消除上述风险，将会对“一带一路”能源合作造成较大负面影响。

（二）我国与沿线国家仍未形成较为有效的协作机制

推进“一带一路”倡议是一项长期、系统的工程，需要沿线国家构建全方面切实有效的协作机制，但目前来看，工作尚有较大差距。突出表现在文化理念、社会认知、协调机制、资金协作等层面。

在文化理念上，“一带一路”沿线涉及世界三大宗教、四种文明、上百种语言，文化繁杂多样，政府及民众之间存在因文化理念上差异造成误判的可能。沿线各国政府对于本国的定位，以及战略目标的设定，很大程度上影响到国家政策的选择和民众意识的塑造，哈萨克斯坦、乌兹别克斯坦、土耳其等国历史上都曾是区域强国，由于历史、文化、宗教和制度等方面存在的差异，对泛突厥主义与泛伊斯兰主义态度与我国利益诉求不同，容易产生不信任和误解。越南、菲律宾等国与我国存在领域主权和海洋权益纠纷，极力拉拢域外大国介入，搞大国平衡。如此等等，如果国家间、民众间缺乏有效的协调机制，容易引发冲突。

部分国家对于“一带一路”合作仍抱有曲解或误解。比如，有些国家对“一带一路”的目的存在担忧，怀疑中国借“一带一路”拉帮结派、划分势力范围，推新殖民主义。部分西方学者将“一带一路”看作中国版的“马歇尔计划”，将亚洲基础设施投资银行视为对美国主导的世界银行的挑战。一些西方媒体公开宣扬中国推“一带一路”倡议主要是攫取沿线国家的石油和矿产资源。美国国内有机构认为，中国试图借助“一带一路”倡议在美方主导力缺乏、区域合作机制化程度较低的中亚、南亚、中东及其他地区推行经济一体化战略，逐步扩大在政治和安全领域的影响力。德国等一些国家担心“一带一路”倡议会淡化欧盟投资规则，导致欧盟成员国为拉拢中国投资而影响政治团结。

此外，各国在能源领域的协同机制尚未建立，缺少超越国家的能源协调结构机制，制约能源合作进一步深化。比如在安全运行方面，众多国家的电网、油气网络连接在一起，随着环节的增多，如果没有有效的协调机制，将带来较大安全隐患。

“一带一路”资金协作方面问题突出，资金瓶颈仍然很大。据测算，“一带一路”沿线60多个国家仅基础设施建设投资总规模或高达6万亿美元，面对如此庞大的建设资金需求，如何做好各国的资金协作安排，解决资金缺口难题是一个严峻的挑战。

（三）沿线国家欠缺支撑市场化运作的环境条件

企业是“一带一路”建设的主体，“一带一路”倡议能够深度推进、高效运行必须建立起规范化的市场环境，为企业提供平台和空间。习近平总书记强调，“一带一路”建设是一项长期工程，要做好统筹协调工作，正确处理政府和市场的关系，发挥市场机制作用，鼓励国有企业、民营企业等各类企业参与，同时发挥好政府作用。总体上看，沿线各国市场发育水平低，法制观念弱、法制不统一不健全，距离成熟、规范的市场环境较远。

1. 沿线国家法律环境复杂蕴藏较大风险

法制是维护市场经济有效运行的根本保障。“一带一路”沿线覆盖亚洲、欧洲、非洲等60多个国家，社会主义法系、资本主义法系、大陆成文法系、英美普通法系、伊斯兰法系等多种法系并存。由此导致与“一带一路”相关的全球性法律、区域性法律、多边条约、双边条约、国内法等法律存在众多不相容甚至相对立的内容，缺乏统一、明确的法律环境，不可能形成规范高效的市场环境。

2. 部分国家市场发育程度低不利于开展业务

根据世界经济论坛发布的《2015—2016 全球竞争力报告》，“一带一路”沿线的克罗地亚、匈牙利、阿尔巴尼亚、蒙古国、塞尔维亚、埃及、印尼、马来西亚、巴基斯坦、波黑等国治安环境差；蒙古国、阿联酋、斯里兰卡、越南、老挝、卡特尔、马其顿、巴林、埃及、阿曼等国的员工职业道德较差。巴林、斯洛维尼亚、韩国、克罗地亚、立陶宛、波黑、菲律宾、以色列、科威特、捷克等国存在较严重的官僚问题，哈萨克斯坦、俄罗斯、匈牙利、巴基斯坦、菲律宾、乌克兰、孟加拉国、柬埔寨、阿塞拜疆、摩尔多瓦等国家的政府相对腐败①。“一带一路”沿线一些国家至今仍不是世界贸易组织的成员。

3. 企业走出去方式存在问题易引发负面效应

国企普遍存在为了“走出去”而“走出去”的倾向。一些国有企业投领导所好，选择投资项目不客观、经济性差，长远看可能变成企业负资产项目。民营企业走出去模式比较单一，存在做“一锤子买卖”的现象。一些企业在项目国过于强调与当地政府官员搞关系，通过贿赂

① 《“一带一路”沿线国家投资环境需求分析与 PPP 发展机会研究》，中国投资咨询网，2016－03－29。

政府官员推进项目落实，忽视社会效应、员工感受，甚至有些还抱着“端我的碗，就得受我管”的老观念，形成较差口碑，对整个“一带一路”能源合作造成负面影响。智库、咨询公司等智力机构尚未真正“走出去”，对我国在外企业及项目提供的智力支持明显不足。

（四）主要大国的介入抬升沿线能源合作风险

“一带一路”倡议覆盖中亚、南亚、中东、东南亚，这些地区历来都是大国角力的地方。中国推动开展的“一带一路”能源合作，无论是扩大贸易规模、进行基础设施建设，还是建立能源合作机制，都将扩大自身在主要能源产区的影响力，已经引发相关大国的激烈反应。

在中亚地区，2011 年美国推出“新丝路计划”，以阿富汗为枢纽，连接南亚、中亚与西亚，实现“能源南下、商品北上”，其目的是控制中亚资源，以此来牵制中国和俄罗斯。俄罗斯视其为自己的“战略后方”，多次将第一、二亚欧大陆桥称为“新丝路”，宣称将发挥决定性作用；俄罗斯、印度和伊朗 2000 年发起“南北走廊”，最后衍化为 14 国倡议；还有日本的“丝路外交”、欧盟的“中亚新伙伴关系”、印度的“联通中亚”新战略。这些计划的提出，致使中亚地区油气供需态势呈加剧失衡趋势，油气资源竞争异常激烈。中东历来是大国博弈的主战场，沙特、阿曼、卡塔尔、巴林、阿联酋、科威特等均是美国的安全盟友。欧盟与地中海 12 国建立“全面伙伴关系”“欧盟—地中海自由贸易区”，部分国家还在阿联酋、巴林建立了军事基地。俄罗斯则借助能源、军售、反恐合作等行为在中东扩大影响。美国介入东南亚地区形势，在中国周边地区建立军事联盟，开展军事演练活动。印度强化与缅甸、印度尼西亚以及日本等国家之间的双边关系；积极与东盟国家开展贸易合作；深化和哈萨克斯坦等石油国家的“能资”贸易合作，逐步构建上下游贸易渠道。可以说，推动“一带一路”能源合作，必将面临复杂而敏感的地缘政治形势。

参考文献

[1] 国家发展和改革委员会，国家能源局．推动丝绸之路经济带和21世纪海上丝绸之路能源合作愿景与行动，2017.

[2] 新华社．“一带一路”国际合作高峰论坛成果清单 [EB/OL]，2017-05-16. http://news.xinhuanet.com/world/2017-05/16/c_1120976848.htm.

[3] 韩文科．一带一路与深化国际能源合作 [EB/OL]，2017-09-07. http://union.china.com.cn/zhuanti/txt/2016-09/07/content_9018825.htm.

[4] 刘殿勋，等．“一带一路”战略下的投资促进研究 [R]．北京：商务部投资促进事务局中国服务外包研究中心，2017.

[5] 齐正平．“一带一路”能源研究报告 (2017) [EB/OL]，2017-05-13. http://news.bjx.com.cn/html/20170513/825309.shtml.

[6] 高世宪，朱跃中．依托“一带一路”深化国际能源合作 [M]．北京：中国经济出版社，2016.

第六章 “一带一路”重点区域和国家分析

加强“一带一路”能源国际合作旨在共同打造开放包容、普惠共享的能源利益共同体、责任共同体和命运共同体，提升区域能源安全保障水平，提高区域能源资源优化配置能力，实现区域能源市场深度融合，促进区域能源绿色低碳发展，以满足各国能源消费增长需求，推动各国经济社会快速发展。这就要求结合各区域、各国家经济与能源发展实际，针对供需多方利益诉求，推动开放包容、互利共赢合作。对于经济落后和能源贫乏地区，要重点满足能源需求，加强能源基础设施建设，以责任共同体带动区域间协同发展；对于能源储备丰富但生产能力不强地区，要加强产能合作，提升当地能源技术水平；对于能源出口大国，要立足本国需求，搭建供需对接平台，建立价格稳定机制和能源市场机制；对于能源需求大国，要探索多元供给，构建安全高效的能源保障体系，达成利益共同体。要加强各区域、各国之间协同，共商共建，优势互补，共同发展，结成命运共同体。

一、我国与沿线国家能源合作的现实条件分析

“一带一路”贯穿亚欧大陆，积极响应“一带一路”倡议的国家有60多个，人口约44亿、国内生产总值（GDP）为23万亿美元，分别占世界总量的63%、29%，贸易总量占全球1/4。目前，“一带一路”涉及的国家已经延伸至西欧达到英国、法国、德国等；至非洲的南非；至澳大利亚以及南美洲的国家和地区。已经有100多个国家和国际组织

参与到“一带一路”建设中。初步形成俄蒙中亚、东南亚、南亚、西亚北非、中东欧、独联体其他6国共六大能源合作区。见表6－1。

表6－1 “一带一路”相关国家

数量	国家
东北亚	俄罗斯、蒙古国
中亚	哈萨克斯坦、乌兹别克斯坦、土库曼斯坦、塔吉克斯坦、吉尔吉斯斯坦
东南亚	新加坡、马来西亚、印度尼西亚、缅甸、泰国、老挝、柬埔寨、越南、文莱、菲律宾、东帝汶
南亚	印度、巴基斯坦、孟加拉国、斯里兰卡、马尔代夫、尼泊尔、不丹
西亚北非	伊朗、伊拉克、土耳其、叙利亚、约旦、黎巴嫩、以色列、巴勒斯坦、沙特阿拉伯、也门、阿曼、阿联酋、卡塔尔、科威特、阿富汗、埃及、巴林
中东欧	波兰、立陶宛、爱沙尼亚、拉脱维亚、捷克、斯洛伐克、匈牙利、斯洛文尼亚、克罗地亚、波黑、黑山、塞尔维亚、阿尔巴尼亚、罗马尼亚、保加利亚、马其顿
独联体其他6国	乌克兰、白俄罗斯、摩尔多瓦、格鲁吉亚、阿塞拜疆、亚美尼亚
合计	

资料来源：根据相关材料整理。

（一）俄蒙中亚区域

1. 能源发展基本情况

（1）能源发展总体情况

如表6－1所示，从俄蒙、中亚地区经济发展和能源发展情况看，国家间经济发展水平差距较大，人均能源消费和人均用电量差异不小。俄罗斯、哈萨克斯坦和土库曼斯坦是该区域人均GDP排名靠前国家，同时也是能源消费和用电量较多国家。而蒙古国和中亚另外三国，经济相对落后，且能源消费水平较低。

表6－2　俄蒙、中亚国家能源发展总体情况

国家	人均 GDP（2015 年）（美元/人）	人均能源消费（吨油当量/人）	人均用电量（2014 年）（千瓦时/人）	能源总消费量（百万吨油当量）	
				2016 年	全球占比
俄罗斯	9478.80	4.68	6602.66	673.94	5.1%
蒙古国	3944.18		2017.51		
哈萨克斯坦	10509.98	3.59	5599.90	63.03	0.5%
乌兹别克斯坦	2137.58	1.68	1645.44	52.67	0.4%
土库曼斯坦	6432.67	5.97	2678.81	33.24	0.3%
塔吉克斯坦	918.68	0.00	1479.78		
吉尔吉斯斯坦	1121.08	0.00	1941.22		

资料来源：根据《BP 世界能源统计年鉴 2017》和世界银行相关数据整理。

可以看出，蒙古国、乌兹别克斯坦、塔吉克斯坦和吉尔吉斯斯坦等国具有较大的能源消费增长潜力，其能源基础设施建设较为缺乏，且在电力设施、电力消费领域，具有合作需求。

（2）主要能源储备及产量

如表6－3所示，从油气及煤炭资源储备和生产情况看，俄罗斯是绝对的能源储备和生产大国，其原油储备占全球6.4%，产量占全球12.6%，天然气储备占全球17.3%，产量占全球16.2%，煤炭储备占全球14.1%，产量占5.3%。可见，与俄罗斯可在油气和煤炭资源开发与综合利用等领域开展合作，并以俄油气资源保障我国能源供应。

表6－3　俄蒙、中亚国家主要能源储备及产量

国家	原油储备及产量				天然气储备及产量				煤炭储备及产量			
	探明储备（千百万吨）		产量（百万吨）		探明储量（万亿立方米）		产量（百万吨油当量）		探明储量（百万吨油当量）		产量（百万吨油当量）	
	2016 年	占比	2016 年	占比	2016 年	占比	2016 年	占比	2016 年	占比	2016 年	占比
俄罗斯	15.0	6.4%	554.3	12.6%	32.3	17.3%	521.5	16.2%	160364	14.1%	192.8	5.3%
蒙古国									2520	0.2%	22.8	0.6%
哈萨克斯坦	3.9	1.8%	79.3	1.8%	1.0	0.5%	17.9	0.6%	25605	2.2%	44.1	1.2%

续表

国家	原油储备及产量				天然气储备及产量				煤炭储备及产量			
	探明储备（千百万吨）		产量（百万吨）		探明储量（万亿立方米）		产量（百万吨油当量）		探明储量（百万吨油当量）		产量（百万吨油当量）	
	2016年	占比	2016年	占比	2016年	占比	2016年	占比	2016年	占比	2016年	占比
乌兹别克斯坦	0.1		2.6	0.1%	1.1	0.6%	56.5	1.8%	1375	0.1%	1.1	
土库曼斯坦	0.1		12.7	0.3%	17.5	9.4%	60.1	1.9%				

资料来源：根据《BP世界能源统计年鉴2017》相关数据整理。

同时，蒙古国煤炭资源相对丰富，但油气资源贫乏，可与我国合作开发煤炭，并探索油气资源供需对接渠道。中亚地区，哈萨克斯坦油气、煤炭资源均较丰富，是重点合作对象。而土库曼斯坦天然气储备大，预计未来产量还将大幅提高，是我国进口天然气资源、开展天然气领域合作的重点国家。相比而言，塔吉克斯坦和吉尔吉斯斯坦能源储备相当贫乏，其能源需求的满足仍有赖于稳定的能源国际合作机制。

（3）主要能源消费量

如表6-4所示，结合能源消费情况看，俄罗斯是能源消费大国，但其油气、煤炭等消费量均小于其生产量，表现出强劲的能源出口能力。同样，哈萨克斯坦也是能源净出口国。土库曼斯坦2016年天然气消费量为2660万吨油当量，明显低于其生产量6010万吨油当量，也是天然气出口重要国家。

表6-4　俄蒙、中亚国家主要能源消费量

国家	原油消费量（百万吨）		天然气消费量（百万吨油当量）		煤炭消费量（百万吨油当量）	
	2016年	全球占比	2016年	全球占比	2016年	全球占比
俄罗斯	148.0	3.3%	351.8	11.0%	87.3	2.3%
哈萨克斯坦	13.2	0.3%	12.0	0.4%	35.6	1.0%

续表

国家	原油消费量（百万吨）		天然气消费量（百万吨油当量）		煤炭消费量（百万吨油当量）	
	2016 年	全球占比	2016 年	全球占比	2016 年	全球占比
乌兹别克斯坦	2.8	0.1%	46.2	1.4%	1.0	—
土库曼斯坦	6.7	0.2%	26.6	0.8%	—	—

资料来源：根据《BP 世界能源统计年鉴 2017》相关数据整理。

相比之下，蒙古国、塔吉克斯坦和吉尔吉斯斯坦能源消费没有进入《BP 世界能源统计年鉴 2017》的统计，占全球比例非常低。这既与其经济发展水平较低有关，也与其能源资源贫乏有关。意味着这些国家在能源发展和能源消费上还有潜力。

（4）可再生等其他能源利用情况

如表 6－5 所示，从核能、水电和可再生等其他能源利用情况看，除俄罗斯对核能利用较为突出外，该地区国家对核能、水电和可再生能源利用水平均较低。蒙古国和中亚国家没有消费核能，哈萨克斯坦和乌兹别克斯坦在水电开发上有一定投入。不过，哈萨克斯坦、乌兹别克斯坦和土库曼斯坦从 2016 年开始，加强了可再生能源发展力度，从年度增长率看，哈萨克斯坦可再生能源消费量增长 95.1%，乌兹别克斯坦增长 50%。

表 6－5　俄蒙、中亚国家可再生等其他能源利用情况

国家	核能消费量（百万吨油当量）				水电消费量（百万吨油当量）				可再生能源消费量（百万吨油当量）			
	2016 年	2016 年增长率	2005—2015 年平均增长	全球占比	2016 年	2016 年增长率	2005—2015 年平均增长	全球占比	2016 年	2016 年增长率	2005—2015 年平均增长	全球占比
俄罗斯	44.5	0.3%	2.8%	7.5%					0.2	6.9%	4.0%	—
蒙古国												—
哈萨克斯坦					2.1	—	1.7%	0.2%	0.1	95.1%	—	—

续表

国家	核能消费量（百万吨油当量）				水电消费量（百万吨油当量）				可再生能源消费量（百万吨油当量）			
	2016年	2016年增长率	2005—2015年平均增长	全球占比	2016年	2016年增长率	2005—2015年平均增长	全球占比	2016年	2016年增长率	2005—2015年平均增长	全球占比
乌兹别克斯坦					2.7	—	3.2%	0.3%	—	50.0%	—	—
土库曼斯坦					—	—	-100.0%	—	—	27.0%	—	—

资料来源：根据《BP世界能源统计年鉴2017》相关数据整理。

从合作潜力来看，可与俄罗斯、哈萨克斯坦、乌兹别克斯坦和土库曼斯坦等国在可再生能源领域加强合作，特别是将我国较有优势的风电设备、太阳能电池、硅片等产能适度转移，顺畅相关产品出口机制。同时，加强可再生能源资源的合作开发。

2. SWOT分析

（1）优势

——政治互信基础良好。哈萨克斯坦、乌兹别克斯坦等国与我国政治互信比较好。

——与国家战略对接。俄罗斯欧亚经济联盟将于2019年之前建立共同的电力市场，2025年之前建立统一的石油、天然气和石油产品市场。2015年5月，中俄之间在丝绸之路经济带建设和欧亚经济联盟建设对接问题上达成了共识，缓解了双方在中亚地区能源战略矛盾。蒙古国“草原之路”倡议，发挥地处中俄之间的地缘优势，打造中蒙俄经济走廊，合作项目涵盖铁路、高速公路、油气、天然气及电气领域。蒙方积极支持“一带一路”倡议，将“草原之路”倡议视为与“一带一路”倡议的对接。

——资源和经济优势。俄罗斯远东地区蕴藏丰富的石油、煤炭、天然气资源，电力网络发达。蒙古国煤炭资源丰富。中亚地区是世界上石油和天然气储量较为丰富的地区之一，还具有丰富的煤炭、水力等其他能源资源。

——已有良好合作基础。中国与俄罗斯和蒙古国已经开展了诸多能源合作。在中俄合作方面，2014 年 5 月中俄签署价值 3800 亿美元的东线天然气供气购销合同。同年 11 月，西线天然气供应的合作备忘录和框架协议顺利达成。电力、煤炭等领域的贸易规模也不断扩大，我国已累计接收俄罗斯电量 143 亿千瓦时。

表 6 –6　与俄蒙中亚国家政策联通进展

国家	内容
俄罗斯	2015 年 5 月，中俄双方签署并发表了《关于丝绸之路经济带建设与欧亚经济联盟建设对接合作的联合声明》，“一带一路”倡议与“欧亚经济联盟”实现对接，双方达成共识，优势互补
蒙古国	2014 年 8 月，双方签署《中华人民共和国和蒙古国关于建立和发展全面战略伙伴关系的联合宣言》，双方认为应大力发展政治领域，经贸领域，教育、卫生、文化、人文领域以及国际、地区合作等 2015 年 7 月，中蒙俄三方签署《关于编制建设中蒙俄经济走廊规划纲要的谅解备忘录》
哈萨克斯坦	2014 年 12 月，签署《中华人民共和国国家发展和改革委员会与哈萨克斯坦共和国国民经济部关于共同推进丝绸之路经济带建设的谅解备忘录》 2016 年 10 月，双方签订《中国和哈萨克斯坦关于“丝绸之路经济带”建设与“光明之路”新经济政策对接合作规划》
土库曼斯坦	2014 年 5 月，签署《中华人民共和国和土库曼斯坦关于发展和深化战略伙伴关系的联合宣言
乌兹别克斯坦	2015 年 6 月，签订《关于在落实建设“丝绸之路经济带”倡议框架下扩大互利经贸合作的议定书》
塔吉克斯坦	2015 年 9 月，签订《关于编制中塔合作规划纲要的谅解备忘录》

资料来源：根据相关材料整理。

中亚国家积极与中国共同建设中亚—中国天然气管道和中哈原油管道，不仅从战略上打破了中亚地区油气资源北输过境俄罗斯的格局，提升了中国在中亚能源地缘政治格局中的地位，同时也帮助中亚国家摆脱了对“中亚—中央”天然气管道的依赖。中国与中亚国家油气合作呈现多元化的合作趋势，从油气资源贸易领域逐渐扩展到勘探开发、管道运输、炼油和油气销售等上中下游各个领域，形成包括工程技术服务在内的完整业务链，并拓展到相关领域。

——中国—中亚—西亚经济走廊。该走廊将成为石油和天然气运输的重要门户，西起阿拉伯半岛，经土耳其和伊朗到达中国新疆境内。中国—中亚天然气管道为世界最长的天然气管道，西起土库曼斯坦和乌兹别克斯坦边境地带，向东经乌兹别克斯坦与哈萨克斯坦南部到达终点站——霍尔果斯（新疆）。这条管道将在霍尔果斯与在建的中国西气东输二线天然气管道相贯通。

——中国—蒙古国—俄罗斯经济走廊。该走廊将实现渤海湾经济圈（包括北京、大连和天津在内的主要城市）与西欧的连通，与俄罗斯的跨大陆铁路网计划、蒙古国的“草原之路”计划相呼应。

——沿线国家引资发展需求大。“资源强国”是中亚地区国家的能源战略核心内容。哈、土、乌三国在油气资源开发领域对国外资本采取较为开放的政策。哈萨克斯坦政治局势稳定，奉行积极引资政策，颁布一系列关于发展经济、保护投资者利益的法律法规和优惠政策。土库曼斯坦重视吸引外资，对外资进入的限制性规定较少。乌兹别克斯坦给予外资油气开采企业税收优惠，降低石油制品的消费税和油气资源使用税。

（2）劣势

——中亚国家参与经济全球化程度很低，相关的法律法规很不规范。

——中亚国家经济结构过于单一，完全依赖天然气、石油的出口。原油价格暴跌后，多个国家经济增速显著下滑。

——区域内潜在的地缘政治风险。一是中亚地区仍未建立透明的权力交接机制。一旦发生政权更迭，对华关系会发生较大变化，在缺少法律保护的背景下，所签订的合作协议很可能作废。二是能源运输通道安全问题。包括恐怖组织、地方军阀以及海盗等威胁，中亚、南亚地区的油气管道、海上运输船舶面临较大的安全风险。三是非传统安全问题，种族冲突、宗教冲突不断。

——投资政策环境不佳。乌兹别克斯坦引资效果并不好，原因在于税负过重，政策多变，多为一年期的短期计划，且政治、经济管理体制与市场经济不相适应。

（3）机遇

——能源资源利用。蒙古国煤炭资源丰富，在未来合作中，蒙古国可将中国秦皇岛作为中转港，向东亚各国出口煤炭。蒙古国风能、太阳能资源丰富，中国在风能、太阳能等方面已经具备较好的资金和技术优势，未来中蒙两国可以在风能、太阳能等可再生能源领域开展广泛合作。

——俄罗斯战略转向。由于美国在中亚能源地缘政治事务中不断增强力量，俄罗斯对中国油气资源战略发生转变，欲借助中国向欧盟施压，并加强与东亚各国合作。俄罗斯《2030 年前俄罗斯能源战略》提出能源出口的战略方向将向亚太地区倾斜，主要目标包括中国、日本和韩国在内的整个亚太市场。

——俄罗斯企业压力加大，增加中国企业入俄机会。西方制裁加剧俄罗斯经济恶化，俄罗斯的石油公司债务沉重，对中国资金需求大幅增加。

——供需双方优势互补。对于中亚国家而言，中国是全球最具有潜力的消费市场，与之合作能够帮助中亚地区实现能源出口战略多元化和经济利益最大化。对于俄罗斯而言，与中国合作是向欧盟以及美国施压的重要手段，也是未来全球能源战略的重要组成部分。对我国而言，深化与俄罗斯、中亚等国合作，是突破能源海运安全、破解“马六甲困局”的关键。

（4）挑战

——大国介入风险。美国时刻关注我国陆、海推进“一带一路”

能源合作的进程，采取应对战略；日本作为美国盟国对“一带一路”能源合作态度并不明朗。

——与邻国战略竞争。印度推动实施“季风”计划，规划以印度为主导的海洋世界，希望重建以印度为中心的秩序，可能与我国海上丝绸之路形成冲突。韩国提出欧亚倡议，其“丝绸之路快车”是核心内容之一，拟建立贯通朝鲜半岛、俄罗斯、中国和中亚，直到欧洲的交通网络和电力、煤气、输油管等能源网络。“丝绸之路快车”与丝绸之路经济带在地域和主要合作内容上高度重叠，存在竞争关系。

——价格冲突。中俄油气资源合作并不顺利，油气价格是影响双方合作的关键因素。欧盟是俄罗斯油气资源合作的战略重点区域。俄罗斯坚持按欧盟的价格向中国提供天然气，而中国则坚持按照独联体的价格购买。

表 6-7　与俄蒙、中亚区域能源合作 SWOT 分析

优势	劣势
政治互信基础良好； 与目标国家战略对接； 资源和经济优势； 已有良好合作基础； 中国—中亚—西亚经济走廊； 沿线国家引资发展需求大	中亚国家参与经济全球化程度很低，相关的法律法规很不规范； 中亚国家经济结构过于单一，完全依赖天然气、石油的出口； 区域内潜在的地缘政治风险； 投资政策环境不佳
机遇	**挑战**
能源资源利用； 俄罗斯战略转向； 俄企业压力加大，增加中国企业入俄机会； 各方各取所需	大国介入风险； 与相邻大国的战略竞争关系； 价格冲突

（二）东南亚区域

1. 能源发展基本情况

（1）能源发展总体情况

如表 6-8 所示，东南亚国家经济发展和能源发展水平呈现较为明显的两极分化情形，新加坡、马来西亚、文莱、泰国等国人均 GDP 相对较高，尤其是新加坡和文莱，人均用电量均达发达国家水平。与上述国家相比，其他国家人均 GDP 较低，如缅甸、老挝、越南、东帝汶、菲律宾、柬埔寨等，人均 GDP 均在 3000 美元以下，且其人均用电量也在世界平均水平（2014 年为 3126 千瓦时/年）以下。从能源消费总量看，新加坡人均能源消费达到 15. 19 吨油当量，印度尼西亚总量虽然最高，但人均水平较低。

表 6 –8　东南亚国家能源发展总体情况

国 家	人均 GDP（2015 年）（美元/人）	人均能源消费（吨油当量/人）	人均用电量（2014 年）（千瓦时/人）	能源总消费量（百万吨油当量）	
				2016 年	全球占比
新加坡	53629. 74	15. 19	8844. 69	84. 1	0. 6%
马来西亚	9643. 64	3. 24	4596. 33	99. 5	0. 7%
印度尼西亚	3336. 11	0. 68	811. 90	175. 0	1. 3%
缅甸	1194. 59	0. 00	216. 78		
泰国	5814. 86	1. 80	2539. 61	123. 8	0. 9%
老挝	2159. 42	0. 00			
柬埔寨	1163. 19	0. 00	271. 43		
越南	2107. 01	0. 71	1439. 16	64. 8	0. 5%
文莱	30967. 89	0. 00	10242. 80		
菲律宾	2878. 34	0. 41	699. 21	42. 1	0. 3%
东帝汶	1161. 76	0. 00			

资料来源：根据《BP 世界能源统计年鉴 2017》和世界银行相关数据整理。

总的来看，东南亚地区人均能源消费水平均较低，意味着较大的能源需求增长空间，但限于较低的经济水平，与之相关的能源基础设施建设也较差。这可以发挥我国在基础设施建设方面的优势，帮助经济落后国家提高能源生产与利用水平，同时，提高当地能源消费量。

（2）主要能源储备及产量

如表 6 –9 所示，东南亚大部分国家能源资源较为缺乏，仅马来西亚、印度尼西亚等 6 个国家拥有少量的油气、煤炭资源。马来西亚和印度尼西亚在天然气生产方面较为突出。2016 年，两国天然气产量分别占全球产量的2.1%和2.0%，远高于其他国家。同时，印度尼西亚拥有较为丰富的煤炭资源，其探明储量占全球的2.2%，2016年产量达到25570万吨油当量，占全球比重为7%。

表6-9　东南亚国家主要能源储备及产量

国家	原油储备及产量				天然气储备及产量				煤炭储备及产量			
	探明储备（千百万吨）		产量（百万吨）		探明储量（万亿立方米）		产量（百万吨油当量）		探明储量（百万吨油当量）		产量（百万吨油当量）	
	2016年	占比	2016年	占比	2016年	占比	2016年	占比	2016年	占比	2016年	占比
马来西亚	0.5	0.2%	32.7	0.7%	1.2	0.6%	66.5	2.1%				
印度尼西亚	0.5	0.2%	43.0	1.0%	2.9	1.5%	62.7	2.0%	25573	2.2%	255.7	7.0%
缅甸					1.2	0.6%	17.0	0.5%				
泰国	—	—	17.6	0.4%	0.2	0.1%	34.7	1.1%	1063	0.1%	4.3	0.1%
越南	0.6	0.3%	16.0	0.4%	0.6	0.3%	9.6	0.3%	3360	0.3%	22.0	0.6%
文莱	0.1	0.1%	5.9	0.1%	0.3	0.1%	10.1	0.3%				

资料来源：根据《BP世界能源统计年鉴2017》相关数据整理。

（3）主要能源消费量

如表6-10所示，从能源消费上看，东南亚国家中仅新加坡、马来西亚、印度尼西亚、泰国、越南、菲律宾等7个国家的消费较具规模，其他国家能源消费量均较少。其中，新加坡、印度尼西亚和泰国原油消费量突出，马来西亚、印度尼西亚和泰国天然气消费量较为领先。而印度尼西亚在煤炭消费上明显领先其他国家，这与其煤炭储备和产量较高直接相关。

表6-10　东南亚国家主要能源消费量

国家	原油消费量（百万吨）		天然气消费量（百万吨油当量）		煤炭消费量（百万吨油当量）	
	2016年	全球占比	2016年	全球占比	2016年	全球占比
新加坡	72.2	1.6%	11.3	0.4%	0.4	—
马来西亚	36.3	0.8%	38.7	1.2%	19.9	0.5%
印度尼西亚	72.6	1.6%	33.9	1.1%	62.7	1.7%

续表

国家	原油消费量（百万吨）		天然气消费量（百万吨油当量）		煤炭消费量（百万吨油当量）	
	2016 年	全球占比	2016 年	全球占比	2016 年	全球占比
泰国	59.0	1.3%	43.5	1.4%	17.7	0.5%
越南	20.1	0.5%	9.6	0.3%	21.3	0.6%
菲律宾	19.9	0.5%	3.4	0.1%	13.5	0.4%

资料来源：根据《BP 世界能源统计年鉴 2017》相关数据整理。

结合能源资源产量和消费量分析，东南亚大部分国家处于既无资源、消费也低的境况。但从人均水平看，这些国家具有发展经济和提高能源消费水平的迫切愿望，应是我国未来输出能源及电力基础设施，开展产能开发合作与能源资源利用的重点区域。这些地区的居民拥有巨大的能源需求潜力，可作为长期合作、培育发展的重点。

（4）可再生等其他能源利用情况

如表 6－11 所示，从可再生等其他能源利用情况看，该地区国家在核能利用上均不突出。在水电和可再生能源利用上也处于初级阶段，且限于经济发展水平，即使人均能源消费水平较高的新加坡、马来西亚等国家，对可再生能源的投入也较为有限，可再生能源消费量增长相对其他区域国家而言较为缓慢。

表 6－11 东南亚国家可再生等其他能源利用情况

国家	水电消费量（百万吨油当量）				可再生能源消费量（百万吨油当量）			
	2016 年	2016 年增长率	2005—2015 年平均增长率	占比	2016 年	2016 年增长率	2005—2015 年平均增长率	占比
新加坡	—	—	—	—	0.2	14.8%	6.2%	0.1%
马来西亚	4.2	19.5%	9.9%	0.5%	0.3	21.6%	—	0.1%
印度尼西亚	3.3	4.8%	2.5%	0.4%	2.6	7.1%	4.7%	0.6%
泰国	0.8	－6.0%	－4.0%	0.1%	2.8	24.4%	18.3%	0.7%
越南	13.7	5.7%	13.2%	1.5%	0.1	40.5%	15.9%	—
菲律宾	2.1	6.7%	0.3%	0.2%	3.1	10.8%	2.2%	0.7%

资料来源：根据《BP 世界能源统计年鉴 2017》相关数据整理。

2. SWOT 分析

（1）优势

——资源优势。马来西亚、印度尼西亚、文莱油气资源丰富。

——合作基础优势。中国—东盟互利互惠能源合作呈现提速之势。区域间电网互联互通和跨境电力贸易是中国和东盟合作的一大亮点。南方电网公司向越南送电，承担越南北部 8 省 1 县的电力供应。此外，我国还向老挝送电，从缅甸进口电量。

——中国—中南半岛经济走廊。将实现珠江三角洲经济圈（广州、香港和深圳一带）与东南亚国家（柬埔寨、老挝、缅甸、泰国和越南）的连接。中国—中南半岛经济走廊与大湄公河次区域的目标相符合。大湄公河次区域系亚洲开发银行发起建立的经济区，为湄公河流域的产业合作以及交通网络的构建提供平台。

（2）劣势

东南亚是“一带一路”沿线主权信用风险较高区域。该区域经济增长速度较快，尤其是越南、老挝等国家经济增长强劲，金融发展势头过快，特别是信贷快速增长，可能面临资产质量下降的风险。

（3）机遇

马来西亚、印度尼西亚、文莱虽然油气资源丰富，但是没有良好、配套的工业体系。东南亚各国经济发展较快，电力短缺现象日益突出。越南、泰国、柬埔寨、缅甸和老挝都出现电力缺口，部分地区存在能源服务缺乏的现象，例如缅甸全国只有 30% 的居民用上了电。中南半岛水力资源丰富，但可用电力和开发资金均较短缺；中国西南地区的广西、云南、四川和贵州是中国水电资源大省，也是火电资源丰富的区域。中国与东南亚在水电和电网建设方面优势互补，具有较好的发展前景。

（4）挑战

能源项目建设受目标国内政治局势影响。以缅甸为例，合作输油管道建设计划通过少数民族武装控制区域。在缅甸军方要求这些地方势力解除武装或者并入缅甸政府军后，冲突再次爆发，延缓工期。

表 6－12　与东南亚区域能源合作 SWOT 分析

优势	劣势
资源优势； 合作基础优势； 中国—中南半岛经济走廊	沿线主权信用风险较高区域； 信贷快速增长之后，这个区域可能面临资产质量下降的威胁
虽然油气资源丰富，但是没有良好、配套的工业体系； 经济发展较快，电力短缺现象日益突出； 中南半岛水力资源丰富，但可用电力和开发资金均较短缺	输油管道建设遭遇缅甸国内的政治局势影响

（三）南亚区域

1. 能源发展基本情况

（1）能源发展总体情况

如表 6－13 所示，南亚国家中，除马尔代夫外，其他国家经济发展水平和能源资源利用水平均较低。印度人口众多，其人均 GDP 仅为 1600 多美元，人均用电量仅为 805.6 千瓦时。印度是南亚地区能源消费总量最高的国家，2016 年消费能源 72390 万吨油当量，占全球的 5.5%，但其人均能源消费量仅为 0.55 吨油当量，与发达国家相差甚远。

表 6－13　南亚国家能源发展总体情况

国家	人均 GDP（2015 年）（美元/人）	人均能源消费（吨油当量/人）	人均用电量（2014 年）（千瓦时/人）	能源总消费量（百万吨油当量）	
				2016 年	全球占比
印度	1613.19	0.55	805.60	723.9	5.5%
巴基斯坦	1431.24	0.44	471.04	83.2	0.6%
孟加拉国	1210.16	0.20	310.39	32.4	0.2%
斯里兰卡	3844.89	0.00	531.27		
马尔代夫	8395.79	0.00			
尼泊尔	743.77	0.00	139.14		
不丹	2613.65	0.00			

资料来源：根据《BP 世界能源统计年鉴 2017》和世界银行相关数据整理。

从这一角度看，南亚地区属于能源发展较为落后地区，无论是经济发展水平，还是能源发展均较为落后。既意味着较差的能源发展环境和条件，也意味着较强的未来发展潜力。尤其是印度作为人口大国，其未来能源消费总量仍将大幅提高，为满足日益增长的能源需求，势必要求其大力发展能源基础设施，加大能源开发力度，加强国际合作，是我国能源国际合作的重点国家。

（2）主要能源储备及产量

如表6-14所示，南亚国家能源资源相当贫乏，从《BP世界能源统计年鉴2017》数据看，仅印度、巴基斯坦、孟加拉国3个国家有能源储备和产量数据。其中，印度拥有仅占全球0. 3%的原油储备，原油产量占全球的0. 9%。印度的天然气储备和产量分别占全球的0. 7%和0. 8%。其煤炭储备较为丰富，产量较高，2016年分别占全球的8. 3%和7. 9%，远高于其他国家。巴基斯坦拥有一定规模的天然气储备和煤炭储备，但这两种能源的产量仍较低。孟加拉国拥有占全球0. 1%的天然气储备和占全球0. 8%的天然气产量。

表6-14　南亚国家主要能源储备及产量

国家	原油储备及产量				天然气储备及产量				煤炭储备及产量			
	探明储备（千百万吨）		产量（百万吨）		探明储量（万亿立方米）		产量（百万吨油当量）		探明储量（百万吨油当量）		产量（百万吨油当量）	
	2016年	占比	2016年	占比	2016年	占比	2016年	占比	2016年	占比	2016年	占比
印度	0. 6	0. 3%	40. 2	0. 9%	1. 2	0. 7%	24. 9	0. 8%	94769	8. 3%	288. 5	7. 9%
巴基斯坦					0. 5	0. 2%	37. 4	1. 2%	3064	0. 3%	1. 8	—
孟加拉国					0. 2	0. 1%	24. 8	0. 8%				

资料来源：根据《BP世界能源统计年鉴2017》相关数据整理。

（3）主要能源消费量

如表6-15所示，结合能源消费情况看，南亚国家能源资源远不能自足，需要借助外边才能保障能源供应安全。然而，南亚国家经济发展又相对落后，难以承担较高水平的能源进口。因此，与之的合作将更多体现在能源扶贫、能源探查等领域。

表 6－15　南亚国家主要能源消费量

国家	原油消费量（百万吨）		天然气消费量（百万吨油当量）		煤炭消费量（百万吨油当量）	
	2016 年	全球占比	2016 年	全球占比	2016 年	全球占比
印度	212.7	4.8%	45.1	1.4%	411.9	11.0%
巴基斯坦	27.5	0.6%	40.9	1.3%	5.4	0.1%
孟加拉国	6.6	0.1%	24.8	0.8%	0.8	—

资料来源：根据《BP 世界能源统计年鉴 2017》相关数据整理。

从能源生产与消费量看，印度本国的油气资源少，其油气进口量较大，进口依存度显著较高。即使其煤炭储备丰富，产量较高，但其煤炭消费量仍高于其产量，表现出其以煤为主的能源消费结构。对于印度，可加大在煤炭领域合作。同时，印度经济增长速度较快，人均能源消费需求增长较为明显，可作为重点合作对象，增强在能源进出口、国际市场建设等领域的合作。

（4）可再生等其他能源利用情况

如表 6－16 所示，印度在核能、水电以及风能等可再生能源利用上较为突出，尤其是其核能利用过去 10 年保持 8% 的平均增长速度，且占全球比例达到 1.4%。同时，其水电利用占全球的 3.2%，可再生能源占全球的 3.9%。

表 6－16　南亚国家可再生等其他能源利用情况

国家	核能消费量（百万吨油当量）				水电消费量（百万吨油当量）				可再生能源消费量（百万吨油当量）			
	2016 年	2016 年增长率	2005—2015 年平均增长	占比	2016 年	2016 年增长率	2005—2015 年平均增长	占比	2016 年	2016 年增长率	2005—2015 年平均增长	占比
印度	8.6	-1.3%	8.0%	1.4%	29.1	-3.6%	3.2%	3.2%	16.5	29.2%	18.8%	3.9%
巴基斯坦	1.3	15.1%	6.2%	0.2%	7.7	5.2%	0.5%	0.8%	0.4	47.0%	—	0.1%
孟加拉国	—	—	—	—	0.2	-1.8%	1.8%	—	—	15.3%	40.8%	—

资料来源：根据《BP 世界能源统计年鉴 2017》相关数据整理。

虽然印度煤炭消费量占绝对主导地位，但其拥有较为丰富的能源结构，包括核能、水电、可再生能源等。尤其是可再生能源过去10年保持近20%的增长。可见，与印度可开展较为全面的合作，包括新一代核电站的合作建设与运营、水电开发、可再生能源开发与利用方面的合作等。

2. SWOT分析

（1）优势

——资源优势。巴基斯坦水能丰富，中巴经济走廊建设稳步推进。

——孟加拉—中国—印度—缅甸经济走廊。该走廊将实现中国与南亚地区的互联。印度是实现中国与西亚及更广泛地区加强合作的重要一环。孟中印缅已经建立相关合作机制，将进一步推进铁路、产业合作等方面合作。

——合作基础。近年来，中印双方签署多项协议，合作涉及电信、钢铁、太阳能等多领域。

——中国—巴基斯坦经济走廊。该走廊北起新疆喀什，延伸至巴基斯坦境内的深海港口瓜达尔，为中国提供了一条经迪拜和阿曼前往中东和非洲的捷径。中巴两国近年来达成系列合作协议，合作内容涵盖能源、基础设施等领域。

（2）劣势

南亚经济发展水平总体偏低，且具有高通胀的风险，在中长期内难以缓解。各国普遍实行大规模的财政补贴，财政赤字率居高不下违约风险偏高。

（3）机遇

与巴基斯坦开展火电、水电、新能源等电力项目建设空间大，可开展中巴核电运行服务、核燃料循环产能、核设施退役治理等合作。加强配电网、油气管网等基础设施建设。可与印度火电、新能源领域合作，开展第三方能源开发项目。

（4）挑战

中巴经济走廊途经克什米尔地区，印度政府对此已提出反对意见。

中国与不丹目前还尚未建交，且还存在边界争端，与不丹合作可能受到影响。从开发水电本身来看，不丹南部从难民营中崛起的政党是不稳定因素，同时不丹高山区冰川融化形成的湖泊易带来洪水，对水电站建设是一大挑战。

表 6－17　与南亚区域能源合作 SWOT 分析

优势	劣势
资源优势； 孟加拉—中国—印度—缅甸经济走廊； 合作基础； 中国—巴基斯坦经济走廊	经济发展水平低； 高通胀； 财政赤字率居高不下，积累了庞大的政府债务，违约风险偏高
机遇	**挑战**
与巴基斯坦开展火电、水电、新能源等电力项目建设空间大； 中巴核电运行服务、核燃料循环产能、核设施退役治理可开展合作； 印度火电、新能源领域合作； 配电网、油气管网等基础设施建设	边界问题的变数可能会影响合作的稳定性； 中巴经济走廊途经克什米尔地区，印度政府对此已提出反对意见； 不丹难民营政党带来政局不稳风险

（四）西亚北非区域

1. 能源发展基本情况

（1）能源发展总体情况

如表 6－18 所示，西亚北非地区国家经济发展水平呈现两极分化特征，卡塔尔、阿联酋、以色列、科威特、沙特阿拉伯、巴林、阿曼、土耳其等国人均 GDP 均超过 1 万美元/人，且这些地区人均能源消费和人均用电量均较高，只有土耳其人均用电量相对较少，仅为 2854.57 千瓦时/年。该地区其他国家人均 GDP 均在 5000 美元以下，且人均能源消费和用电量水平较低。

从能源消费总量看，伊朗的消费总量占全球的 2%，为该地区最高，但其人均 GDP 仅为 4957.58 美元，人均用电量为 2985.69 千瓦时，低于世界平均水平。可见，伊朗等经济相对落后国家在能源发展有较大需求，在能源消费增长上有较大空间。

表 6－18　西亚北非国家能源发展总体情况

国家	人均 GDP（2015 年）（美元/人）	人均能源消费（吨油当量/人）	人均用电量（2014 年）（千瓦时/人）	能源总消费量（百万吨油当量）	
				2016 年	全球占比
伊朗	4957.58	3.41	2985.69	270.7	2.0%
伊拉克	4974.03	0.00	1305.69		
土耳其	10979.53	1.76	2854.57	137.9	1.0%
叙利亚		0.00	949.59		
约旦	4096.10	0.00	1888.12		
黎巴嫩	8046.63	0.00	2892.77		
以色列	35729.37	3.15	6600.90	26.4	0.2%
巴勒斯坦					
沙特阿拉伯	20732.86	8.44	9444.22	266.5	2.0%
也门	1401.90	0.00	216.26		
阿曼	16627.36	0.00	6553.52		
阿联酋	39101.75	12.43	11263.53	113.8	0.9%
卡塔尔	66346.52	19.82	15309.43	49.2	0.4%
科威特	28975.40	10.60	15213.42	41.7	0.3%
阿富汗	584.03	0.00	4486.80		
埃及	3547.71	0.97	1657.77	91.0	0.7%
巴林	22688.88	0.00	19592.23		

资料来源：根据《BP 世界能源统计年鉴 2017》和世界银行相关数据整理。

（2）主要能源储备及产量

从能源资源情况看，沙特阿拉伯、伊朗、伊拉克、阿联酋、卡塔尔、科威特、阿曼等国拥有较为丰富的油气资源，这些国家也主要是油气产品出口支撑经济发展和能源消费。土耳其煤炭资源丰富，其储量占全球的 1%，产量占全球的 0.4%。其他国家煤炭资源较为匮乏。结合经济发展情况看，伊朗和伊拉克拥有较为丰富的能源资源，但其经济发展水平相对较低，可作为我国重点合作对象，帮助其提升经济发展水平，加大能源领域投入，合作开发和利用其油气资源，助其提升当地民众生活水平。

表 6－19 西亚北非国家主要能源储备及产量

国家	原油储备及产量				天然气储备及产量				煤炭储备及产量			
	探明储备（千百万吨）		产量（百万吨）		探明储量（万亿立方米）		产量（百万吨油当量）		探明储量（百万吨油当量）		产量（百万吨油当量）	
	2016年	占比	2016年	占比	2016年	占比	2016年	占比	2016年	占比	2016年	占比
伊朗	21.8	9.3%	216.4	4.9%	33.5	18.0%	182.2	5.7%				
伊拉克	20.6	9.0%	218.9	5.0%	3.7	2.0%	1.0	—				
土耳其									11353	1.0%	15.2	0.4%
叙利亚	0.3	0.1%	1.1	—	0.3	0.2%	3.2	0.1%				
以色列					0.2	0.1%		0.5%				
沙特阿拉伯	36.6	15.6%	585.7	13.4%	8.4	4.5%	98.4	3.1%				
也门	0.4	0.2%	0.8	—	0.3	0.1%	0.7	—				
阿曼	0.7	0.3%	49.3	1.1%	0.7	0.4%	31.9	1.0%				
阿联酋	13.0	5.7%	182.4	4.2%	6.1	3.3%	55.7	1.7%				
卡塔尔	2.6	1.5%	79.4	1.8%	24.3	13.0%	163.1	5.1%				
科威特	14.0	5.9%	152.7	3.5%	1.8	1.0%	15.4					
埃及	0.5	0.2%	33.8	0.8%	1.8	1.0%	37.6	1.2%				

资料来源：根据《BP 世界能源统计年鉴 2017》相关数据整理。

（3）主要能源消费量

如表 6－20 所示，西亚北非国家能源消费以油气为主，主要能源大国均为油气资源净出口国。伊朗、以色列、阿联酋等国有一定量的煤炭消费，但这些国家均没有足够的煤炭资源储备。西亚北非地区是典型的能源生产地，是我国加强油气合作，丰富油气资源供应渠道的重点区域。可探索实现共赢合作，既帮助当地提升经济发展水平，又增强我国油气资源进口保障。

表 6-20 西亚北非国家主要能源消费量

国家	原油消费量(百万吨)		天然气消费量(百万吨油当量)		煤炭消费量(百万吨油当量)	
	2016 年	全球占比	2016 年	全球占比	2016 年	全球占比
伊朗	83.8	1.9%	180.7	5.6%	1.7	—
土耳其	41.2	0.9%	37.9	1.2%	38.4	1.0%
以色列	11.6	0.3%	8.7	0.3%	5.7	0.2%
沙特阿拉伯	167.9	3.8%	98.4	3.1%	0.1	—
阿联酋	43.5	1.0%	69.0	2.2%	1.3	—
卡塔尔	11.7	0.3%	37.5	1.2%	—	—
科威特	22.0	0.5%	19.7	0.6%	—	—
埃及	40.6	0.9%	46.1	1.4%	0.4	—

资料来源：根据《BP 世界能源统计年鉴 2017》相关数据整理。

（4）可再生等其他能源利用情况

如表 6-21 所示，西亚北非地区对核能利用水平较低，这与其较高的经济发展水平不相称。发展核能受国际政治因素影响明显，作为油气大国，是美国等发达国家重点关注对象，核能发展势必受限。与核能相比，该地区对可再生能源投入相对较大，以色列、土耳其、埃及、伊朗等国近年来可再生能源消费增长明显。

表 6-21 西亚北非国家可再生等其他能源利用情况

国家	水电消费量（百万吨油当量）				可再生能源消费量（百万吨油当量）			
	2016 年	2016 年增长率	2005—2015 年平均增长率	占比	2016 年	2016 年增长率	2005—2015 年平均增长率	占比
伊朗	2.9	-29.3%	3.3%	0.3%	0.1	2.6%	20.0%	—
土耳其	15.2	-0.2%	5.4%	1.7%	5.2	33.8%	51.0%	1.2%
以色列	—	—	-1.5%	—	0.4	37.1%	60.6%	0.1%
沙特阿拉伯	—	—	—	—	—	14.3%	—	—
阿联酋	—	—	—	—	0.1	2.6%	—	—
卡塔尔	—	—	—	—	—	10.0%	—	—
科威特	—	—	—	—	—	580.0%	—	—
埃及	3.2	—	1.0%	0.3%	0.6	35.5%	13.3%	0.1%

资料来源：根据《BP 世界能源统计年鉴 2017》数据整理。

2. SWOT 分析

（1）优势

——资源优势。沙特阿拉伯、伊朗、伊拉克、阿联酋、卡塔尔、科威特、阿曼等国拥有较为丰富的油气资源，土耳其煤炭资源丰富，伊朗和伊拉克经济发展水平相对较低，可作为我国重点合作对象。非洲地区具有丰富的油气资源，陆上石油主要分布在北非地中海沿岸、苏伊士湾和几内亚湾处的盆地群内。阿尔及利亚、埃及、尼日利亚、利比亚四国是主要的产气国，天然气年产量合计 1828 亿立方米，占非洲总产量的 90.2%。

——合作基础优势。西亚多国是我国主要油气进口来源。以沙特为例，中国每年从沙特进口 5000 万吨原油，是中国最大石油进口来源国，同时中国也是沙特最大的石油出口市场。中国与非洲友好合作关系不断发展。能源外交和能源合作逐渐成为中非合作的重要组成部分。中国石油企业在非石油勘探开发方面已取得重要突破。

（2）劣势

——影响政局稳定因素。大多数非洲国家是多民族国家，民族冲突和分裂妨碍国内稳定、政权稳固。同时，存在边界和跨境民族争端，还受到外来势力干涉，稳定合作面临挑战。

——经济发展水平差异大。西亚国家经济发展水平总体不高，虽有能源合作潜力，但也有一定难度。非洲各产油国经济比较落后，基础设施不足，缺乏技术和专业人才支撑，客观上增加投资运营成本。

——非洲实施油气资源本土化战略。包括石油开发监管严格化、石油开发本国化和非洲国家之间的横向跨区合作。非洲重视本土化战略，将挤压外方投资空间，影响外国石油公司与非洲的石油开发合作。

（3）机遇

——巨大的市场需求。随着我国经济总量和社会发展水平的提升，能源需求总量不断增加，特别是油气资源进口比重也会进一步提高，且维持在较高水平，这为与西亚国家开展油气资源合作奠定坚实基础。在美国能源独立背景下，西亚地区将更为重视我国市场。

——回报率较高。非洲作为新兴能源资源供应市场具有明显的成本优势，投资回报率高于其他地区。同时，油气资源勘探开发难度小，成功率较高。

——能源产能相对独立。大部分非洲产油国不属于 OPEC 成员，石油产量不受外力所限，相对独立，便于开展深入合作。

（4）挑战

——西亚国家掌握话语权和主动权。作为传统油气出口地，西亚国家油气市场份额较高，在国际市场上较有话语权，我国虽为油气进口大国，但国内市场建设相对落后，也难以对油气基准价格有影响，在国际合作中难免落于下风。

——非洲市场受多方关注。印度、巴西等新兴市场国家将非洲作为重要投资对象，将与我国形成竞争关系，需以合作化解。

——非洲本土石油公司的优势逐步凸显。

——发达国家介入非洲市场和资源竞争。美国把与非洲能源生产国的合作确定为“加强美国自身能源安全”的重要途径，强调“美国经济的希望在非洲”，加紧对这一地区能源领域的渗透，减轻对南美、中东地区的依赖。俄罗斯加入“非洲资源争夺战”，与非洲关系迅速升温，投资领域集中在矿藏勘探和开采。日本企业参与非洲能源竞争的方式主要包括直接投资开发油田，签订产量分成协议、转让协议，购买股份参与开发等。印度开展“非洲石油攻略”，把从非洲的石油进口量提升到 2400 万 ~ 2500 万吨/年。能源合作采取提供低息贷款、政府间援助、发展军事政治关系等举措。

表 6－22　与西亚、北非区域能源合作 SWOT 分析

优势	劣势
资源优势； 合作基础； 便捷的运输和配送环境	影响政局稳定因素； 非洲各产油国的经济比较落后，基础设施不足，缺乏技术和专业人才支撑； 非洲油气资源本土化进程抑制我国投资进入
机遇	**挑战**
我国能源市场需求大； 非洲市场回报率较高； 能源产能相对独立	西亚国家掌握话语权和主动权； 非洲市场受多方关注； 非洲本土石油公司的优势逐步凸显； 发达国家介入非洲市场和资源竞争

（五）中东欧区域

1. 能源发展基本情况

（1）能源发展总体情况

如表 6－23 所示，中东欧国家经济发展水平均较高，除阿尔巴尼亚、马其顿、波黑等国外，其他国家人均 GDP 均在 5000 美元以上，波兰、捷克等均超过 10000 美元。

表 6－23　中东欧国家能源发展总体情况

国家	人均 GDP（2015 年）（美元/人）	人均能源消费（吨油当量/人）	人均用电量（2014 年）（千瓦时/人）	能源总消费量（百万吨油当量）	
				2016 年	全球占比
波兰	12565.99	2.55	3971.80	96.7	0.7%
立陶宛	14252.43	1.89	3821.15	5.5	—
爱沙尼亚	17074.92		6732.37		
拉脱维亚	13666.58		3507.40		
捷克	17556.92	3.78	6258.89	39.9	0.3%
斯洛伐克	16089.75	2.94	5137.07	15.9	0.1%
匈牙利	12365.63	2.22	3965.96	21.9	0.2%
斯洛文尼亚	20729.86	7.72	6728.00	15.9	0.1%
克罗地亚	11579.67		3714.38		

续表

国家	人均 GDP（2015 年）（美元/人）	人均能源消费（吨油当量/人）	人均用电量（2014 年）（千瓦时/人）	能源总消费量（百万吨油当量）	
				2016 年	全球占比
波黑	4574.09		3365.67		
黑山	6461.19				
塞尔维亚	5237.26		4271.74		
阿尔巴尼亚	3954.02		2309.37		
罗马尼亚	8958.79	1.67	2584.41	33.1	0.2%
保加利亚	6993.48	2.52	4708.93	18.1	0.1%
马其顿	4834.14		3497.00		

资料来源：根据《BP 世界能源统计年鉴 2017》和世界银行相关数据整理。

该地区人均能源消费量和人均用电量也较为平均，除阿尔巴尼亚和罗马尼亚人均用电量在 3000 千瓦时以下外，其他国家人均用电量均超过世界平均水平。

（2）主要能源储备及产量

如表 6－24 所示，与较高的能源消费水平相比，该地区各国油气资源贫乏。根据《BP 世界能源统计年鉴 2017》数据，仅波兰和罗马尼亚拥有少量的天然气储备和产量。各国均没有原油相关数据。不过，波兰、捷克、匈牙利、塞尔维亚、罗马尼亚和保加利亚等 6 国拥有一定规模的煤炭储备和产量。

表 6－24　中东欧国家主要能源储备及产量

国家	天然气储备及产量				煤炭储备及产量			
	探明储量（万亿立方米）		产量（百万吨油当量）		探明储量（百万吨油当量）		产量（百万吨油当量）	
	2016 年	全球占比	2016 年	全球占比	2016 年	全球占比	2016 年	全球占比
波兰	0.1	—	3.6	0.1%	24161	2.1%	52.3	1.4%
捷克					3676	0.3%	16.3	0.4%
匈牙利					2909	0.3%	1.5	—
塞尔维亚					7514	0.7%	7.4	0.2%

续表

国家	天然气储备及产量				煤炭储备及产量			
	探明储量（万亿立方米）		产量（百万吨油当量）		探明储量（百万吨油当量）		产量（百万吨油当量）	
	2016 年	全球占比	2016 年	全球占比	2016 年	全球占比	2016 年	全球占比
罗马尼亚	0.1	0.1%	8.2	0.3%	291	—	4.3	0.1%
保加利亚					2366	0.2%	5.1	0.1%

资料来源：根据《BP 世界能源统计年鉴 2017》相关数据整理。

中东欧国家是典型的能源消费地，其能源储备有限，产量较低，国内能源需求以大规模进口来满足。该地区各国经济发展水平相对较高，购买力较强，但对油气资源价格波动较为关注。可探索与之开展能源供需对接、能源市场价格稳定机制等领域合作。

（3）主要能源消费量

如表 6 – 25 所示，从可掌握的数据来看，中东欧国家对主要能源的消费量均不高，但对油气和煤炭的消费较为平均。结合能源储备情况看，该地区各国均为能源净进口国。

表 6 – 25　中东欧国家主要能源消费量

国家	原油消费量（百万吨）		天然气消费量（百万吨油当量）		煤炭消费量（百万吨油当量）	
	2016 年	全球占比	2016 年	全球占比	2016 年	全球占比
波兰	27.2	0.6%	15.6	0.5%	48.8	1.3%
立陶宛	3.0	0.1%	1.8	0.1%	0.2	—
捷克	8.4	0.2%	7.0	0.2%	16.9	0.5%
斯洛伐克	4.0	0.1%	4.0	0.1%	3.1	0.1%
匈牙利	7.1	0.2%	8.0	0.3%	2.3	0.1%
斯洛文尼亚	4.0	0.1%	4.0	0.1%	3.1	0.1%
罗马尼亚	9.5	0.2%	9.5	0.3%	5.4	0.1%
保加利亚	4.5	0.1%	2.7	0.1%	5.7	0.2%

资料来源：根据《BP 世界能源统计年鉴 2017》相关数据整理。

(4) 可再生等其他能源利用情况

中东欧国家表现出与其他地区国家不同的特征，其对核能、水电以及风能等可再生能源发展的热情非常高。这体现了发达国家能源向绿色低碳转型的特征。从全球占比来看，各国可再生等其他能源消费量占比不高，但各国利用水平上较为平均。见表 6－26。

表 6－26　中东欧国家可再生等其他能源利用情况

国家	核能消费量（百万吨油当量）				水电消费量（百万吨油当量）				可再生能源消费量（百万吨油当量）			
	2016年	2016年增长率	2005—2015年平均增长	占比	2016年	2016年增长率	2005—2015年平均增长	占比	2016年	2016年增长率	2005—2015年平均增长	占比
波兰	—	—	—	—	0.5	16.5%	-1.8%	0.1%	4.6	-1.8%	28.9%	1.1%
立陶宛	—	—	—	—	0.1	29.8%	-2.5%	—	0.4	20.0%	65.2%	0.1%
捷克	5.5	-10.4%	0.8%	0.9%	0.5	11.1%	-2.8%	—	1.7	-3.5%	27.5%	0.4%
斯洛伐克	3.3	-2.7%	-1.6%	0.6%	1.0	9.9%	-1.1%	0.1%	0.5	1.8%	49.5%	0.1%
匈牙利	3.6	1.1%	1.4%	0.6%	0.1	11.1%	1.5%	—	0.8	15.8%	6.3%	0.2%
斯洛文尼亚	3.3	-2.7%	-1.6%	0.6%	1.0	9.9%	-1.1%	0.1%	0.5	1.8%	49.5%	0.1%
罗马尼亚	2.6	-3.3%	7.7%	0.4%	4.1	7.4%	-1.9%	0.4%	2.0	-6.0%	109.1%	0.5%
保加利亚	3.6	2.3%	-1.8%	0.6%	0.9	-32.1%	2.9%	0.1%	0.7	1.5%	90.3%	0.2%

资料来源：根据《BP 世界能源统计年鉴 2017》相关数据整理。

针对中东欧发达国家，可加强在核电和可再生能源领域的合作，充分发挥我国新一代核电技术优势，利用我国可再生能源装备，加大可再生能源产能合作，提高该地区可再生能源利用水平。特别是充分利用该地区较为发达的经济支撑，加强能源互联网、智慧能源等领域合作，利用新一代信息技术帮助该地区国家实现更高水平的、更为清洁低碳的能源自给自足。同时，加强能源市场机制和价格机制等领域合作，结成利益共同体，稳定油气资源价格。

2. SWOT 分析

（1）优势

——主权政治稳定。中东欧是“一带一路”沿线区域主权信用质量最高地区。苏东剧变后，各国政治转型都较成功，建立了相对稳定的政治体系。各国经济增长处在相对平稳时期，投资环境稳定。

——合作基础。中国—中东欧国家合作机制（“16＋1 合作”）逐渐成熟。《中国—中东欧国家合作布加勒斯特纲要》《中国—中东欧国家合作贝尔格莱德纲要》《中国—中东欧国家合作苏州纲要》3 份合作文件发表，《中国—中东欧国家合作中期规划》出台，“16＋1 合作”路线图愈加清晰，在经贸、投资、基础设施等多领域取得成果。中东欧国家中先后与中国签署共建“一带一路”政府间谅解备忘录，为进一步合作奠定良好基础。2003—2013 年，中国对中东欧的直接投资存量增长了 28 倍。截至 2013 年，中国已有近 500 家企业在中东欧设立境外投资机构（企业）。2009—2016 年总投资为 137.6 亿美元。2009 年仅为 1.2 亿美元，2016 年达到 17.7 亿美元，2015 年达到最高为 35.2 亿美元。投资最多的领域为能源、交通、化工，分别为 22.6 亿美元、22.1 亿美元、21.1 亿美元。

——新亚欧大陆桥。新亚欧大陆桥东起中国东部沿海港口连云港（江苏省），向西延伸至西欧的鹿特丹，有望成为中国至欧洲的主要物流通道。目前，多条国际货运列车线路开通，大幅降低交通运输成本。

（2）劣势

较大风险点在金融方面，除波兰、捷克和斯洛伐克以外，其他国家银行业不良贷款率高于 10%，水平较高，与欧债危机外溢影响直接相关。

（3）机遇

罗马尼亚电力需求大，基础设施建设需求大。可开展核电、水电、风电等电力项目合作，电网新建及升级改造项目。波兰电力需求大，能源清洁利用需求迫切。可开展清洁化煤电、新能源项目开发与合作，配套电网建设与升级改造，重点关注核电项目。捷克电力结构改善需求大，优先发展核电。可探索核电领域合作，开展煤电清洁化技术合作以及风电、光伏等新能源合作。

（4）挑战

部分中东欧国家在政治体制、人权、宗教等价值观问题上对中国持有居高临下的心态。

表 6－27　与中东欧区域能源合作 SWOT 分析

优势	劣势
主权政治稳定； 合作基础良好； 新亚欧大陆桥	风险点是金融，除波兰、捷克和斯洛伐克外，其他国家银行业不良贷款率高于 10%
机遇	**挑战**
罗马尼亚电力需求大，基础设施建设需求大； 波兰电力需求大，能源清洁利用需求迫切； 捷克电力结构改善需求大，优先发展核电	部分中东欧国家对中国持有居高临下的心态

（六）独联体其他六国

1. 能源发展基本情况

（1）能源发展总体情况

如表 6－28 所示，独联体六国经济发展水平一般，人均能源消费量相对较低。其中，摩尔多瓦、阿塞拜疆和亚美尼亚等国人均用电量较低，在世界平均水平以下。乌克兰和白俄罗斯人均用电量水平也仅略高于世界平均水平。这六个国家的能源消费总量共计不到全球的 2%。总量有限，人均水平不高。

表 6－28　独联体其他六国能源发展总体情况

国家	人均 GDP（2015 年）（美元/人）	人均能源消费（吨油当量/人）	人均用电量（2014 年）（千瓦时/人）	能源总消费量（百万吨油当量）	
				2016 年	全球占比
乌克兰	2016.01	1.93	3418.59	87.0	0.7%
白俄罗斯	5949.11	2.50	3679.98	23.7	0.2%
摩尔多瓦	1832.50	0.00	1386.23		
格鲁吉亚	3764.64	0.00			
阿塞拜疆	5500.31	1.50	2202.39	14.5	0.1%
亚美尼亚	3609.65	0.00	1965.78		

资料来源：根据《BP 世界能源统计年鉴 2017》和世界银行相关数据整理。

（2）主要能源储备及产量

如表 6－29 所示，独联体其他六国能源资源相对缺乏，阿塞拜疆拥有占全球 0.4% 的原油储备，其 2016 年原油产量占全球的 0.9%。其天然气储备和产量分别占全球的 0.6% 和 0.5%。乌克兰有一定规模的天然气资源，2016 年，其天然气储备和产量分别占全球的 0.3% 和 0.5%。同时，乌克兰有占全球 3% 的煤炭储量，2016 年其煤炭产量占全球 0.5%。

表 6－29　独联体其他六国主要能源储备及产量

国家	原油储备及产量				天然气储备及产量				煤炭储备及产量			
	探明储备（千百万吨）		产量（百万吨）		探明储量（万亿立方米）		产量（百万吨油当量）		探明储量（百万吨油当量）		产量（百万吨油当量）	
	2016 年	占比	2016 年	占比	2016 年	占比	2016 年	占比	2016 年	占比	2016 年	占比
乌克兰					0.6	0.3%	16.0	0.5%	34375	3.0%	17.1	0.5%
阿塞拜疆	1.0	0.4%	41.0	0.9%	1.1	0.6%	15.7	0.5%				

资料来源：根据《BP 世界能源统计年鉴 2017》相关数据整理。

除上述两个国家外，根据《BP 世界能源统计年鉴 2017》可获得的数据，其他国家油气、煤炭资源缺乏。

（3）主要能源消费量

如表 6－30 所示，在这六国中，乌克兰、白俄罗斯和阿塞拜疆均有一定规模的能源消费量。与其产量相比，阿塞拜疆油气资源相对丰富，具有一定的能源出口能力。但乌克兰原油需要进口，天然气自给率约60%，煤炭也需要30%左右的进口。

表 6－30　独联体其他六国主要能源消费量

国家	原油消费量（百万吨）		天然气消费量（百万吨油当量）		煤炭消费量（百万吨油当量）	
	2016 年	全球占比	2016 年	全球占比	2016 年	全球占比
乌克兰	9.1	0.2%	26.1	0.8%	31.5	0.8%
白俄罗斯	7.5	0.2%	15.3	0.5%	0.8	—
阿塞拜疆	4.6	0.1%	9.4	0.3%	—	—

资料来源：根据《BP 世界能源统计年鉴 2017》相关数据整理。

该地区主要能源国为乌克兰、白俄罗斯和阿塞拜疆，这三国也是我合作重点国家。尤其是阿塞拜疆，要利用其油气出口能力，加大在油气资源开发方面的合作，以作为我国油气资源有益补充。

（4）可再生等其他能源利用情况

乌克兰对核能、水电和可再生能源的利用程度相对较高，特别是其核能消费量占全球的3.1%，相当突出。未来可探索与之在核能领域加强合作。

表 6－31　独联体其他六国主要能源消费量

国家	核能消费量（百万吨油当量）				水电消费量（百万吨油当量）				可再生能源消费量（百万吨油当量）			
	2016 年	2016 年增长率	2005—2015 年平均增长	占比	2016 年	2016 年增长率	2005—2015 年平均增长	占比	2016 年	2016 年增长率	2005—2015 年平均增长	占比
乌克兰	18.3	-7.9%	-0.1%	3.1%	1.6	32.2%	-8.0%	0.2%	0.3	-12.4%	46.9%	0.1%
白俄罗斯	—	—	—	—	—	—	11.5%	—	0.1	100.5%	65.2%	—
阿塞拜疆	—	—	—	—	0.4	19.3%	-5.9%	—	—	66.3%	—	—

资料来源：根据《BP 世界能源统计年鉴 2017》相关数据整理。

2. SWOT 分析

（1）优势

——地缘战略地位独特。

——贸易基础良好。2014 年，中国与该地区国家的贸易量为 1278 万美元，主要集中在乌克兰和白俄罗斯。中国是乌克兰的第二大贸易伙伴、白俄罗斯的第五大贸易伙伴。中国在上述国家设立投资企业已达 156 家，也集中在乌、白两国。

（2）劣势

——经济增速慢。除摩尔多瓦外，其他国家 2014 年的经济增速均不超过 7%。2014 年乌克兰国内生产总值（GDP）为 1318.1 亿美元，实际 GDP 下降 6.8%，人均 GDP 为 3082.5 美元。2014 年乌克兰外汇储备下滑较大，从 2013 年的 204 亿美元大幅下滑至 75 亿美元。

——金融稳定性差。该地区多国宏观经济衰退，货币贬值，加之乌克兰战争影响，给各国银行业带来负面影响，不良贷款率居高不下。

（3）机遇

——能源需求大。该区域能源资源总体缺乏，在火电、电网、新能源和煤炭领域有合作空间。白俄罗斯自然资源匮乏，石油、天然气等原材料主要依赖进口。

——能源基础设施缺口大。该区域能源基础设施老旧，升级改造空间大。

（4）挑战

——主权信用风险偏高。独联体是主权信用风险偏高的地区。苏东剧变后，各国普遍经历不成功的政治转型，强人政治和脆弱的政治体系同时存在，政治稳定性较差。

——投资风险高。独联体国家普遍出现不同程度的经济下滑，尤以格鲁吉亚、摩尔多瓦和阿塞拜疆下滑最为剧烈。

——信贷资产风险。未来油价的不确定性及地缘政治风险使独联体国家的信贷资产质量恶化。

表6－32 与独联体其他6国能源合作SWOT分析

优势	劣势
地缘战略地位独特； 贸易基础良好	经济增速低； 强人政治和脆弱的政治体系同时存在； 货币大幅贬值，银行业不良贷款率居高不下
机遇	**挑战**
能源资源总体缺乏，基础设施老旧，升级改造空间大； 在火电、电网、新能源和煤炭领域有合作空间	主权信用风险偏高； 投资风险较高； 未来油价的不确定性及地缘政治风险使独联体国家的信贷资产质量恶化

二、推动与俄蒙中亚、西亚北非全方位战略对接

（一）拓展能源合作领域，深化全产业链合作

加强顶层设计，建立境外能源合作协调服务机制。加强能源合作规划，在能源安全战略和油气开采、贸易政策等研究基础上，以高层互访为引领，编制双边能源合作规划，签订政府间协议。做好技术标准衔接，把握国际最新形势和行业标准，提高标准国际化水平，参与国际标准化工作，与目标国家标准互认。建设能源合作信息服务平台。建立项目报备、筛选、滚动更新和评估等制度和风险监测预警与防控机制，加强重大风险提示。以智力合作引领其他合作，包括战略、规划、政策、标准、治理以及能源体系的设计和规划等方面合作。推动先进技术和装备走出去，如风电、核电人才队伍和高端装备等。从研发到施工，提升走出去的素质和效益。

深化全产业链合作。上游坚持“油气并举”，寻求突破，加强与伊拉克、伊朗的资源合作。在资源国和消费国培育建设炼油化工基地、技术研发基地、装备制造基地等。重点建设连通我国与中亚—俄罗斯地区的原油管道，尤其是我国与哈萨克斯坦、俄罗斯的原油管道。重点构建

我国外围区域的天然气管道网络。寻求在重点海域的油气资源共同开发。共同开发里海地区的油气资源，加快推进南海区域“主权属我、搁置争议、共同开发、和平解决”。采取多边合作方式，实现与周边国家共同勘探开发。吸引掌握先进技术的国际石油公司参与，提升我国石油企业在海洋资源开发方面的整体水平。

（二）创新能源合作方式

1. 贷款换资源

抓住有利时机，充分发挥资金优势，以“融资换资源”“融资换合作”等方式深化与中亚、俄罗斯的合作，并约定其以油气资源作为抵押品，推进双赢合作。

2. 双向合作

可考虑与俄罗斯石油公司以合作投资开发等方式开展能源合作，加强俄罗斯境内石油业务的上下游勘探开发，并积极吸引俄罗斯企业参与国内石油生产、运输项目。

3. 与国外石油公司联合经营

推动与中亚和俄罗斯的国家石油公司组建战略联盟，联合开发，利益共享，降低资源民族主义风险，规避资源民族主义对外国资产的抵制。

4. 在上合组织内推动油气资源供求一体化

上海经济合作组织已建立了相对稳定的合作基础，中哈、中土之间石油、天然气合作进展顺利。可在上合组织框架下建立区域能源合作机制，构建符合各方利益的能源供求体系，形成组织内部沟通有效、系统完备的能源合作网络。

5. “油气—经贸”合作

推进次区域经济合作是促进中国与中亚、俄罗斯能源合作向高层次演进的重要途径。保持国家之间深入的经贸合作关系，推动油气资源合作从贸易领域逐渐向油气资源勘探、开发生产等核心领域发展，将中国与俄罗斯和中亚各国油气资源的合作维持在较高水平，确保能源供应的稳定性与持续性。

（三）培育世界水平的跨国油气公司

推动国内油气企业建立全球化运营模式。推动企业建立全球化采购、融资、贸易、服务和创新网络。树立良好企业形象和品牌。在国际合作中，推动企业承担社会责任，投身目标国公益领域，创造就业机会，融入当地建设，资助环境保护、教育、医疗等重大项目。

（四）推动区域可再生能源发展

因地制宜促进可再生能源开发。推动在跨境河流共同开发、综合利用方面的合作。加强可再生能源扶贫，援助建设分布式风电、光伏、光热、地热能等设施。加强与东北亚区域电网互联互通，提升电网对可再生能源消纳能力。

（五）加强高效、节能技术输出力度

以推动煤炭高效清洁利用为重点，加大高效、节能技术输出力度，在满足能源需求的同时促进节能。加强煤炭清洁利用领域合作，推广我国在煤炭洗选和提质加工、超临界和超超临界发电、大型循环流化床燃烧、整体煤气化联合循环发电、烟气净化、燃煤锅炉提升方面的经验和技术，积极参与新建和升级燃煤电厂项目设计规划，带动相关技术和设备出口。

（六）重点国家合作内容

——俄罗斯。加强石油、天然气、煤炭、电力等合作，提升跨境油气管道输送能力，参与油气、煤炭等资源勘探开发和加工利用，合作开发北极地区油气资源。加强电力项目及电网改造、跨境电力联网等合作。

——蒙古国。重点在煤炭勘探开发、加工及贸易，火电、热电联产机组建设及改造，油气田勘探开发，清洁能源项目开发等。推动跨境电力联网。

——哈萨克斯坦。加强油气全产业链合作。推动哈国油气和煤田勘探开发以及煤炭加工转化利用，加强核电、新能源发展项目合作和电网升级改造项目合作。

——土库曼斯坦、乌兹别克斯坦。加强油气领域合作，保障管道运输安全。开展火电项目建设和电网改造升级。

——埃及。参与火电、太阳能发电项目建设，配套电网改造项目，加强核能领域合作，开展油气田勘探开发及运营项目。

——土耳其。加强电力基础设施建设，合作开发核电、煤电、水电等电源项目，配套电网建设。

——沙特阿拉伯、阿联酋、卡塔尔。扩大原油贸易，扩展和延伸油气产业上下游，开展太阳能等新能源项目合作。

——伊朗、伊拉克。加大油气行业上下游产业投资力度，探索与伊朗合作开发核电项目。

三、推动与东南亚、南亚地区重点领域以点带面开展合作

（一）开辟新的海陆联运航线，共同维护海上通道安全

加强传统通道安全建设，提高重要海峡、运河的安全性。增强与新加坡、马来西亚、印尼往来，增加对马六甲海峡安全公共产品提供力度，协助沿岸国提高保安活动能力。建立预警体系，对突发事件作出快速反应。积极参与重点地区维和及反恐工作，开展与非洲、中东、东南亚各航道沿线国的协作，加强军事护航，打击海盗。增强远洋海军力量，提高作战能力。

（二）建设和完善跨境输电通道，开展区域电网升级改造合作

完善我国云南与越南、老挝、缅甸等南亚国家的电力联网设施，以及我国东北地区与俄罗斯的直流联网工程等。重点建设跨国输电大通道，与东南亚和南亚邻国联网，打造区域超级电网。推行部分国家电网升级改造，提高电力普遍服务水平。

（三）重点国家合作内容

——缅甸。推动电力基础设备互联互通，加强油气资源开发和利用，加强水电、火电、新能源发电开发建设与电网升级改造。

——印度尼西亚。加大煤炭、天然气贸易和勘探开发合作。参与火电、新能源、电网项目投资和建设，加强核电合作。

——泰国、柬埔寨、老挝。合作开发水电、火电、风电及光伏等电源项目，配套电网建设。加强气田开发和核电开发。

四、开展与中东欧、独联体国家合作项目的先期培育

（一）加强可再生能源领域合作

充分利用国内丰富的风电、光伏等设备生产能力，加大对中东欧国家的技术、产品、装备输出力度，支持在中东欧国家合作建设风电、光伏、风光互补电厂。支持与中东欧国家加强沼气发电、生物质发电、煤层气、热电联供等方面的合作。借鉴中东欧国家空气治理和绿色能源转型经验，优化国内可再生能源发展战略，加强政策引导。加大对可再生能源领域合作的资金支持。加大电气网增容投资及智能电网解决方案投资。

表 6 – 33　中国与部分中东欧国家能源领域互补性

国家	能源领域引资需求	能源相关产业优势
中国	可再生能源、油气开发、化工、装备制造、储运设施、煤炭绿色开采、环保技术	煤炭采选、油气勘探开发、管道建设、太阳能、风能利用、工程技术服务、基础设施建设、超超临界燃煤发电技术
中东欧国家	能源开发、可再生资源利用、能源基础设施建设	机械动力生产设备制造技术、能源生产和环保技术等
捷克	褐煤、硬煤和铀矿蕴藏丰富	机械、机电设备制造，环保技术
波兰	页岩气、煤炭资源	采矿业和矿山机械
罗马尼亚	石油资源，风能、太阳能等可再生能源资源	石油开发
保加利亚	可再生能源发电	机械制造、化工
爱沙尼亚	页岩油资源、IT 技术	机械加工制造业、能源生产
匈牙利	可再生能源	电子产业

资料来源：根据相关材料整理。

（二）加强电动汽车领域合作

我国新能源汽车技术已经处于全球领先地位，作为全球新能源汽车第一生产国和销售国，可与中东欧国家开展相关合作，实现共赢发展。鼓励国内自主品牌在中东欧国家建厂生产，提高电动汽车技术标准和水平，确保产品质量。引进国外先进电动汽车技术与管理经验，进一步促进我国电动汽车产业发展。

（三）加大核电“走出去”力度

中东欧国家对能源绿色转型需求较大。可加强与之在核电领域的合作，鼓励我国核电项目“走出去”，降低中东欧国家碳排放。波兰为应对欧盟碳减排要求，将引入核电，削弱火电占比，2020—2030 年至少建成两座，拥有 450 万千瓦的装机容量。因此，可加强与波兰在核电建设方面合作，推广我国先进核电技术。

（四）加强循环经济领域合作

加大与中东欧国家在煤层气回收利用、天然气替代燃煤燃油发电或供热、工业废热回收利用、垃圾填埋气回收利用、垃圾焚烧发电、工业炉煤气回收利用、能效提升项目等领域合作力度。

五、完善与主要大国的能源合作机制

俄罗斯、美国、印度等是“一带一路”沿线或对“一带一路”倡议实施具有重大影响国家。“一带一路”能源合作需妥善处理与大国关系。倡导建设新型大国关系，探索建立大国能源合作示范区。创新能源合作模式，寻求产能合作。探索创新全产业链深度融合，联合第三方共同投资。提升政策信息透明度，积极回应国际社会顾虑，消除担忧，增强对“一带一路”国际能源合作的认知程度。

（一）发挥中俄能源合作的龙头作用

中俄之间可在双边关系框架下积极协调政策，共同开展与中亚国家合作，努力实现互利多赢。协调中俄能（源）资（源）上下游产业合作。通过向俄方开放一定量的下游产业，将双方利益捆绑在一起。上游合作对于中国获得长期、稳定、价格合理的能源供给非常有益。上下游产业链的深入合作，将大大提升中俄能源合作水平。协调中俄能源价格分歧。在全球能源供略大于求及美欧制裁俄罗斯的背景下，两国政府可着力推动双方企业达成合理价格。中俄两国作为全球天然气生产和消费大户，可率先探索天然气市场化定价机制。这将奠定两国在未来的全球天然气定价机制形成过程中的地位。

（二）加强中美良性沟通与合作

中美在东南亚、中亚、中东地区存在经济、政治影响力方面的竞争。中东、海湾等世界主要能资产区是美国的重要战略目标区域。以石油为代表的能源资源兼具大宗商品、金融和地缘政治属性，又与美元霸权密切相关。中国推动开展“一带一路”能资合作，无论是扩大贸易规模、进行基础设施建设，还是建立能资合作机制，都将扩大自身在主要能资产区的影响力，易引起美国反制。同时，中美在“一带一路”沿线能资领域中，也存在巨大的合作潜力。在东南亚，中美在“大湄公河次区域合作”（GMS）能资互联互通、能源政策等方面也已进行合作并取得一定成果；在中亚，中美在地区安全事务、管线安全维护等领域拥有共同利益；在中东，中美在确保能源供应稳定、运输安全、价格合理及基础设施建设方面合作潜力很大。可推动中美在第三方市场能资基础设施、互联互通重大项目中的合作，特别是在页岩气勘探、开采项目中谋求作为。同时，在热点问题上保持中美良性沟通。“一带一路”能资合作将涉及东南亚、中东、中亚地区事务及一些地区热点问题，中国在推动地区能资合作的过程中，可能对全球能源治理构成新影响。美国对相关地区地缘政治、经济形势变化及全球能源治理话语权分配的变化非常敏感。因此，应有针对性地加强中美间关于相关问题的对话沟通。

（三）扩大中印共同利益

推动中印能资供给安全合作。中印均面临着生产国政治安全形势变化的挑战，西方大型能资企业、中印两国企业之间也常展开激烈竞争。西方大型能资企业掌握着大量优质油气田和先进、低成本的勘探开采技术，且是交易与定价规则的制定者。应谋求扩大中印在能资安全方面的共同利益，共同应对政治、安全风险。推动中印共同参与全球能源治理。中印两国在全球能源治理中的话语地位薄弱，难以通过国际规则的制定有力保护国家能资安全。中印同为重要能源净进口国，可联合推动形成油气进口国协调机制，联合生产国共同建立亚洲地区性油气市场，建立亚洲能源合作机制。

参考文献

[1] 国家发展和改革委员会，国家能源局. 推动丝绸之路经济带和21世纪海上丝绸之路能源合作愿景与行动，2017.

[2] 中国社会科学院数量经济与技术经济研究所. “一带一路”战略：互联互通共同发展——能源基础设施建设与亚太区域能源市场一体化 [J]. 国际石油经济，2015，23 (8).

[3] 黄晓勇. 以“一带一路”促进亚洲共同能源安全 [J]. 人民论坛，2015-08.

[4] 杨宇，刘毅，金凤君. 能源地缘政治视角下中国与中亚—俄罗斯国际能源合作模式 [J]. 地理研究，2015，34 (2).

[5] 孙伟，“一带一路”倡议促进国际能源合作 [J]. 中国能源，2016，38 (2).

[6] 王金照. “一带一路”能源合作的思路和政策 [J]//国家治理，2016 (26).

[7] 高世宪，杨晶. 依托“一带一路”深化国际能源合作 [J]. 宏观经济管理，2016 (3).

[8] 刘建国，梁琦. “一带一路”能源合作问题研究 [J]. 中国能源，2015，37 (7).

[9] 许勤华，李广. “国际能源合作倡议”及其有效性研究：一项以APEC框架内能源合作项目为样本的规范性检验 [J]. 国际论坛，2016 18，(4).

[10] 杨晨曦. “一带一路”区域能源合作中的大国因素及应对策略 [J]. 国际政治与经济，2014 (4).

[11] 曾鸣. “一带一路”战略下的国际能源合作 [J]. 华北电业，2015 (6).

[12] 曾鸣. 构建国际能源合作新体系 [N]. 国家电网报，2015-10-26：003.

[13] 许勤华．中国全球能源战略：从能源实力到能源权力 [J]．学术前沿，2017 (3)．

[14] 周彦喆．中国化石能源国际合作环境及政策影响因素分析 [J]．中小企业管理与科技，2016 (3)．

[15] 王海燕．构建丝绸之路经济带多边能源国际合作机制的探讨 [J]．国际经济合作，2016 (12)．

[16] 梁琦，朱跃中，刘建国．加强国际合作维护国家能源安全 [J]．中国能源，2015，37 (3)．

[17] 何兴强．中国与 G20 框架下的全球能源治理 [J]．国际石油经济，2016，24 (9)．

[18] 潜旭明．中国参与 G20 能源治理：机制、进程与展望 [J]．国际石油经济，2016，24 (9)．

[19] 中国参与全球能源治理之路，IEA2016 报告．

[20] 方叶兵，王礼茂，屈秋实，杨艳，牟初夫．中国能源地缘政治研究进展 [J]．资源科学，2017，39 (6)．

第七章 “一带一路”能源合作若干机制和保障措施

国家发展和改革委员会、国家能源局联合发布的《推动丝绸之路经济带和 21 世纪海上丝绸之路能源合作愿景与行动》中提到，加强“一带一路”能源合作旨在共同打造开放包容、普惠共享的能源利益共同体、责任共同体和命运共同体。这“三个共同体”目标的实现是区域能源发展的需要，也是促进全球能源共同安全的需要。通过建立若干区域能源合作机制，促进区域市场融合和各国能源协同发展，逐步实现“三个共同体”目标。

一、“一带一路”区域能源合作机制现状

“一带一路”沿线国家均在不同程度上与国际能源署、石油输出国组织、国际能源论坛、国际可再生能源署、能源宪章、世界能源理事会等能源国际组织保持着合作关系，但“一带一路”区域内的能源治理机制尚未建立，沿线国家在各种多边合作机制和双边合作机制下开展能源合作。

（一）多边合作框架下的能源合作机制

“一带一路”区域内成熟的多边合作机制较多，比如亚太经合组织（APEC）、上海合作组织（SCO）、中国—东盟“10 + 1”、东亚峰会、亚欧会议（ASEM）、亚洲合作对话（ACD）、中阿合作论坛、中国—海

合会战略对话、大湄公河次区域（GMS）经济合作、中亚区域经济合作（CAREC）等。在这些多边合作机制中，能源合作是重要的议题。

1. 亚太经合组织（APEC）

亚太经合组织（APEC）是亚太地区层级最高、领域最广、最具影响力的经济合作机制。APEC 现有 21 个成员，分别是澳大利亚、文莱、加拿大、智利、中国、中国香港、印度尼西亚、日本、韩国、墨西哥、马来西亚、新西兰、巴布亚新几内亚、秘鲁、菲律宾、俄罗斯、新加坡、中国台北、泰国、美国和越南。亚太经合组织主要讨论与全球和区域经济有关的议题，如贸易和投资自由化便利化、区域经济一体化、互联互通、经济结构改革和创新发展、全球多边贸易体系、经济技术合作和能力建设等。

2017 年 11 月，亚太经合组织第二十五次领导人非正式会议在越南召开，习近平主席出席并在演讲中提出“向着建成亚太自由贸易区的目标不断迈进，为开放型亚太经济提供机制保障”。2006 年亚太经合组织成员领导人首次把建设亚太自由贸易区确立为远景目标，2014 年正式宣布启动亚太自由贸易区进程。在 2017 年会议上，习主席再次提出建成亚太自由贸易区，可以预见亚太自贸区建设进程将极大加快。在自贸区建设过程中，能源贸易和投资必将是重点领域。

除了领导人非正式会议外，定期或不定期举行的部长级会议也是 APEC 的重要运行机制之一。2014 年，APEC 能源部长会议在北京举行，会后发布了《北京宣言》。

2. 上海合作组织（SCO）

上海合作组织（简称上合组织）于 2001 年 6 月成立，是中国主导的少数国际治理机构之一，也是亚洲能源合作最具潜力的组织之一。上合组织成员国有：中国、俄罗斯、哈萨克斯坦、乌兹别克斯坦、吉尔吉斯斯坦、塔吉克斯坦、印度和巴基斯坦。阿富汗、白俄罗斯、伊朗、蒙古国为观察员国，阿塞拜疆、亚美尼亚、柬埔寨、尼泊尔、土耳其、斯里兰卡为对话伙伴。虽然上合组织的基础功能是国家安全和反对恐怖主义，但也具备在中亚和东亚为能源安全做出贡献的潜力。

3. 亚洲合作对话（ACD）

亚洲合作对话（Asia Cooperation Dialogue，ACD）机制启动于2002年6月。成员国有34国，分别是中国、日本、韩国、蒙古国、俄罗斯、东盟10国（文莱、柬埔寨、印尼、老挝、马来西亚、缅甸、菲律宾、新加坡、泰国、越南）、印度、巴基斯坦、阿富汗、孟加拉国、斯里兰卡、不丹、尼泊尔、哈萨克斯坦、吉尔吉斯斯坦、塔吉克斯坦、乌兹别克斯坦、沙特、伊朗、土耳其、阿联酋、科威特、阿曼、卡塔尔、巴林。ACD以经济合作为重点，包括能源、农业、生物技术、中小企业合作、旅游等20个领域。

2014年5月27日至29日，“亚洲合作对话丝绸之路务实合作论坛”在甘肃兰州举行，各方围绕ACD和“一带一路”的关系、如何推进成员国在互联互通、能源、环保和人文等领域合作展开深入研讨并提出政策建议。2016年，国家副主席李源潮出席ACD第二次领导人会议，并宣布中方将担任ACD“粮食、能源与水安全相互关系”支柱领域牵头国。

4. 中国—东盟“10+1”

中国—东盟“10+1”机制是中国与东南亚国家联盟（以下简称“东盟”）建立的合作机制，成立于1997年。东盟是亚洲最主要的一体化组织，也是世界上仅次于欧盟的一体化程度最高的区域合作组织，包括了东南亚地区全部10个国家（文莱、柬埔寨、印尼、老挝、马来西亚、缅甸、菲律宾、新加坡、泰国、越南），地处太平洋与印度洋之间，扼守两洋咽喉马六甲海峡，战略位置极其重要。中国和东盟基于自身和地区和平与发展的共同利益需要而走到一起。双方合作不断深化，现已发展成一个密切的政治经济合作组织。2010年1月，中国—东盟自贸区全面建成。双方确定了农业、信息通信技术、人力资源开发、相互投资、湄公河流域开发、交通、能源、文化等重点合作领域。

5. 中国—阿拉伯国家合作论坛

中国—阿拉伯国家合作论坛于2004年宣布成立。成员国为中国和阿盟21个成员国（约旦、阿联酋、巴林、突尼斯、阿尔及利亚、吉布提、沙特、苏丹、索马里、伊拉克、阿曼、巴勒斯坦、卡塔尔、科摩罗、科威特、黎巴嫩、利比亚、埃及、摩洛哥、毛里塔尼亚、也门）。

能源合作是中国—阿拉伯国家合作论坛的核心议题之一。2016年，国家能源局和阿拉伯国家联盟共同主办的第五届中阿能源合作大会。本届大会以“能源：中阿合作的基石”为主题，旨在落实习近平主席提出的中阿“产能对接行动”，进一步推动中阿能源合作进程，加速我国优势产能与中东能源优势的结合。

6. 中国—海合会战略对话

1981年，六个海湾阿拉伯国家（阿拉伯联合酋长国、阿曼苏丹国、巴林国、卡塔尔国、科威特国、沙特阿拉伯王国）宣布成立海湾阿拉伯国家合作委员会（简称海合会）。2010年6月，中国—海合会战略对话机制在北京举行首轮对话。近年来，我国与海合会六国经贸、能源合作发展迅速。2004年，我国同海合会启动自贸区谈判，迄今已举行9轮。中海能源小组对话已举行4轮。

7. 大湄公河次区域经济合作（GMS）

1992年，亚洲开发银行发起成立大湄公河次区域经济合作机制（Greater Mekong Subregion Economic Cooperation，GMS），成员国包括中国、柬埔寨、老挝、缅甸、泰国、越南6国。GMS的宗旨是通过加强各成员间的经济联系，消除贫困，促进次区域的经济和社会发展。亚行是GMS的发起者、协调者和主要筹资方。GMS成员间合作领域进一步拓宽，涵盖交通、能源、信息通信、环境、农业、人力资源开发、旅游、经济走廊等。

8. 中亚区域经济合作

中亚区域经济合作是1996年由亚洲开发银行发起成立的区域性合作机制。成员国包括中国、阿富汗、阿塞拜疆、哈萨克斯坦、吉尔吉斯斯坦、蒙古国、巴基斯坦、塔吉克斯坦、土库曼斯坦、乌兹别克斯坦和格鲁吉亚。中亚区域经济合作的宗旨是以合作谋发展，通过开展交通、能源、贸易政策、贸易便利化四大重点领域合作，促进成员国经济发展和民生改善。

9. 博鳌亚洲论坛

博鳌亚洲论坛是一个非政府、非营利性、定期、定址的国际组织，于2001年2月27日宣告成立，目前已成为亚洲以及其他大洲有关国家政府、工商界和学术界领袖就亚洲以及全球重要事务进行对话的高层次平台。论坛致力于通过区域经济的进一步整合，推进亚洲国家实现共同发展。论坛发起国有29个，分别是：中国、澳大利亚、孟加拉、文莱、柬埔寨、印度、印度尼西亚、日本、伊朗、哈萨克斯坦、吉尔吉斯斯坦、老挝、马来西亚、蒙古国、缅甸、尼泊尔、巴基斯坦、菲律宾、韩国、新加坡、斯里兰卡、塔吉克斯坦、泰国、土库曼斯坦、乌兹别克斯坦、越南、以色列、新西兰和马尔代夫。

能源是博鳌亚洲论坛重点关注的领域之一。2011年，博鳌亚洲论坛正式确立能源专题为论坛在海外推动的重点领域，并创立“能源、资源与可持续发展会议”系列活动，并于2015年成立博鳌亚洲论坛能源、资源与可持续发展专家委员会。

10. “一带一路”能源合作俱乐部

2017年5月，国家发展和改革委员会、国家能源局联合发布《推动丝绸之路经济带和21世纪海上丝绸之路能源合作愿景与行动》，提出共建“一带一路”能源合作俱乐部，为更多国家和地区参与“一带一路”能源合作提供平台，增进理解、凝聚共识。“一带一路”能源合作俱乐部计划开展的工作：一是组织开展多双边政策交流。各国就能源发展战略及政策进行充分沟通，寻找利益契合点，深化利益融合，达成合作共识。二是组织开展多双边能源合作规划制定。结合各国能源基础设施建设及互联互通需要，共同制定多双边能源合作规划，推动更大范围内的能源资源优化配置。三是开展联合研究。根据各国的相关诉求，结合具体国情，组织有关技术力量开展针对性的研究，提供解决方案。四是服务各国能源企业。建立并维护“一带一路”项目信息库，实现能源项目信息共享。五是组织开展能源智库交流。这是自“一带一路”倡议提出之后，我国首次正式提出搭建能源合作平台的想法，目前主管部门正在开展俱乐部的落地工作。

（二）双边能源合作机制

除了在多边合作机制下开展区域能源合作外，也要充分发挥双边能源合作机制作用，推动能源合作项目实施。根据公开的资料，我国已经开展的双边能源合作大概可分为三种类型。

1. 战略合作伙伴关系等外交条约

战略合作伙伴关系宣言、友好合作条约、外交合作或协商议定书等是缔约国外交部之间签署的就双边关系以及共同关心的国际问题交换意见、进行磋商的双边条约。在这些重要的双边条约中，有一部分会涉及能源合作的内容，涉及的深度和广度依据两国能源合作条件有所不同。比如，2013 年签署的《中俄关于合作共赢、深化全面战略协作伙伴关系的联合声明》就涉及能源合作领域，称双方“积极开展在石油、天然气、煤炭、电力和新能源等能源领域的合作，构建牢固的中俄能源战略合作关系，共同维护两国、地区以及世界的能源安全；继续在和平利用核能领域密切合作”。

2. 双边投资协定

我国与 100 多个国家签署了双边投资协定，投资协定的目的是为了促进、保护缔约一方的投资者在缔约另一方领土内的投资并为之创造有利条件。双边投资协定为两国间开展能源投资活动提供了最重要的保障。

3. 能源合作协定

两国间直接签订能源合作协议多见于两国间有密切的能源贸易往来。2012 年时任商务部副部长高虎城曾经在讲话中提及，我国已经与 30 多个国家建立了双边能源合作机制。但这些双边能源合作机制名称和内容大多无法在公开渠道找到，也有部分合作协议可以在公开资料中获得。如 1997 年签署的《中华人民共和国政府和哈萨克斯坦共和国政府关于在石油天然气领域合作的协议》，2009 年签署的《中华人民共和国政府与哈萨克斯坦共和国政府关于能源和贷款领域一揽子合作的备忘录》等，都是两国对具体能源合作领域或合作方式的相关规定。

另外，能源合作中还有一种特殊的协定，就是管道运输协定。石油天然气贸易要以管道的连通为前提条件，因此，我国与重要的能源供应国之间都签订了管道运输协定，明确天然气和原油的管道运输条款，也对运输管道的设计、建设、运营以及融资事项做规定。

（三）完善区域能源合作机制的构想

当前，“一带一路”区域的能源合作机制主要是上文提到的多边合作机制和双边合作机制两种。其中，多边合作机制大多为区域整体合作框架下的能源合作，上合组织、中国—海合会战略对话等多边机制是以能源为重要合作领域的，但区域内更大范围内的多边能源合作机制尚未建立；双边合作机制则更多关注能源合作的部分领域，签订的多是有针对性的合作条约，尚不能满足“一带一路”沿线国家共同打造开放包容、普惠共享的能源利益共同体、责任共同体和命运共同体的要求。

基于目前“一带一路”区域的能源合作机制的状况，提出了完善“一带一路”能源合作机制的初步构想。

1. 充分发挥现有双边和多边合作机制作用

首先，要充分发挥双边能源合作机制的作用，协调推动能源合作项目实施，共同研究深化能源合作，建立能源命运共同体的实施方案和行动路线图。其次，积极参与全球能源治理，利用好最重要的全球治理平台二十国集团（G20）开展能源合作，与国际能源治理机构保持良好合作，包括国际能源署（IEA）、国际能源宪章组织、国际可再生能源署（IRENA）、国际能源变革论坛等。再次，重视在区域多边治理机制下开展能源合作。亚太经合组织、上合组织、中国—东盟、中国—阿盟、中国—海合会等多边机制下的能源合作相对较为成熟，对区域能源合作影响很大，应在这些多边框架基础上，探索深化能源合作的方案。

2. 待时机成熟适时提出建立能源治理机制倡议

“一带一路”倡议提出后，区域合作加速发展，能源合作更是方兴未艾，成立区域能源合作治理机构看似顺理成章。2017 年，中国发出共建“一带一路”能源合作俱乐部的提议，这是一个开放性的机制，对所有国家、国际组织、金融机构、行业联盟和企业都是开放的。目前，这一提议未来的发展方向还不明晰，只是一种试探性的动作。

长期看，以“一带一路”区域在全球能源版图中的分量，有必要建立区域的能源合作机构，这既符合区域国家的共同利益，也符合全球能源治理的需要。但目前“一带一路”能源合作还较为分散，区域性能源市场远未形成，暂时以“能源俱乐部”这样较为开放的组织形式联合沿线国家，是较好的选择。可在“能源俱乐部”运行较长一段时间之后，根据各国意愿，再共同协商构建“一带一路”能源治理机制的必要性和可行性。

3. 构建若干合作机制，渐进推进区域能源合作

为更好促进能源合作，可先构建若干“一带一路”能源合作机制，以此为纽带和抓手，与沿线国家在重点领域加强合作。这些合作机制可

包括：能源交易市场机制、能源贸易和投资机制、能源过度金融化监管合作机制、能源信息沟通机制、能源企业合作机制[①]等。

二、构建能源交易市场机制

“一带一路”区域应对国际能源价格波动的能力不足，构建能源交易市场机制将推动“一带一路”区域在国际市场上形成与自身体量相匹配的能源定价话语权，巩固区域能源安全，维护区域共同利益，形成命运共同体。

（一）“一带一路”沿线区域在全球能源市场影响力较弱

近年来，世界能源市场结构发生了重大变化。从供应格局看，能源供应主体呈现多元化。从消费格局看，全球能源消费重心东移，中国、印度等新兴经济体成为主要的能源消费大国。

“一带一路”区域内集中了全球重要的能源生产和消费大国，但对于全球能源市场的影响力十分有限，应对国际能源价格波动的能力不足，即便是区域内国家之间的能源交易也是以西方交易中心能源价格为参照，没有自己的定价基准，这不利于保障区域国家利益和能源安全。

从目前最重要的全球性能源石油和天然气的市场格局来看，美国和欧洲牢牢把握着这两大市场的定价权。

国际原油市场主要有西得克萨斯中质原油（WTI）区域市场、布伦特（Brent）区域市场、中东迪拜区域市场，对应的全球影响最大的三种油品分别为WTI轻质低硫原油、Brent原油以及阿曼原油，其相对应的最活跃期货合约的上市地点均位于产地附近，分别是纽约商业交易所（NYMEX）、洲际交易所（ICE）、迪拜商品交易所（DME）。这三大交易所形成的原油期货价格是全球石油市场最为重要的定价基准。虽然中

---

① 这五大机制是基于曾培炎同志2015年6月在“博鳌亚洲论坛第三届能源资源与可持续发展会议”上提出的建立“亚洲能源资源伙伴关系”的五项建议而形成的。

东市场处于“一带一路”区域，但由于中东在石油生产上的特殊位置，这一市场的全球影响力并不能代表“一带一路”区域在全球石油市场的影响力，而且中东市场目前的原油定价体系主要适用于西方市场。除了中东地区外，“一带一路”区域其他地区对全球石油市场的影响很弱。

表 7－1　世界主要原油市场情况

市场	现货原油	期货基准价格	影响力
WTI 区域市场	WTI 轻质低硫原油	纽约商业交易所（NYMEX）	所有在北美生产或销往北美的原油都以 WTI 原油作为基准
布伦特区域市场	Brent 原油	洲际交易所（ICE）①	世界原油贸易中约有 65% 的原油以布伦特原油现货价格为基准
中东迪拜区域市场	阿曼原油	迪拜商品交易所（DME）	全球第三大原油期货合约品种，与亚洲原油对冲有很高的关联

资料来源：根据公开资料整理。

天然气国际市场主要是北美、欧洲和亚洲三大区域市场，也形成了相互独立的天然气定价体系，北美和欧洲分别拥有具有国际影响力的美国亨利中心（Henry Hub）和英国平衡点（NBP）两大天然气交易枢纽，均形成了天然气基准价格。亚洲市场缺乏有国际影响力的交易中心，天然气定价主要采取与石油挂钩的长期协议价格，其中最具代表性的是与日本清关原油价格（JCC）挂钩的定价机制，这样的定价机制导致价格不能反映本地区天然气供需关系，在一定程度上导致“亚洲溢价”问题的长期存在。

表 7－2　世界三大天然气市场情况

市场	供需情况	市场形成时间	定价基准
北美市场	自给自足	1978—1992 年	亨利中心（Henry Hub）
欧洲市场	进口占 50%	1982 年	英国平衡点（NBP）
亚太市场	大量进口	形成中	JCC 挂钩

资料来源：根据公开资料整理。

① 伦敦国际石油交易所（IPE）于 2001 年被 ICE 收购。

虽然“一带一路”沿线分布着世界上重要的能源生产国和消费国，但由于历史和地缘政治等多种因素影响，无论是原油还是天然气都未形成有效的统一市场，在国际能源市场上缺乏话语权和定价权。中国是全球最具增长潜力和活力的市场，但在全球能源治理中的话语权与市场体量不匹配，当前全球能源供需格局发生了重大变革，需要中国全方位参与全球能源治理，提升对国际能源市场的影响力。同时，在全球能源供应宽松的形势下，中国作为能源消费大国，对于能源价格的决定权极小，甚至长期处于“买什么什么涨”的怪圈，这是定价权缺失的表现。

我国提出“一带一路”倡议，要建立区域能源利益、命运共同体，对于我国在全球能源市场的话语权和定价权提出了更高的要求，没有话语权和定价权，就无法实现区域能源发展目标，而要提升全球影响力，需要通过区域能源市场，逐步扩大区域影响，融入和改变全球能源市场。

（二）能源交易市场是区域能源合作的重要基础

建立能源交易市场，形成统一的能源大市场，将推动“一带一路”区域在国际市场上形成与自身体量相匹配的能源定价话语权，巩固区域能源安全，提供区域经济发展动能，同时，对全球能源市场稳定繁荣也可以起到积极作用。

1. 获得与自身体量相匹配的能源定价话语权

区域能源交易市场建设将为供需双方提供更加公开、公平、便捷的交易方式，有效规避价格波动风险，提高交易效率。以消费中心为核心的区域能源交易平台，有助于上中下游产业的有效联通，促进沿线国家资源的高效配置和市场的深度融合，极大提高“一带一路”沿线国家在全球能源格局中的地位。

2. 为区域经济发展提供新的动能

能源是“一带一路”区域很多国家重要的竞争力，也是一些国家发展的短板，解决能源基础设施不足、能源短缺等问题，就是弥补其经济发展的短板。而建立统一的市场，形成公平的价格，对于供需双方都有利，既保障经济利益，也保障能源安全，给沿线国家发展提供新动能。

随着区域能源交易市场的建立，将在“一带一路”沿线形成多个能源生产和消费市场，涵盖能源上、中、下游产业链，包括开发中心、炼化中心和市场中心，将极大提高区域贸易和投资效率，成为区域经济发展新动能。推动沿线国家加强金融合作。各国通过在统一的区域能源市场开展油气现货交易、金融产品合约等，必然就会有资金的融通，有助于开展金融领域相关合作。

3. 推动沿线国家成为能源利益共同体

随着市场化交易规模的扩大，交易品种、产品逐步实现多样化，价格真正反映供需状况，能源供给国和消费国都将从市场化交易中获得便利和公平的收益，必然促使其加强跨国油气管网等基础设施建设，从能源合作中实现双赢。而基础设施建设一旦完成，沿线国家间的联系将更加紧密，特别是能源市场对于油气管道等基础设施的互联互通有很高的要求，有助于推动实现这些基础设施的网络化，将进一步增强国家间的贸易和投资联结，推动沿线国家成为利益共同体，甚至将对全球政治经济格局产生深刻影响。

（三）构建能源交易市场机制的核心要素

当前，构建“一带一路”能源交易市场需要两个重要抓手，一个是能源交易平台 ，另一个是国际化的货币，只有具备这两个基础要素，才能形成区域共同市场。

1. 能源交易平台

交易活跃是能源市场发达的重要标志之一，而活跃的交易则以成熟的交易平台为基础。目前，石油交易市场是历史最长，也是最活跃的能源市场。自从 20 世纪 80 年代石油期货产生后，石油的金融属性日趋明显。全球大部分的石油交易也都是通过金融市场完成的，石油市场已经成为金融市场重要的组成部分。纽约商品交易所（NYMEX）和伦敦国际石油交易所（IPE）是最有影响力的两个石油交易所，形成的石油期货价格直接影响全球石油市场定价。

天然气市场虽然不像石油市场的金融化属性这么明显，但在应对全球气候变化的背景下，天然气作为清洁能源近年来快速发展，特别是液化天然气（LNG）的发展更是打破了区域局限性，使得天然气成为全球性能源。如前文所言，天然气市场也形成了相互独立的定价体系，北美和欧洲分别拥有具有国际影响力的美国亨利中心（Henry Hub）和英国平衡点（NBP）两大天然气交易枢纽，均形成了天然气基准价格，这两大基准价格的走势是国际天然气价格的标杆。

能源交易平台发挥着能源价格信号的产生与传递，规避能源市场风险的作用，是成熟的能源市场必备的要素。虽然交易平台的出现是市场发展到一定程度的必然产物，但“一带一路”区域国家的市场成熟度差别较大，竞争性市场体系难以自发形成，通过交易平台吸引更多交易聚集，有助于提升区域市场交易的透明度，优化市场环境。

目前，“一带一路”区域不少国家在致力于建设面向区域甚至全球的油气交易平台，比如新加坡、日本和韩国等。新加坡是国际金融中心和国际原油交易中心，具备建立能源交易平台的重要基础，但由于市场规模和资源条件制约了石油和天然气现货交易量，难以在本国形成有国际影响力的油气基准价格。而日本和韩国本身市场容量有限，对于天然气消费来说，两国主要是液化天然气（LNG）市场，并不具备建立区域油气交易平台的能力。中国具备建设油气交易平台，形成区域油气基准价格的最好条件。中国既是生产大国又是消费大国，自身生产相当量的石油和天然气，同时大量进口石油、管道天然气和 LNG，中国的市场是相对完备的油气市场。目前，中国的上海期货交易所下设的上海国际能源交易中心已经准备推出原油期货。同时，中国已经建立了上海石油天然气交易中心和重庆石油天然气交易中心两家油气现货交易中心，这两家交易中心均位于“一带一路”区域的重要位置，有助于实现区域能源市场的相互联通，形成统一市场。

2. 国际化的货币

区域统一的能源市场的建立离不开国际化的货币作为支撑。全球重要的石油市场、天然气市场都在美国和欧洲，而美元、英镑和欧元恰恰是最重要的全球性货币。关于能源与货币之间的关系，最鲜明的例子就是“石油美元”了。上世纪 70 年代，随着布雷顿森林体系的瓦解，美元与黄金正式脱钩，但美元却没有因此丧失其全球影响力，根本原因在于美国与沙特签订协议，约定石油继续以美元计价交易。沙特等石油输出国获得美元之后，又将美元投回美国，通过购买国债等方式进行投资，实现了美元回流美国，使得美元保住了国际货币的地位。

目前“一带一路”区域的能源交易和投资大多仍是以美元作为交易货币的，这不利于交易双方有效防范金融风险、降低交易成本。随着人民币加入 SDR，以及人民币离岸市场的建设，人民币的国际影响力显著提升，未来人民币成为国际货币指日可待。俄罗斯在 2014 年签署的中俄天然气协议（东线）将全部采用人民币结算，中东卡塔尔也建立了人民币清算中心，沙特加快了与中国合作步伐，人民币作为石油结算货币的可能性加大，这都将提升人民币的国际货币地位。

“一带一路”倡议与人民币国际化战略具有内在一致性，而能源将是这两大战略协同发展、相互促进的重要工具。中国与区域国家的能源贸易占比非常大，人民币国际化有利于加强沿线国家之间的货币流通，提高区域内使用人民币的比例，将为沿线国家构建金融安全锚，维护区域经济金融稳定。把人民币打造成稳定可靠的国际货币，是中国希望向全球和区域提供的重要公共物品，也是中国作为世界第二大经济和最大发展中国家的责任。这不仅符合中国国家利益，也符合区域国家对于全球金融稳定和经济发展的要求，是对现行世界经济秩序和国际货币体系的完善。

（四）推动建立能源交易市场的可行路径

“一带一路”区域无论是能源市场还是金融市场的发达程度都难与西方相比，因此，区域能源交易市场的建立不会一蹴而就，需要逐步推动。

1. 加强油气交易平台建设，增强全球定价权

稳步推进上海国际能源交易中心原油期货交易，加强与新加坡原油交易所、香港国际石油交易所等较为成熟平台合作，逐步扩大对“一带一路”区域原油交易定价影响力。

明确上海石油天然气交易中心和重庆石油天然气交易中心的定位，建成面向“一带一路”区域的天然气交易平台。前者以 LNG 和管道气现货交易为主，后者则以管道气中远期交易为重点，开发现货选择权产品。鼓励在天然气高消费和基础设施相对完备的地区建立天然气交易中心，通过竞争最终形成面向“一带一路”区域的天然气基准价格。可与新加坡或俄罗斯等国合作开发区域天然气价格指数。

2. 加大能源合作中人民币使用，推进人民币国际化

在能源合作中逐步拓宽人民币国际支付范围，在能源贸易中提高人民币计价结算比例，扩大国际影响力。

目前来看，中国重要的能源合作伙伴中，俄罗斯和中亚五国对人民币的接受程度相对更高，可协商在交易中加大人民币结算比例。同时，可充分发挥中哈霍尔果斯国际边境合作中心（以下简称“中哈合作中心”）的作用。中哈合作中心作为“一带一路”核心区的重要支点，应充分发挥其“境内关外”的地缘优势和全国最优惠的跨境人民币结算政策，建设以中亚地区为目标的离岸金融市场，加快人民币向西走出去

的步伐。

稳妥处理与中东国家的能源合作关系，逐步扩大人民币结算比例。由于石油美元的传统及美国在中东的战略利益，中国在与中东国家合作推动人民币结算的过程中，要兼顾与美国等西方国家的关系。

发展人民币离岸市场，为人民币的汇率风险提供释放渠道。继续发挥中国香港作为最大人民币离岸市场的优势，丰富和完善人民币业务，适当放宽人民币回流渠道。与此同时，将中哈合作中心打造成为重要的人民币离岸市场，与香港、伦敦市场互为补充。

充分发挥亚投行和丝路基金的作用，引导“一带一路”国家选择使用人民币结算，增加人民币的流通。

通过发展能源期货市场，为进出口商提供必要的风险管理手段，进一步促进人民币使用的积极性。

3. 借助现有机制，根据现实条件，分区域推进能源市场建设

“一带一路”能源交易市场建立应借助现有合作机制，根据各区域现实条件，逐层推进。如在亚太经合组织、中国—东盟“10+1”框架下，探索区域交易平台建设的有效路径，加强对话合作，发挥各自优势；在上合组织、中亚区域经济合作、大湄公河次区域经济合作框架下，讨论人民币结算和离岸人民币市场建设，以及区域能源安全和市场稳定等问题；在中阿合作论坛、中国海合会战略对话等多边机制下，推动中国与中东能源关系发展，制定综合应对能源供应风险的有效策略，以及推动石油期货市场发展等方面的合作。

4. 加强政策沟通，共同致力于区域市场的建设

区域能源市场建设可以有效降低沿线各国能源治理成本，保障区域能源共同安全。为实现区域市场建设这一目标，各国需要采取更加积极的行动，在“一带一路”框架下加强国际合作，同时推进国内相关领域的改革，包括提高政策的透明度，放开对能源市场的过度管制，鼓励市场竞争，加强金融市场建设。

三、构建能源贸易和投资合作机制

“一带一路”沿线国家之间开展能源合作多为双边合作，即使在上合组织等多边框架下的许多能源项目仍然是依靠双边方式解决。“一带一路”是沿线国家开展能源合作的重要平台，未来多边合作会越来越多，需要制定适应多边合作模式的区域能源贸易和投资准则，优化区域贸易和投资环境，提高合作效率，降低合作风险。

（一）能源贸易和投资缺乏有约束力的区域协议

据统计，我国与“一带一路”沿线 64 个国家共签署约 2000 项双边、多边协定，其中部分涉及能源合作相关内容，这些双边或多边协定大致有三类：一是多边或双边的总体合作协定，其中涉及能源条款。如《中国与东盟全面经济合作框架协议》。二是双边投资协定，由于能源投资是重要领域，因此大多双边协定会涉及能源合作内容。目前我国与“一带一路”沿线 64 个国家中的 51 个国家签订了双边投资协定（如表 7－3 所示）。三是专门针对能源领域的合作协定，比如中缅油气管道运输协议等。

从我国签订的各种协定来看，关于能源专项合作协议多为双边协定，而且往往针对专门项目，比如油气管道的建设运输等。其他国家的情况也大致如此。另外，“一带一路”沿线国家中，欠发达国家较多，这些国家本身国内的能源立法较为落后，对于投资国来说存在较大风险，双边协定中也只是就某些领域规定，为全面开展贸易和投资合作留下了隐患。随着“一带一路”建设的深入，考虑到能源在“一带一路”区域的重要地位，未来建立区域性能源贸易和投资准则，解决能源合作合法性问题，符合区域内国家共同利益。

表 7-3　“一带一路”沿线国家与我国签订双边投资协定情况

区域	“一带一路”沿线国家	已与我国签订对外投资协定	协定国家数量
东北亚（2）	俄罗斯、蒙古国	俄罗斯、蒙古国	2
中亚（5）	哈萨克斯坦、乌兹别克斯坦、土库曼斯坦、塔吉克斯坦、吉尔吉斯斯坦	哈萨克斯坦、乌兹别克斯坦、土库曼斯坦、塔吉克斯坦、吉尔吉斯斯坦	5
东南亚（11）	新加坡、马来西亚、印度尼西亚、缅甸、泰国、老挝、柬埔寨、越南、文莱、菲律宾、东帝汶	新加坡、马来西亚、印度尼西亚、缅甸、泰国、老挝、柬埔寨、越南、菲律宾	9
南亚（7）	印度、巴基斯坦、孟加拉国、斯里兰卡、马尔代夫、尼泊尔、不丹	印度、巴基斯坦、斯里兰卡	3
西亚北非（20）	伊朗、伊拉克、土耳其、叙利亚、约旦、黎巴嫩、以色列、巴勒斯坦、沙特阿拉伯、也门、阿曼、阿联酋、卡塔尔、科威特、阿塞拜疆、格鲁吉亚、亚美尼亚、阿富汗、埃及、巴林	伊朗、土耳其、叙利亚、黎巴嫩、以色列、沙特阿拉伯、也门、阿曼、阿联酋、卡塔尔、科威特、阿塞拜疆、格鲁吉亚、亚美尼亚、埃及、巴林	16
中东欧（19）	波兰、立陶宛、爱沙尼亚、拉脱维亚、捷克、斯洛伐克、匈牙利、斯洛文尼亚、克罗地亚、波黑、黑山、塞尔维亚、阿尔巴尼亚、罗马尼亚、保加利亚、马其顿、乌克兰、白俄罗斯、摩尔多瓦	波兰、立陶宛、爱沙尼亚、捷克、斯洛伐克、匈牙利、斯洛文尼亚、克罗地亚、塞尔维亚、阿尔巴尼亚、罗马尼亚、保加利亚、马其顿、乌克兰、白俄罗斯、摩尔多瓦	16
合计	共 64 国		51

资料来源：根据商务部网站及公开资料整理。

（二）能源贸易和投资准则是区域能源合作的重要保障

国际上比较成熟的能源贸易和投资准则是能源宪章条约（Energy Charter Treaty，ECT）。ECT 最初是从欧洲能源宪章发展而来的，签订于 1994 年，是国际能源领域具有法律约束力的多边条约，被称为能源界的 WTO，包括了投资保护、能源贸易和运输保护、能源效率和争端解决机制几大方面准则。成员有能源生产国、消费国和过境国。ECT 是能源领域首个有约束力的促进和保护外国投资的多边协议，也是首个提出能源跨境运输详细规则的多边文件。"一带一路"沿线国家中属于 ECT 缔约方的共有 29 个（如表 7－4 所示）。2015 年 5 月，中国签署了能源宪章宣言修订版，并成为能源宪章会议的签约观察员。ECT 有效保障了成员国之间开展能源贸易和投资的权益，如遇贸易争端，也可得到有效解决。

表 7－4 "一带一路"沿线国家签署 ECT 情况

区域	"一带一路"沿线国家	《能源宪章条约》缔约方	缔约方数量
东北亚（2）	俄罗斯、蒙古国	俄罗斯、蒙古国	2
中亚（5）	哈萨克斯坦、乌兹别克斯坦、土库曼斯坦、塔吉克斯坦、吉尔吉斯斯坦	哈萨克斯坦、乌兹别克斯坦、土库曼斯坦、塔吉克斯坦、吉尔吉斯斯坦	5
东南亚（11）	新加坡、马来西亚、印度尼西亚、缅甸、泰国、老挝、柬埔寨、越南、文莱、菲律宾、东帝汶	—	0
南亚（7）	印度、巴基斯坦、孟加拉国、斯里兰卡、马尔代夫、尼泊尔、不丹	—	0
西亚北非（20）	伊朗、伊拉克、土耳其、叙利亚、约旦、黎巴嫩、以色列、巴勒斯坦、沙特阿拉伯、也门、阿曼、阿联酋、卡塔尔、科威特、阿塞拜疆、格鲁吉亚、亚美尼亚、阿富汗、埃及、巴林	土耳其、阿塞拜疆、格鲁吉亚、亚美尼亚、阿富汗	5
中东欧（19）	波兰、立陶宛、爱沙尼亚、拉脱维亚、捷克、斯洛伐克、匈牙利、斯洛文尼亚、克罗地亚、波黑、黑山、塞尔维亚、阿尔巴尼亚、罗马尼亚、保加利亚、马其顿、乌克兰、白俄罗斯、摩尔多瓦	波兰、立陶宛、爱沙尼亚、拉脱维亚、捷克、斯洛伐克、匈牙利、斯洛文尼亚、克罗地亚、波黑、阿尔巴尼亚、罗马尼亚、保加利亚、马其顿、乌克兰、白俄罗斯、摩尔多瓦	17
合计	共 64 国		29

资料来源：根据公开资料整理。

制定"一带一路"能源贸易和投资准则是区域能源合作的重要保障。一是解决跨境贸易问题。当前"一带一路"的能源合作不仅是供应和需求两国，还涉及第三国，即过境国，而目前双边协定无法解决跨境带来的风险问题。二是建立争端解决机制。能源投资和贸易中出现争端在所难免，没有必要上升到外交层面，如果有完善的争端解决机制，只需要企业之间依法解决即可，极大降低对两国关系的影响。在全球范围内解决能源贸易争端的功能并不健全，在“一带一路”区域开展有效的能源贸易和投资争端解决机制的尝试，对全球能源治理改革有重要推动。三是推动沿线国家完善自身能源立法和执法等相关工作。从国内看，随着海外能源贸易和投资大幅度增加，相关贸易争端及跨境运输问题也日益突出，而我国尚缺乏相关法律框架来保障海外能源投资的安全。其他沿线国家也是同样的状况。

（三）制定能源贸易和投资准则的可行路径

“一带一路”区域内国家之间对外能源合作将由双边走向多边，制定好多边治理的相关规则，符合“一带一路”开放合作、互利共赢精神。

1. 充分利用已形成的能源合作成果

利用好“一带一路”国家之间双、多边协定中与能源合作相关的不同层级、不同效力的条款。加强沿线国家国内能源政策沟通，共同讨论适应“一带一路”国家能源合作水平的贸易规则，建立区域统一标准，建立更多的贸易投资便利化安排。推动上合组织、中国—东盟、中国—海合会等重要多边机制将能源贸易和投资准则纳入重点讨论议题。

2. 在尊重各国意愿基础上，加强与 ECT 合作

ECT 是目前最成熟的有法律约束力的多边能源条约，是制定“一带一路”能源贸易和投资准则的重要参照。中国不是 ECT 的正式成员国，是签约国，但中国正在积极参与相关工作。中亚国家大都为 ECT 成员国，东南亚等沿线国家则对加入 ECT 持观望态度，应充分尊重各国意愿，加强与沿线 ECT 成员国的沟通，也了解 ECT 非成员国的诉求，共同探讨 ECT 对于“一带一路”能源合作可借鉴的规则。

3. 适时提出构建“一带一路”能源贸易和投资准则的倡议

随着区域能源合作规模日益扩大，市场逐步形成，可适时向沿线国家发出倡议，共同制定符合区域能源合作特点的贸易和投资准则，推动完善能源国际合作制度框架。中国作为区域内能源大国，应以构建包容性的区域贸易和投资关系为目标，在制度构建中发挥积极作用。

四、构建能源过度金融化监管合作机制

能源市场过度波动对于能源生产国和消费国都是不利的，国际社会已经就此达成了共识，能源生产国、消费国和过境国在促进全球和地区能源安全方面有着共同利益。

（一）维护能源市场价格稳定符合能源供应国和消费国的共同利益

自上世纪70年代石油期货产生以来，石油的交易越来越多在金融市场上完成，石油的金融属性越来越明显，如今石油期货已经成为世界上最大的货物期货产品。除石油外，煤炭、天然气甚至碳排放都具有明显的金融属性，国际能源市场已经成为国际金融市场重要的组成部分。正是因为能源商品的金融化导致大量资本纷纷进入能源市场，投资者大肆炒作，牟取巨额利润，多次引起能源价格的剧烈波动。能源市场过度波动对于能源生产国和消费国都是不利的，各国都已经意识到这一问题。

对于能源供应国来说，稳定的能源市场有利于其获得长期稳定的收益。虽然能源价格处于高位时，可以极大增加能源供应国收入，但价格大幅波动对于能源供应国国内经济健康发展是不利的。由于能源市场具备金融属性，价格并不反映真实的供求水平，如果任由各种炒作推高能源价格，能源供应国将承担不必要的金融风险，也会引来国际社会的政治压力。能源价格保持合理水平，有利于供应国获得长期稳定的市场需

求，从而促进其经济持续增长，提高社会福利水平。

对于能源消费国来说，稳定的能源市场有利于其国内经济的平稳发展。当前能源消费大国主要是新兴经济体，比如中国、印度等，每年全球新增能源消费量大都发生在这些国家。这些新兴经济体处于经济高速发展期，国内能源基础设施有所改善，能源需求增长较快，如果能源价格大幅上涨，将会增加这些国家输入性通胀压力，影响其经济平稳增长，进而影响他们对全球经济增长的贡献。

（二）能源过度金融化的国际治理机制

国际金融危机爆发前，国际原油市场过度投机导致价格高位震荡问题就已十分突出，当年美国原油市场价格上涨因素中超过 70% 是由投机推动的。国际社会对此高度关注，2009 年 G20 匹兹堡峰会明确提出，加强监管大宗商品衍生品市场和金融市场，以降低金融风险。具体措施包括：提高能源市场透明度和稳定性。完整、准确、及时公布生产消费，炼化和库存数据。各国加强收集能源数据和预测能源需求的能力。加强生产国和消费国之间的对话以改善对市场基本面包括供需趋势和价格波动的理解。加强对石油期货市场的监管，落实国际证监会组织（IOSCO）对大宗商品期货市场的建议。呼吁监管当局收集国内大宗商品期货市场关于石油交易商头寸大规模集中的数据。要求监管当局收集场外石油商品交易相关数据，采取措施打击导致油价过度波动的市场操纵行为。进一步改善和提高商品市场信息，包括公布更详细的分类数据，进行尽可能广泛的国际协调。要求国际证监会组织帮助各国政府规划和落实这些政策，对价格过度波动等进行进一步分析，提出具体建议，定期报告进展。

欧美等国除了自身加强对能源市场过度金融化监管，也在 G20 合作监管框架下推进全球协调监管。2012 年，美国、欧盟、巴西、澳大利亚、加拿大等国联合发布了《能源场外市场跨国监管准则与协调监管共同宣言》。

（三）加强能源过度金融化监管合作的可行路径

虽然近年来全球能源供应较为充裕，但在“一带一路”能源合作过程中，各国仍要加强金融市场和能源市场的监管合作，防止能源市场过度金融化导致价格偏离供求关系，维护能源市场的稳定。

1. 加强对能源市场过度金融化的国内立法

欧盟和美国对于能源市场过度金融化监管都有明确法律授权。欧盟已初步建立了对大宗商品市场过度金融化监管的法律框架，重点监控大宗商品场外衍生品以及对大宗商品衍生品产生直接影响的金融市场。美国的《多德—弗兰克法案》是美国对能源市场实施治理和监管的关键法律依据。“一带一路”沿线无论是能源生产国还是消费国，都需要价格相对稳定的市场环境，加强国内立法，保障本国市场稳定，也有利于区域能源贸易和投资的顺利开展。各国加强政策沟通，共同增强区域内市场稳定性，防止出现市场操纵，降低市场不确定性风险。

2. 加强沿线国家监督合作，建立预警机制

加强 IOSCO 的职责，开展更多金融监管的协调与合作。加强对能源衍生品市场的金融监督机制，及时发现对市场的投机和操纵价格行为。推行能源衍生品交易合同标准化，实施透明度高和操作简易的标准化期货合同。推动多边金融监管合作，逐步在区域内和全球范围内建立高效监管协调机制。

完善风险应对和危机处置制度安排，构建区域性金融风险预警系统，形成应对跨境风险和危机处置的交流合作机制。加强征信管理部门、征信机构和评级机构之间的跨境交流与合作。

3. 推行人民币结算业务

由于我国在全球能源市场的体量很大，有着大量的货币交易结算需求，在自己的油气交易平台上积极推行人民币结算业务，既有助于推进国际社会接纳人民币结算，加速人民币国际化步伐，也可规避能源过度

金融化带来的风险。同时，鼓励国内能源企业更多参与国际能源金融市场，推动能源交易中人民币结算份额，逐步拓宽人民币国际支付范围。

五、构建能源企业合作机制

企业是“一带一路”倡议下各国能源合作的最重要的主体，加强各国企业间的跨区域合作，对于各国的能源产业的发展和能源产业链条的扩展有着积极的推动作用。

（一）企业能源合作的广度和深度不断扩展

国家发展和改革委员会、国家能源局联合发布的《推动丝绸之路经济带和21世纪海上丝绸之路能源合作愿景与行动》中，提出鼓励企业以直接投资、收购并购、政府与社会资本合作模式（PPP）等多种方式，深化能源投资合作。加强金融机构在能源合作项目全周期的深度参与，形成良好的能源“产业+金融”合作模式。

“一带一路”倡议提出3年来，能源企业与沿线国家开展了各种形式的合作，取得了丰硕成果。据统计，共有47家企业投资或共建了1600多个项目。其中在能源基础设施建设方面，我国企业在“一带一路”沿线20多个国家投资建设了油气、电源、输变电等领域的60多个能源项目。中国石油、中国石化、中国海油为主的中国石油企业已在海外50多个国家拥有200多个油气投资项目。特别是开展了广泛的油气贸易、工程服务与石油装备产能合作，形成了上中下游完整产业链，扩大了合作的深度和广度，深化了利益融合。

除了央企是海外能源合作的主力军，“一带一路”倡议下，近几年民营资本海外油气投资发展迅速。尤其是2014年国际油价大幅下跌后，民营企业充分利用其机制灵活的优势，积极参予到海外油气资源布局中，在开拓海外能源市场上表现出不俗的实力。2016年12月20日，中国华信能源有限公司完成对哈萨克斯坦国家石油天然气公司控股的哈石油国际（KMGI）的收购。广汇能源股份有限公司下属的新疆广汇石油有限公司，早在2009年已进入海外上游油气领域，收购了哈萨克斯坦斋桑油气田综合开发项目，目前持有该气区块52%的权益。洲际油气股份有限公司从2014年开始相继在哈萨克斯坦收购马腾公司和克山项目，前后投资近10亿美元。民营企业机制灵活，运行高效，在海外投资中政治阻力较小，是与沿线国家的企业和组织建成利益共同体的重要力量。

（二）构建能源企业合作机制的可行路径

企业是“一带一路”的实施主体，在政府层面达成共识的同时，需要各国企业和相关机构加强务实合作，形成上下游、跨行业、金融资本与实业资本之间的利益共同体，推动实现能源合作目标。

1. 打造“一带一路”长期合作伙伴

“一带一路”沿线国家经济发展水平差异较大，能源产业和能源企业处于不同发展阶段，为促进能源企业合作实现互利共赢，对于不同的国家应采取灵活的合作方式。在一些能源基础设施建设不足、能源供应严重短缺的国家，可在双方自愿情况下，以中国企业为主导开展双边或多边合作，以尽快帮助这些国家完成基础设施建设等工作。在与资源国或能源基础较好的国家合作时，应以打造长期合作伙伴为主要目标，可以与沿线国家的企业通过合资合营等形式，成立跨国公司，结成长期合作关系，致力于打造能源利益和命运共同体。

2. 协商成立国际能源企业联盟

通过成立国际能源企业联盟，打造“一带一路”能源企业交流合作平台。对相关企业可以采取开放的加盟方式，吸引更多企业响应参与“一带一路”沿线能源合作，针对“一带一路”沿线国家的能源需求提供企业服务。促进各国间开展能源装备和工程建设合作，共同提高能源全产业链发展水平，实现互惠互利。开展能源领域高端关键技术和装备联合研发，共同推动能源科技创新发展，深化能源各领域的标准化互利合作等。

3. 加强与各国金融机构合作

加强各种双多边开发开放性金融机构（如亚投行、丝路基金、金砖国家开发银行等）、政策性和商业金融机构之间的投融资合作，进一步扩大人民币跨境收付结算规模，支持维护多边金融稳定。吸引国际资本参与“一带一路”建设，拓展融资渠道，创新融资模式。

4. 创新商业合作模式

在“一带一路”能源合作中，充分利用“互联网 +”、跨境电子商务、商产融结合等跨境投资贸易新模式，实现传统业态与新业态的互利合作和深度融合。

六、构建能源信息交流共享机制

“一带一路”沿线各国信息统计发布机制不完善，市场透明度不高，存在行政干预或垄断等问题，导致国际合作效率低下。建立能源生产国与消费国的信息沟通机制，提高能源资源交易的透明度，是加强能源国际合作的基础。

（一）建立能源生产国与消费国之间的信息交流共享机制是国际能源治理的重要内容

建立信息交流共享机制是全球治理的重要内容，而数据发布则是信息沟通的重要抓手。增强各国数据的透明度是近年来全球治理改革中非常重视的问题。能源数据透明度多次出现在 G20 能源会议和 G20 峰会公报中。2009 年 G20 就提出数据缺口倡议（DGI），目的是促进各国高质量统计数据的定期交流，提高数据可比性，改进数据质量、完整性、及时性、频率和可靠性等。我国作为 G20 成员国，参与了 G20 的数据缺口倡议，并采取了一系列措施加强统计体系和提高数据透明度，近年来，在发布更及时和更全面的统计数据方面取得了重要进展。

在国际能源治理中，数据发布和共享也是消除误解、加强合作的关键手段。国际能源论坛（IEF）作为重要的全球能源治理机制，发布联合石油数据倡议（JODI）是最重要的成果之一，中国一直以来都没有公布石油库存数据，在2014年G20领导人峰会上，习近平主席宣布中国将根据G20达成有关数据透明度的共识，定期发布石油库存数据。近期IEF已将“联合数据计划”从石油拓展至其他能源，深化能源数据互换共享，不断提高全球能源市场透明度。

（二）建立信息交流共享机制的可行路径

真实的信息对于减少价格非理性波动，稳定交易主体信心非常重要。“一带一路”区域国家多存在统计数据口径不一、准确性低、更新慢等问题。提供真实有效的信息，建立起信息交流共享机制，无论是对区域市场还是全球市场，都是重要贡献。

1. 设立“一带一路”信息通报机制

参照目前国际能源机构的标准，完整、准确、及时公布各类能源生产消费，炼化和库存数据。同时，可设立“一带一路”能源数据发布机制，加强对数据的分析研究，为沿线各国提供数据研究成果，搭建国际性的研究网络。成立“一带一路”能源交易数据库。加强对需求预测，引导合理消费，保障市场供应稳定。加强对全球能源市场的预测预警，为沿线国家提供及时、准确的能源情报分析。

2. 加强沿线国家数据统计的能力建设

“一带一路”沿线部分欠发达国家能源统计体系还不健全、不完善，与西方能源数据体系不具备完全的可比性。一方面，各国要自觉加强自身收集能源数据和预测能源需求的能力；另一方面，相关国际组织和国家要帮助欠发达国家加强数据统计分析的能力建设，通过改善能源统计数据质量，增加可比性，提升国际合作效率。

3. 利用博鳌亚洲论坛平台，开展供需双方对话

博鳌亚洲论坛平台是亚洲各国广泛参与的交流平台，通过加强对话减少生产国和消费国之间信息不对称，增强对能源市场发展的共识。

4. 与 APEC 在能源信息和研究等领域加强合作

APEC 是“一带一路”区域最为综合性的国际治理机构，包括了沿线最多国家与地区，虽由日本主导，但每年发布区域能源展望报告，可依托其优势，加强合作，在能源信息共享、各国能源政策沟通等方面加强合作，对于提高 APEC 的影响力也有助益。

七、保障措施

为实现“一带一路”能源合作致力打造开放包容、普惠共享的能源利益共同体、责任共同体和命运共同体的目标，需要建立“一带一路”能源合作的保障机制。

（一）加强顶层设计，完善合作总体战略

1. 在能源外交中践行正确的义利观

我国在全球治理中地位越来越重要，国内能源需求增速放缓，转型升级要求迫切，在此背景下，我国能源对外合作的思路要进行根本性转变，不再以获取能源资源为目标，作为负责任大国，要践行正确的义利观，以解决区域国家能源短缺状况，参与全球能源治理改革为目标。在这一目标和战略指引下，我国“一带一路”能源合作要在能源伙伴关系框架下，开展多层次、多样化能源外交，在不涉及国家核心利益问题上多让利给沿线欠发达国家，只有合作促进了其经济社会可持续发展，才能为我国赢得广泛信任，保障“一带一路”建设具有持久生命力。同时，要提高熟练运用国际能源规则的能力，未来需要更熟练、灵活地运用国际法律规则解决能源领域的贸易争端。

2. 适时建立“一带一路”能源合作机构

我国要制定参与全球和区域能源治理改革的总体战略，提出中国的主张。除了加强与全球和区域能源组织合作外，考虑到“一带一路”区域国家在全球能源治理中处于弱势地位，随着区域在国际能源市场中的地位越来越重要，共同提高话语权和议价能力，保障区域能源安全，符合“一带一路”区域各国的共同利益，在适当时机，可联合沿线能源生产国、消费国和过境国共同发起成立“一带一路”能源治理机构，更好地推进区域能源治理改革。

3. 制定重大项目合作规划

充分了解“一带一路”沿线国家能源发展规划，基于各方共同利益，将那些对于改变区域整体能源状况最有帮助的项目作为重点项目。对影响重大的能源项目和基础设施做好战略性规划。

（二）建立以企业为主体的风险防范机制

1. 防范政治风险

国家间的政治互信和紧密的伙伴关系是双方或多方合作顺利达成的重要保障。“一带一路”沿线很多国家政局相对不稳定，没有国家之间的政治互信，企业投资风险是极大的。以中亚五国为例，中亚国家对于中国良好的政治信任是合作的重要基础。通过中国领导人访问，推动中亚国家间暂时放下发展不平衡、领土纠纷等问题，共同展开油气合作，保证了我国在中亚能源合作连续取得突破性进展。在一些战略性项目合作上，政府要作为项目先行者和支持者，通过外交等方式，将企业面临的政治风险降到最低。

2. 防范商业风险

企业是对外投资的主体，也应是风险防控的主体。对于企业来说，对海外投资国和投资地的尽职调查是最为重要的防范风险的手段。尽职调查既包括常规的评估市场环境、法规、习俗、文化，也包括对这个国家适用的国际投资保护条约、争端解决机制等，这些情况应该充分体现在双方或多方的合同中。

多年来，我国能源企业海外投资一直以获取海外能源以满足国内发展需要为目标，战略利益大于商业利益。但随着能源对外合作思路转变，企业海外投资要以盈利能力为核心指标，同时，也只有将解决投资国和投资地能源供给不足问题作为重要考量，才有助于企业更好管控风险。我国企业也要通过对外投资，提高自身识别风险、抵御风险的能力，真正成长为跨国公司。

3. 防范环境风险

“一带一路”沿线国家资源丰富，但生态环境相对脆弱，企业投资过程必须高度重视环境风险。能源开发与生态环境保护之间发生纠纷的国际案例不胜枚举。目前，绝大多数国际金融机构都自愿接受赤道原则约束，也就是商业机构在发放贷款时会对项目进行环境影响评价，以此降低利用金融杠杆控制资金运用中的环境风险。企业要做好项目的环境影响评价，以避免在项目运行过程中出现金融机构停贷、撤资等问题，或在投资国引发抗议等，将给企业造成不可挽回的后果。

（三）完善投融资机制，合理设计融资方案

“一带一路”沿线国家基础设施比较落后，特别是能源投资的资金需求都非常庞大，因此，合理设计融资方案是“一带一路”能源合作的重要保障。

1. 利用好现有的政策性融资机制

亚洲基础设施投资银行、丝路基金是“一带一路”建设重要的金融支持机构。除此，上合组织银联体、中亚区域经济合作机制、金砖国家新开发银行都可为“一带一路”能源合作提供资金支持。鼓励各国政策性金融机构、出口信用机构加强合作，为“一带一路”能源合作提供政策性金融支持，发挥融资促进和风险分担作用。

2. 鼓励直接融资方式

应该鼓励信用资质较好的境内投资者、外国政府、境外金融机构、外资企业，或联合组建项目投资主体，发行债券。同时，需要开发创新型金融产品。可借鉴发达国家的金融创新成果，将标的物收益证券化，开发贷款证券化、资产证券化等创新金融产品，提供满足项目需求的多样化的直接融资工具和金融产品。发展沿线国家的本币债券市场和股权投资市场，以扩大长期融资来源，并降低货币错配风险。

3. 通过 PPP 模式鼓励私人资本参与

由于能源合作项目融资规模大，期限长，短期回报率低，私人资本难以参与。政府可通过 PPP 模式鼓励私人资本参与，同时给予税收优惠、贷款担保，以长期潜在收益作为回报，吸引私人资本参与投资。

（四）重视人才培养，加强能力建设

国际视野的专业机构和人才是“一带一路”能源合作的重要支撑。

1. 联合开展人才培养

提升能源研究机构质量，针对不同功能定位，组建更有针对性的研究团队，为深化国际能源合作提供人才和组织基础。加强国内研究机构与国外机构的合作，培养具有国际化视野和专业研究能力的人才。推动企业制定能源国际合作人才发展规划，加快培养高素质国际人才队伍。与“一带一路”沿线国家加强人才培养方面的合作，利用援外资金对重点合作国家政府和企业人员开展定期交流和培训。建立境外人才培训机构，注重本地人才培养。

2. 加强智库交流，推进合作研究

加强能源国际合作智库建设，加大我国能源智库与沿线国家相关智库的合作与交流，扩大共识；设立能源研究基金，支持沿线国家开展能源战略、规划等相关问题研究；鼓励我国智库与沿线国家智库建立合作关系，合作开展研究，交流互访，推动政府和企业间合作。

参考文献

[1] 梁琦，朱跃中，刘建国．加强国际合作 维护国家能源安全［J］．中国能源，2015（3）．

[2] 陈文玲．在建设亚洲能源大市场框架下推动全球能源资源合作的战略思路［J］．南京社会科学，2017（1）．

[3] 唐新华．亚洲能源一体化，打造“一带一路”高质量增长引擎［J］．瞭望，2017（20）．

[4] 中国社会科学院数量经济与技术经济研究所．“一带一路”战略：互联互通 共同发展［J］．国际石油经济，2015（8）．

[5] 丁铎．完善中国与东盟国家能源合作的制度框架与机制平台．http：//www. nanhai. org. cn/index. php/Index/Research/review_ c/id/187. html.

[6] 单文华，王鹏，王晗．“一带一路”建设背景下中国加入《能源宪章条约》的成本收益分析［J］．国际法研究，2016（1）．

[7] 周念林，肖红．能源市场过度金融化监管改革［J］．全球瞭望，2014（14）．

[8] 崔明．大宗商品金融化的动因、争议与启示［J］．现代管理科学，2012（12）．

[9] 范必，王军，曾少军，等．建立全球大宗能源资源市场治理机制［J］．宏观经济管理，2012（4）．

[10] 王震．能源合作在建设中的引领示范作用［J］．学术前沿，2017-05.

[11] 史丹，侯建朝．中国和东盟能源行业的互补性格局研究［J］．中外能源，2016（8）．

[12] 王海燕．构建丝绸之路经济带多边能源国际合作机制的探讨［J］．国际经济合作，2016（12）．

[13] 陆如泉，赵晓飞，苏敏，等．打造“一带一路”油气合作

2. 0 版本［J］. 国际石油经济，2015（11）.

［14］潜旭明．“一带一路”战略的支点：中国与中东能源合作［J］. 阿拉伯世界研究，2014（3）.

［15］高世宪，梁琦，等．丝绸之路经济带能源合作现状及潜力分析［J］. 中国能源，2014（36）.

第八章 “一带一路”沿线能源合作重大项目布局

建设“丝绸之路经济带”和“21 世纪海上丝绸之路”（简称“一带一路”），是我国主动应对全球形势深刻变化、统筹国内国际两个大局作出的重大战略决策。依托“一带一路”深化国际能源合作，对推进我国新一轮对外开放、开拓海外市场，为我国能源企业走出国门提供了不可多得的契机。本章主要围绕“一带一路”沿线能源合作的机遇展开分析研究，提出“一带一路”沿线能源合作重大项目布局的思路。

一、中亚跨国油气管道建设

中亚地区油气资源丰富，石油和天然气探明储量分别占世界的 1.9% 和 13.3%，中亚与我国陆路相通，是我国较为理想的进口管道油气资源地，加大中亚—中国油气管道建设对于维护油气资源国和消费国的共同利益十分重要，有利于保障我国能源安全。

中国与中亚能源合作采取以管道运输为主的供给模式。管道作为双方能源合作最重要的运输载体，主要包括已建或在建的中哈原油管道（输油能力 1000 万吨/年）、中国—中亚天然气管道（A、B、C、D）四线（输气能力 850 亿立方米/年）、西部原油管道成品油管道网，以及规划中的中巴、中吉管道和中俄西线管道。其中，中亚天然气管道项目是党中央、国务院决策建设的具有重大意义的战略工程，是我国第一条引进境外天然气资源的跨国能源通道，也是开始纳入“一带”内容的主要设计之一。详见表 8 - 1。

表 8-1　中国—中亚油气管道建设项目基本情况

项目	起点	途经国家	终点	长度（km）	投产时间	设计能力
中哈原油管道	哈萨克斯坦阿特劳	哈萨克斯坦	新疆阿拉山口	2800	2006 年	2000 万吨
天然气 A、B 线	阿姆河右岸的土库曼斯坦、乌兹别克斯坦边境	乌兹别克斯坦、哈萨克斯坦	新疆阿拉山口，与西气东输二线相连	10000	A 线：2009 年 12 月 B 线：2010 年 10 月	300 亿立方米/年
天然气 C 线	乌兹别克斯坦边境格达依姆	乌兹别克斯坦、哈萨克斯坦	新疆霍尔果斯，与西气东输三线相连	1830	2014 年 5 月	250 亿立方米/年
天然气 D 线	土库曼斯坦复兴气田	土库曼斯坦、乌兹别克斯坦、塔吉克斯坦、吉尔吉斯斯坦	新疆乌恰，与西气东输五线相连	1000	2016 年	300 亿立方米/年

资料来源：根据公开资料整理。

随着中亚区域范围内各国能源合作力度的加强，油气资源等跨国运输规模的扩大，应稳步推进跨国油气管道建设的多边合作机制。首先，应进一步巩固中国在哈萨克斯坦的合作基础，2018—2019 年，敦促哈方落实管道油源，结合中哈原油供需情况，推进中哈原油管道二期项目建设；重点参与哈国油气全产业合作，依托中哈原油管道的优势，扩大中哈原油合作规模，同时将中哈原油管道向西拓展，与哈萨克斯坦里海港口的油气田管网相连，将原来通过里海国际石油管线从里海港口销售到欧洲的原油输往中国。其次，发挥和延伸区域合作组织的功能，主要在能源信息共享、政策沟通、事故应急处理、争端解决等方面建立协调沟通机制，保障中哈油气管道、中国—中亚天然气管道 A、B、C 线长期安全稳定运行。增强信息交流和协调，在多边框架下组织培训和交流活动，增强能力建设。第三，做好中国—中亚天然气管道 D 线建设工作，依托中国—中亚天然气管道不断拓展的优势，进一步扩大与沿线所有国家的天然气合作规模，将这一管线与沿线国家的管网连接，逐步扩张为具有更大覆盖面的中国—中亚天然气管网，从而进一步加大与中亚国家油气上下游领域的全面合作。

二、越南太阳能产业基地建设

越南与我国南海相邻，战略位置重要，是我国建设中国—中南半岛经济走廊与21世纪海上丝绸之路的重要节点。区域能源资源有限，能源消费快速增长，在此背景下为确保可持续的能源安全，越南已开始将投资重点放在新能源领域。投资和发展以太阳能应用为主的新能源已成为越南能源政策发展方向。越南规划到2030年，太阳能发电量将占可再生能源发电量的20%，并对太阳能发电项目投资、输变电项目所占土地减免土地和水域的使用费、租赁费等优惠，这为中国光伏企业全球战略布局提供了机遇。

表8-2　越南可再生能源发展目标

资源	2020年		2025年		2030年	
	规模（TWh）	电力消费占比	规模（TWh）	电力消费占比	规模（TWh）	电力消费占比
风能	2.1	0.8%	4	1.0%	12	2.1%
生物质能	2.7	1.0%	4.8	1.2%	12	2.1%
光伏	1.3	0.5%	6.4	1.6%	18.9	3.3%

资料来源：根据公开资料整理。

随着“一带一路”建设与越南“两廊一圈”规划不断深入对接，光伏产业不仅逐渐成为越南发展的新动力，也成为“一带一路”和“两廊一圈”合作的新亮点。越南作为新兴市场国家之一，近年来一直保持较快增速，外商在越投资逐年上升，而且劳动人口年轻化，在生产制造、对华贸易等方面都有着巨大优势。越南正成为中国太阳能电池板企业投资目的地，扩大生产以满足全球日益增长的需求，并利用越南关税优惠政策出口美国及欧洲两个最大市场。截至目前，中国光伏龙头企业天合光能、协鑫、晶澳、阿特斯已先后在越南投资布局光伏项目。下一步，应将越南打造成新的光伏产业集群中心，通过进一步整合光伏上下游产业，将更多光伏配套公司带进越南，从而实现从配件到产品的一体化生产。

三、中东石油集散基地建设

中东是全球石油最集中的地方，被称为“世界石油宝库”，也是许多国家石油进口的重要来源地。2016 年，中国从中东进口原油量高达 1.63 亿吨，占石油总进口量的 48%，中国前 10 名原油进口国中，中东国家占据 6 席。目前已是世界最大石油进口国的中国，在今后一个较长时期内，仍将依赖大规模从中东进口石油。然而，随着中东各资源国对本国资源保护力度的逐步加强，直接贸易的方式将遇到越来越多的壁垒，只有通过直接投资，参与当地油田的勘探开发及石油集散基地建设，才是中国未来获取中东能源的最佳选择。

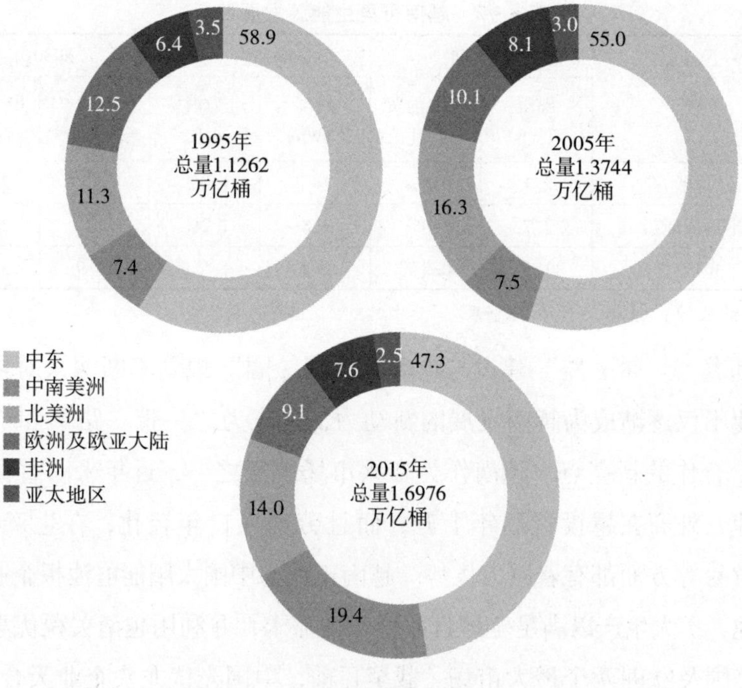

图 8－1　1995 年、2005 年和 2015 年全球石油探明储量分布

目前，中国在中东地区油气投资已成规模。随着中国能源“走出去”战略的进一步实施，中东地区成为中国油气对外投资的重要场所，投资领域涉及上游、中游、下游各个方面，涵盖风险勘探、油气开采、冶炼、油气厂建设、管道铺设、港口建设等项目，其参与形式以合资方式为主，力求在份额油上寻求保障，以规避中东能源供应中的地缘政治风险。目前中国在中东的油气利益几乎涵盖该地区所有主要产油国，包括沙特鲁卜哈利沙漠 B 区块天然气田、伊朗亚达瓦兰油田、伊拉克鲁迈拉油田等大中型油气田开发项目，以及成立红海炼油公司、大尼罗河石油作业有限责任公司、喀土穆炼油厂等石油冶炼企业。详见表 8 - 3。

表 8 - 3　2009—2015 年中国主要能源企业与中东的油气项目

国家	项目	时间	公司
伊朗	北阿扎德甘油田	2009 年 1 月	中石油
	北帕斯气田	2009 年 5 月	中石油
	南帕斯气田	2009 年 6 月	中石油
	阿扎德干油田	2009 年 10 月	中石油
	炼油厂建设	2010 年	中石油
	红海炼油公司	2011 年 3 月	中石化
伊拉克	鲁迈拉油田	2009 年 6 月	中石油
	哈勒法耶油田	2009 年 12 月	中石油
	米桑油田	2010 年 3 月	中石化、中海油
卡塔尔	卡塔尔海上 BC 区块气田	2009 年 8 月	中海油
	天然气谅解备忘录	2009 年 11 月	中海油、中石油
也门	71 区块 abaa - 1 井	2010 年	中石化
阿联酋	曼德油田 EPC 总承包	2015 年	中石油

资料来源：根据商务部等相关资料整理。

下一步，政府应加强与中东能源对话，充分支持国内有条件的石油企业尽快“走出去”，积极参与优良油气项目的勘探开发。在中东建立稳定的海外石油生产和供给基地，是保障中国油气安全供应的必然选择。从长远角度出发，应适度考虑在全球范围内配置资源、整合资源，形成在中东地区上下游一体化产业链的区域发展模式，以建立世界一流石油公司为发展目标，提高中国在国际能源市场的影响力。在与中东油气合作中，既要加大油气进口，保障油气安全，同时也要注重“油气输出”，保持合作结构平衡。应加强油气先进技术输出、技术人员工程队伍输出、投资资本输出等，最大限度地降低中国油气过分依赖进口带来的风险，保障油气安全，以满足国内油气资源需求。

四、沙特智能电网示范基地建设

沙特阿拉伯位于“一带一路”的重要交汇点，是我国重要的共建伙伴及贸易伙伴之一。沙特人均电力消费一直在世界名列前茅，是海湾合作委员会（海合会）中最大的电力市场。为满足国内巨大的电力需求，近年来沙特大力发展可再生能源并降低对化石能源的消耗强度。沙特政府计划到 2023 年可再生能源发电量达到 10 亿千瓦，到 2040 年，光伏、光热发电和风力发电的装机量分别达到 16GW、25GW 和 9GW；沙特在 2015 年底联合国气候变化框架公约谈判上提出，到 2030 年其能源消耗强度在 2005 年基础上降低 30%。在此背景下，沙特正加速对智能电网领域的投资，自 2000 年以来，沙特电力公司（SEC）已将电力传输网络扩大了 50% 以上，包括在全国范围内推出一项重要的智能电网和能源效率计划，未来沙特电力基础设施及能源一体化市场广阔、机遇巨大。

目前，沙特政府已为更广泛的能源部门设定了一些目标，这些目标可能会成为投资该国电力基础设施和服务的主要驱动力，这些目标包括：减少天然气和天然气发电量；建立和发展核电；太阳能供电一体化；区域电网互联；提高输配电的可靠性和效率；在住宅、商业、工业和政府消费者中实现显著的节能效益。美国证券交易委员会预计，到 2020 年底，沙特仅在输电领域的投资就将达到 800 亿美元。由于沙特政府无法满足大量的基础设施项目投资需求，并且沙特政府正考虑推动电力行业私有化进程，因此，私营部门投资的机会将会增加。下一步应重点关注的投资机会包括：沙特国内西部、中部和南部省份之间以及国际的电力传输网络互联；包括监控系统、停电管理系统、变电站自动化、同步技术、广域网络管理和配电自动化等在内的智能电网系统设施；沙特政府为抑制其国内能源需求和保护国内化石燃料资源，从而进行的需求响应项目和其他能源效率项目；实现可靠的互联传输网络的目标将推动短期或中期扩大高压输电系统和相关设备的需求。

五、区域电网互联互通合作项目

我国已与俄罗斯、蒙古国、越南、老挝、缅甸等国家初步实现了电网互联，开展了电力贸易，电网互联规模约 260 万千瓦，包括云南与越南、老挝和缅甸联网，广西和越南联网，黑龙江与俄罗斯联网，吉林和辽宁与朝鲜联网，内蒙古与蒙古国联网等。

未来 3 年，应着力深化与相关国家战略对接，加强周边国家互联互通研究，推进与相关国家电力联网，开展区域电网升级改造合作，适时推进跨境联网工程建设，推进电力市场建设，促进国家和地区之间的电力资源整合与优化配置，实现互利共赢。

（一）积极谋划西南联网

推进与大湄公河次区域有关国家的电网互联互通，加强与南亚、东南亚等周边国家电网的联网规划研究。依托中泰能源工作组，筹建中老泰三方电力联网工作组，共同推动老挝北部电网的稳定运行；联合老挝和泰国，制定中老泰联网方案。推动中缅联网，制定云南德宏至缅甸北部联网及仰光送电通道方案，并推动开工，输送云南电力至缅甸仰光，短期内满足缅甸特别是南部仰光地区快速增长的用电需求，长期实现中缅电力互联互通及满足电力贸易需求。发挥澜湄国家互联互通联合工作组机制作用，开展区域内电力互联互通规划研究。参与大湄公河次区域电力贸易协调委员会（RPTCC）的互联互通各项工作。结合尼泊尔、巴基斯坦电力市场发展，开展与尼泊尔、巴基斯坦联网可行性论证工作。

（二）探索发展东北联网

根据中蒙两国外交局势，结合蒙古国边境省及矿区电力需求，适时扩大内蒙古与蒙古国电力贸易。根据我国“十三五”电力发展规划，以互利共赢为原则，结合叶尔科夫齐项目经济性等因素，综合研究适时扩大中俄电力合作的可能性。

六、中亚六国标志性大城市建设（乌鲁木齐）

乌鲁木齐为西部核心城市，地处亚欧大陆中心，是我国面向中亚，推进我国向西开放的桥头堡。在中央政策支持和中国经济整体高速发展的大背景下，乌鲁木齐对外开放与区域合作不断深入，城市国际化水平进一步提升，服务和引领区域发展的辐射带动作用日益突出，正在从亚洲的地理中心迈向中亚的经济中心。乌鲁木齐的“十三五”规划明确提出到2020年地区生产总值和城乡居民人均收入比2010年翻一番，形成现代化国际城市基本框架的目标。

下一步，应坚持现代化国际城市的发展目标，发挥乌鲁木齐独特的区位优势和向西开放重要窗口作用，深化与中亚、南亚、西亚等国家的交流与合作，形成丝绸之路经济带上重要的交通枢纽、商贸物流和文化科教中心以及区域性金融、医疗服务中心，打造丝绸之路经济带核心区。紧紧抓住共建“一带一路”带来的重大历史机遇，重点做好维护稳定的基层基础建设，现代化国际城市的空间、资源和生态基础建设，以交通枢纽建设为重点的城市基础设施硬件基础建设，以六大产业基地和丝绸之路经济带“五大中心”为重点的经济发展基础建设，深化与沿线城市的贸易和投资务实合作，促进基础设施互联互通，提高产业和企业互利合作共赢，加快现代化国际城市和丝绸之路经济带核心区建设，推进从丝绸之路经济带节点城市向中心城市跨越。

七、能源大通道建设

（一）油气通道建设

我国基本建成了西北、东北、西南和海上四大油气进口战略通道，油气输送保障能力大幅提高。截至2016年，西北、东北、西南三大陆上油气进口战略通道合计输油能力3800万吨/年，输气能力650亿立方米/年，包括中国—中亚天然气广岛A/B/C线、中哈原油管道、中俄原油管道、中缅油气管道。2016年，我国进口管道原油2655万吨，管道天然气392亿立方米，分别占我国原油和天然气进口总量的7%和54.3%。

表8-4　我国四大油气进口通道

四大通道	资源地	石油通道名称	天然气通道名称
西北方向	中国—中亚	中哈原油管道	中亚天然气管道（A/B/C线已投入运行，D线在建）
东北方向	中国—俄罗斯	中俄原油管道	中俄东线天然气管道（在建）
西南方向	中国—缅甸	中缅原油管道	中缅天然气管道
东南方向	中国—中东/非洲/拉美/东南亚	包括途经马六甲海峡和南中国海的原油进口航线和LNG运输航线	

未来几年，应进一步完善和扩大西北、东北、西南和海上四大油气战略运输通道，提升陆上和海上通道进口油气能力。

巩固西北通道。截至2016年，西北通道包括中哈原油管道和中国—中亚天然气管道A/B/C线，其中中哈原油管道输油能力1000万吨/年（其中阿塔苏—阿拉山口段已扩容至2000万吨/年），中国—中亚天然气管道A/B/C线输气能力为550亿立方米/年。下一步，敦促哈方落实管道油源，推动中哈原油管道按照1000万吨/年的设计能力满负荷稳定运行。结合国内原油供需情况推进中哈原油管道二期项目建设。推动相关国家建立管道安全稳定运营协调机制，保障中国—中亚天然气管道 A、B、C 线长期安全稳定运行。做好中国—中亚天然气管道 D 线筹建工作，推动土库曼斯坦中石油复兴气田 300 亿立方米/年产能项目的建设，保障 D 线气源的落实。

扩大东北通道。截至 2016 年，东北通道包括中俄原油管道，现有输油能力为 1500 万吨/年。下一步，在现有输送能力的基础上，按照计划开展中俄原油管道二线工程建设，努力实现 2018 年总输送能力达到 3000 万吨/年。积极推进中俄东线天然气管道建设，争取 2018 年按计划同步建成投产，输送能力逐步达到 380 亿立方米/年。稳妥推进中俄西线天然气管道及远东对华供气项目谈判。

稳定西南通道。截至 2016 年，西南通道包括中缅油气管道。其中中缅原油管道一期输油 1300 万吨/年；中缅天然气管道输气能力 120 亿立方米/年，输华能力 100 亿立方米/年。下一步，应积极解决中缅原油管道过境税费及法律适用问题，实现中缅原油管道尽快正式投产。通过政府、企业等方面共同努力，保障中缅原油和天然气管道长期安全稳定运行。

完善海上通道。优化和提升海上原油接转能力，完善沿海炼化布局。推进国内液化天然气接收站建设，结合港口规划统筹优化沿海液化天然气接收站布局，吸引民间资本积极参与投资。已建液化天然气接收站扩建项目优先考虑增加储销能力，新建液化天然气接收站优先了投资主体多元化、第三方准入条件落实、承担应急调峰、装备本地化的项目。

（二）跨界输电通道

亚太地区人口密集，电力需求大，但是由于资源分布不均，部分国家还存在电力严重短缺问题。各国在电力供需上有较强的互补性，跨国界能源资源整合、跨国电力交易和电网互联有利于促进区域电力供需平衡，提高能源利用的经济性。

近期应在大力开展周边国家电源设施项目合作的基础上，重点建设三条跨国输电大通道：第一条是丝绸之路经济带输电走廊，我国新疆到中亚五国的输电通道应依托远距离、大容量、低损耗的特高压技术，实现我国与中亚五国的电网相连，并研究我国新疆地区和哈萨克斯坦两个大型能源基地，以及和中亚丰富的风能、太阳能实现资源共享的可行方案；第二条是蒙中、俄中输电通道，在中俄电力合作的基础上，逐步吸纳境外优质电力，远期形成东北亚超级电网；第三条是中国与东南亚和南亚邻国联网通道，包括3～5年内实现与缅甸和老挝的500千伏输电网络互联，15年内形成中国与东盟国家、孟中印缅电网互联。中远期，将现有的东盟电网（APG）、中蒙韩“戈壁荒漠超级电网”、吉塔巴阿“CASA－1000”等区域电网计划整合，打造“一带一路”区域超级电网。

除此之外，还应加快重要的能源互联互通和基础设施建设及政策衔接。尽快规划近中期可以开展的能源互联互通关键点建设项目，设计投融资方案和合作模式。在较为成熟的乌鲁木齐—霍尔木兹—阿拉木图—比什凯克—撒尔马罕沿线寻求项目合作，解决通道后续配套和最后一公里问题。尝试在杜尚别—德黑兰线，在环里海地区开创合作机会，参与能源基础设施建设。考虑参与地中海沿岸国家能源基础设施建设。在海外设立专门投资公司，参与重点港口扩建投资，推动中国企业参与建设招投标。考虑开辟新的能源运输通道，特别是支线连接点，积极参与北极新航道的前期工作。加强与沿线国家沟通，促成建立统一的基础设施标准体系，减少因铁轨宽度不同、公路等级不同造成的火车换轨、汽车换车等不必要的麻烦。增强通关的便利性，简化海关手续，改善通关环境，试点通关“绿色通道”，并逐步扩大参与试点企业范围。

参考文献

[1] 孙力，吴宏伟，张宁．中亚国家发展报告（2014）[M]. 北京：社会科学文献出版社，2014.

[2] 高世宪，朱跃中．依托“一带一路”深化国际能源合作[M]. 北京：中国经济出版社，2016.

[3] 杨丽丽，徐小杰．新形势下中国与中亚油气合作面临的挑战和前景展望 [J]. 中国矿业，2016，25（10）.

[4] IEA. 世界能源统计年鉴 2017，2017.

[5] 胡国松，王淳．中东与中国石油安全新思考 [J]. 经济体制改革，2014（6）.

[6] 乌鲁木齐市国民经济和社会发展第十三个五年规划纲要．http://www.urumqidrc.gov.cn/dynamicdetail/2673.html.

第九章　建设能源合作伙伴关系，打造能源命运共同体

加强能源国际合作的最终目标是要建成能源合作伙伴关系，打造能源命运共同体。现有能源合作机制中，仅部分大国之间存在双边或多边能源合作关系，个别利益关系密切国家结成伙伴关系。但大部分国家，尤其是“一带一路”沿线国家，经济发展水平参差不齐，能源资源条件和发展水平差异较大，尚未建立稳定的能源合作关系，更难建立全面伙伴关系。即使是中俄两国也只是在口头上形成一定的合作基础。然而，“一带一路”沿线国家能源合作的现实需要非常强烈，合作潜力巨大。沿线国家有些资源丰富，迫切要求把资源优势变成经济发展优势；有些国家常规油气资源不丰富，但有可再生能源，苦于缺资金、缺技术、缺装备；有些国家能源资源贫乏，且经济发展水平低，亟待加强国际合作，以能源扶贫提升能源利用水平；有些国家能源资源丰富，是主要生产地和出口国，但对国际能源市场影响力有限，迫切要求建立价格稳定机制和能源市场机制。这些都要求加强能源国际合作，推动建立全面能源合作伙伴关系。伙伴关系既要使“一带一路”国家结成稳定的能源合作关系，保障能源供应，共享经济社会发展利益，又要帮助落后国家提高能源管理、治理水平，加强能源规划，培育相关人才。伙伴关系旨在以能源资源为纽带加强沿线国家之间联络，真正结成利益共同体、责任共同体、命运共同体。

一、“一带一路”能源合作伙伴关系的内涵及特征

（一）能源合作伙伴关系的内涵

能源合作伙伴关系是由沿线各国自愿结成的，公平、平等地开展能源合作的平台，以解决沿线各国人民共同面临的气候变化、环境保护、能源贫困等问题。体现开放、包容、平等、互利原则，你中有我，我中有你，共同进退，荣辱与共。能源合作伙伴关系框架下，各国之间可构建类似能源资源自贸区（虚拟区）的概念，在投资、运营、建设、物流、人才、信息、结算、制度建设等方面提供诸多便利。

能源合作伙伴关系有利于统筹协调能源、环境与经济、政治等关系，将各国利益统一到化解能源贫困、保障能源安全、保护资源与环境上来，建立不受政治制度、地缘因素、民族文化因素等影响的能源合作理想状态。

（二）能源合作伙伴关系的特征

能源合作伙伴关系具有以下特征：发挥资源国的资源潜力，将资源优势转化为经济优势，最大限度地开发和利用当地资源，提升当地经济发展水平。各国平等协商开展合作，体现话语权和利益诉求。互惠互利，按照市场规则和国际通行规则开展合作，不受政治因素影响。体现共同理念，践行利益共同体、责任共同体和命运共同体。合作领域不仅限于能源领域，还包括民生建设、绿色发展等，共同解决人类面临的环境问题等。

具体而言，能源合作伙伴可建立若干层面的合作机制，如政府间机制、产业合作机制、投资便利化机制和智库交流机制等。

对于长期开展合作且基础良好的国家，可进一步全方位推进合作领域。贴近目标国需求，解决迫切问题，谋求互利共赢。在能源体系构建（如补短板）、规划、投资运营等方面，开展全面、深入、长期、系统的合作。在能源资源配置、能源安全和能源治理等方面达成一致行动和

全方位融合。如俄罗斯、哈萨克斯坦、土库曼斯坦、印度尼西亚、缅甸、巴基斯坦、埃及、伊朗、罗马尼亚等。

对于能源合作稳步推进、逐步建立良好关系的国家，需要在重点能源领域深耕细作，逐步拓展合作领域。如乌兹别克斯坦、蒙古国、老挝、柬埔寨、泰国、印度、沙特、阿拉伯、阿联酋、伊拉克、卡塔尔、土耳其、波兰、捷克等。

表 9－1　能源合作伙伴关系主要特征

机制	特征
政府间机制	1. 定期会晤机制、部长级会议 2. 磋商机制 3. 联合公告
产业合作机制	1. 产业链投资 2. 合作开发 3. 能矿合作 4. 准入 5. 市场规则、标准对接
投资便利化机制	1. 互相投资协定 2. 大通关 3. 标准互通
智库交流机制	1. 联合研究 2. 发布报告 3. 信息共享、信息系统 4. 增信机制

资料来源：课题组整理。

对于能源合作刚刚起步或基础较差的，可选择易于实施、灵活性强的重点项目来突破，保障项目安全，合理布局，量力而行。特别是处在打基础阶段，更多地讲政治，满足目标国经济、社会和居民生活发展需要，适度考虑经济性因素。

二、能源合作伙伴关系是实现“一带一路”命运共同体的载体和抓手

“一带一路”能源合作伙伴关系按照平等互利、开放包容的原则，

将能源生产国、消费国、过境国，能源发达国家和落后国家紧密联系在一起，共同参与、共同应对、共同解决能源发展、经济增长、人民生活、环境保护等问题，是落实"一带一路"利益共同体、命运共同体、责任共同体的载体和抓手。

（一）协调供需，搭建开放包容、利益共享的平台

当前，全球能源供需格局呈现"东斜西倾"特点。国际金融危机前，西方发达国家一直是国际能源消费的主体，但近年来由于新兴经济体国家的群体性崛起和西方发达国家的经济下行所导致的全球经济格局变化成为能源供需格局调整的基础和前提。美国页岩气革命使其"能源独立"，并成为重要的石油和天然气出产国。据《BP 世界能源统计年鉴 2017》显示，美国已超过沙特阿拉伯成为全球最大的石油生产国，更是超越俄罗斯成为世界最大的石油和天然气生产国，并将在 2020—2030 年成为石油净出口国。同时，中国等新兴经济体对于油气能源需求的快速增长是油气能源供需格局调整的突出表现。亚洲逐渐成为能源消费增长最快的地区，太平洋西岸的中、日、印、韩等国已经形成新的能源消费群。

"一带一路"沿线聚集多个能源资源富集国家，也涵盖能源需求国和能源贫困国，经济发展水平参差不齐。能源合作伙伴关系是我国与沿线各国、各国之间对接能源供需的平台。"一带一路"沿线国家中，有许多具有良好的能源资源优势，但是工业经济基础薄弱，尚处在通过出口能源资源来拉动 GDP 增长的阶段，具有将能源资源优势转化为经济优势的迫切需要。已有能源合作机制或平台均以传统能源强国、发达能源需求国为主，"一带一路"沿线国家缺乏话语权。在伙伴关系框架下，能源资源优势国家与能源需求国可平等、自愿协商供需，既满足落后资源国经济发展需要，也可保障需求国能源安全，达成一致利益。同时，中国作为能源需求最大国家，在满足能源需求的基础上，可以根据资源国的需要，腾出空间来消化资源国的能源产品，帮助资源国发展经

济。此外，我国能源行业积累了丰富的技术、经验、人才和大量的基础建设产能，“一带一路”沿线国家可以很好地承接中国产业转移，可以解决制约目标国经济发展的能源和基础设施的瓶颈问题。

（二）平等互利，优化全球能源治理机制

当前，全球能源治理机构体系呈现碎片化，缺乏具有广泛代表性和权威性的全球能源治理机构。从供应国方面，石油输出国组织（OPEC）并不具备操纵世界石油市场价格的能力，新成立的天然气输出国论坛（GECF）对天然气市场的影响力尚且不足。从消费国方面，国际能源署（IEA）意识形态色彩较浓，其成员必须来源于经合组织国家。从综合协调方面，联合国下设的能源协调机制（UN - Energy）只是一个性质温和、供讨论和交流信息的论坛。能源宪章条约（ECT）是目前唯一一个包括油气生产国和消费国在内的能源治理机构，明显倾向于主要的发达经济体，尚未吸纳 OPEC、俄罗斯、中亚国家等加入，对全球能源市场的实际影响非常有限。目前全球的能源治理机构各自为战，互不兼容，各有缺陷，对于当前世界能源格局的调整缺乏应对，难以平衡新旧能源供应国和消费国的利益诉求分歧，加之全球能源定价机制基本掌握在西方发达国家的能源期货市场和跨国能源咨询机构手中，新兴油气供需国无法获得相应的话语权，缺乏对市场的影响力，对实现能源的安全稳定有效供给形成阻碍。

“一带一路”沿线国家虽然能源资源丰富，但是经济欠发达，铁路、公路、桥梁、港口、机场和通信等基础建设严重不足，无法依靠资源实现经济腾飞；而大多数国家能源无法自给，需要进口，高成本制约国民经济效率的提升。沿线各国具有合作共赢、共同发展的巨大潜力。亚洲地区国家多、民族主义泛滥、宗教关系复杂，难以寻求有效的治理机制。现有机制中缺乏亚洲区域组织，难以体现我国作为能源生产与消费大国的利益。亟须优化现有机制，探索一条保障各国话语权和能源权益之路。

能源合作伙伴关系充分体现平等自愿、互利互惠的原则，其目标是通过强国带动弱国、大国带动小国，通过对资源国、落后国在能源供给、技术装备、人才信息等方面的帮扶，帮助落后国摆脱旧的靠卖资源发展的老路。沿线各国可探索建立区域性能源交易市场，通过平等行使议价权利，改变被动接受价格的状况，保障本国权益。同时，伙伴关系有利于沿线各国之间达成能源资源贸易，推动技术交流与合作开发等项目落地。通过能源合作，提高各国经济关联度，形成利益共享格局。

（三）普惠民生，践行新的能源发展和安全观

“一带一路”倡议中，能源合作的重要目标之一就是将能源发展、经济增长与各国民生发展相结合，让资源国人民享受资源开发带来的好处。各国协调一致，共同保障能源安全，践行新能源安全观。能源安全不是“自给”安全。既要拓展能源供给渠道，实现多元供应，保障通道安全，用好国内和国际两个市场；又要通过“引进来”和“走出去”实现企业间合作，加强内外资融合，共同开发。能源安全也不是“自己”安全。在各国经济社会发展彼此联系愈加紧密的背景下，没有区域共同安全，本国也不会安全。同时，各国都有义务来保障人人都平等享有使用能源资源的权利。

能源合作伙伴关系以能源发展带动民生发展，在项目选择、建设、运营等各个环节，充分考虑当地居民的就业、生活、用能等需求。在尊重相关国家主权和安全的基础上，与沿线各国共同推进主要交通和基础设施的建设，公路、铁路、管道、航空、航运等交通设施实现互联互通，切实改善居民生活水平，提供社会保障。伙伴关系下，能源合作活动要建立在保护生态、符合绿色发展趋势的基础上，不给后代造成不可持续或负面的影响，符合联合国的千年发展目标要求。

（四）共担责任，推动“一带一路”倡议全面落地

能源资源等大宗商品是新时代“一带一路”建设的“新丝绸”。能源资源涉及开采加工、设备制造、工程建设、基础设施，产业链条长，对上下游产业辐射带动作用明显，将为“一带一路”建设形成巨大的经济外溢效益。同时，通过能源资源合作可以促进各国之间宏观政策、金融货币、贸易投资、交通物流、标准规制等全方位合作，有助于提升我国在“一带一路”区域经济软实力和影响力。

能源合作伙伴关系正是以能源资源合作作为先导和重要内容，加强沿线各国之间联系，带动能源以外的各领域的全方位合作。伙伴关系不仅推动能源项目顺利落地，还引导大国、强国为落后国家提供人员培训、文化交流、制度建设等援助，帮助落后国家优化软环境，为进一步合作提供便利条件。有助于引导沿线各国结成经济发展利益共同体，制度建设关联体，应对危机、解决问题的责任共同体。

三、构建“一带一路”能源合作伙伴关系的总体思路

（一）指导思想

能源是全球性问题，沿线各国应从“人类只有一个地球”的观念出发，重新审视和构建全球能源体系。各国应本着供需合作、互利共赢的宗旨，建立能源合作伙伴关系，实现四个稳定：通过建立稳定的供求伙伴关系，形成对价格和市场的稳定预期，从而促进供需双方经济的稳定发展，并对世界能源资源市场发挥稳定作用。

“一带一路”沿线国家众多，经济发展水平差异较大，能源资源禀赋差距悬殊，文化背景不同，思想观念冲突，所处发展阶段、需求各异，经济发展目标不一致，政治合作基础薄弱。需化解矛盾，打破僵局，利益共享，寻找一致目标，发展优先，求同存异，搁置争议，共同开发。

建立能源需求国与供给国直接交易的机制，摆脱中间环节，实现双赢。建立长期稳定的供求关系，在政治、投资、价格、产业开放、结算

货币等形成稳定机制。积极开展与沿线国家的政策沟通与战略对接，加强在能源发展战略、能源规划、能源体系建设、项目投资、标准建设等方面的沟通与对接。加强能源发展与合作的制度环境建设。参与国际和地区能源治理，依托能源合作伙伴关系，建立沿线国家双、多边合作机制，加强与主要能源供应国的利益协调，保障沿线国家拥有平等话语权，构建覆盖沿线地区的新型能源合作机制。加强保障能源运输通道安全的合作，构建能源资源供需双向安全共同体。加强能源交易市场和交易平台建设，建设资源互补的区域共同市场，合作营造并共享内部需求，共同应对国际能源价格波动。加强综合性的产业金融合作和双向投资，实现与“一带一路”沿线国家的互利双赢。

要处理好三个关系：即中央和地方的关系、政府和企业的关系、一般性项目和重大项目的关系。首先，“一带一路”能源合作为某些地方发展带来契机。不少资源能源大省或重要的能源通道沿线区域都在积极规划，以期抓住机遇，促进发展。但是，若不在中央统一统筹部署之下进行，容易形成一窝蜂、一大片，而结果却是遍地开花，不见结果。因此，需要统一节奏、充分协调、避免内耗。其次，统筹把握政府和企业的不同定位及其相互关系。政府的职责是通过外交工作拓展合作空间，通过多、双边机制建设培育合作条件，通过政策配套和投资引导建立合作基础，通过重大项目支持破解合作困局，通过监督和警示机制保障合作可持续。企业的作用是挖掘合作潜力，抓住合作机遇，运用合作机制，利用配套政策，采用国际商业运营模式操作具体项目。政府和企业间要有良好的沟通平台，有规范的监督和警示机制。其三，要处理好一般性项目和重大项目的关系。一般性项目是指企业在“一带一路”倡议下国际能源合作中利用机遇、依托市场、积极开拓的商业项目，这是未来的主要组成部分。而重大项目是指为了战略布局、打开局面、重点突破，由国家支持指导的重要项目。一般性项目主要靠企业，方式是依托市场。重大项目必要时需国家力量通过特殊方式予以扶持。二者不能简单混编，要目标一致，轻重有别。

（二）基本原则

平等互利、开放包容。能源合作伙伴关系是国与国平等表达意愿、互惠互利的关系。沿线各国自愿加入或退出，不设惩罚机制。但已执行中的项目不受国家退出伙伴关系影响，也不受政治性事件影响。

取长补短、优势互补。能源合作伙伴关系将搭建供需直接见面的平台，实现优势互补。“一带一路”能源合作不是抢夺能源的新殖民主义，也不是要把过剩产能转移出去，而是谋求共赢的合作。要在满足本国能源需求的同时，将资源国紧缺的技术、人才、装备、制度等送过去，取长补短，共同发展。

点面结合、循序渐进。“一带一路”能源合作不是一步到位，也不是面面俱到，要区分不同国家明确合作领域，有些是重点突出，有些是全面合作，有些是有点有面。在推进方式上，不能大水漫灌，要细水长流。在项目选择上，要先易后难。

政府推动、市场主体。“一带一路”能源合作要充分依靠市场力量，处理好政府和市场关系，政府负责搭台，提供前期服务，具体的合作交给市场，由企业来完成。由官方建立政府间的联系，建立长效、常态化合作机制。重点依靠市场力量，按照市场规则和国际通行规则操作。引导国企和民企集团作战、集群作战、集中发力。要注意发挥民营企业的作用。可多采取中外多家公司联合持股的方式，既能分散价格波动造成风险，又有利于阻止地缘政治因素蓄意制造的破坏。

（三）战略目标

合作的目标：一是能源资源优化配置。通过优势互补，实现“1 + 1 >2”的效果；通过产业链合作，多资源聚合，激发规模效应。二是供需直接对接，实现能源共同安全。建立亚洲市场，稳定价格机制。三是以能源资源合作加强深度合作，带动经济、政治、社会等领域全方位合作，以能源资源为纽带，打造命运共同体、利益共同体、责任共同体。四是推进“一带一路”倡议实施。以能源资源国际合作为重要抓手，夯实“一带一路”互联互通基础，打破博弈，突破瓶颈，加强制度建设和规则设立，扫清障碍，加强文化交流，增强政治互信。

四、建立“一带一路”能源合作伙伴关系的战略选择

（一）有序推进与伙伴关系国家的能源合作

与各国均可最大限度地开展各能源领域的合作。限于能源资源条件限制，基础设施条件、制度环境、人文交流基础等限制，可有针对性地开展合作。对于合作基础良好的国家，全面开展合作工作。对于基础较差国家，可制定近、中、远期的合作愿景，逐步推进，先易后难。可采用“化整为零、分散突破”的路径，根据不同国家和区域特点，将建立能源资源伙伴关系在现有多边经济合作机制中分别加以推进落实。譬如在中亚方向，可利用上海合作组织推动天然气矿产资源开发、贸易和深加工；在中东阿拉伯地区，可利用中国—海合会平台深化石油资源合作开发、化工产能合作和双向投资；在东南亚方向，可利用中国与东盟“10 +1”机制开展电源开发、电网互联互通、能源运输领域合作，以及探索南海共同开发。

（二）发挥国际能源合作枢纽作用

一是推动建立“一带一路”能源交易市场。“一带一路”沿线分布着世界上重要的能源生产国和消费国，但在国际能源市场上缺乏话语权和定价权。建立“一带一路”能源交易市场，形成统一的能源大市场，将推动“一带一路”和亚洲地区在国际市场上形成与自身体量相匹配的能源定价话语权，对全球能源市场稳定繁荣也可以起到积极作用。应加强在国际原油市场的影响力；推动天然气交易中心建设，形成区域天然气基准价格；加强区域电力市场，提升电力贸易水平；推进国内相关

领域的改革，提高政策的透明度，放开对能源市场的过度管制，鼓励市场竞争，加强金融市场建设。

二是探讨制定“一带一路”能源宪章。“一带一路”能源贸易投资缺乏有约束力的区域协议。需要制定适应多边合作模式的区域能源贸易和投资准则，优化区域贸易和投资环境，提高合作效率，降低合作风险。制定“一带一路”能源宪章符合沿线国家共同利益，是区域能源合作的重要保障。通过制定“一带一路”能源宪章解决跨境贸易问题，建立争端解决机制，推动沿线国家完善自身能源立法和执法等相关工作。

三是开展能源金融化监管合作。加强与沿线国家的政策沟通，加强对能源市场过度金融化的国内立法。“一带一路”沿线无论是能源生产国还是消费国，都需要价格相对稳定的市场环境，加强国内立法，保障本国市场稳定，也有利于区域能源贸易和投资的顺利开展。各国加强政策沟通，共同增强区域内市场稳定性，防止出现市场操纵，降低市场不确定性风险。同时，联合沿线国家建立监督机制。加强对能源衍生品市场的金融监督机制，及时发现对市场的投机和操纵价格行为。推行能源衍生品交易合同标准化，实施透明度高和操作简易的标准化期货合同。

四是建立能源生产国与消费国的信息沟通机制。在“一带一路”能源伙伴关系下成立信息通报机制，加强对数据的分析研究，为沿线各国提供数据研究成果，搭建国际性的研究网络。成立“一带一路”能源交易数据库。加强沿线国家数据统计的能力建设。利用博鳌亚洲论坛平台，开展供需双方对话。

五是与现行治理机制的衔接。在全球能源治理层面，全球能源治理体系的规则和程序倾向于维护主要发达能源消费国的利益，全球能源定价机制基本由西方发达国家的能源期货市场和跨国能源咨询机构控制，在很大程度上对发展中国家形成了制约。能源合作伙伴关系与现有机制并不是竞争关系，而是要做好接线员、协调员的工作，充分利用现有机制帮助解决沿线国家所面临的问题，同时将沿线国家声音传递到现有机制当中去，逐步实现全球治理机制的多元融合，公平、公正地体现各国利益。

（三）强化能源合作体制机制保障

一是加强战略与规划互通。充分了解“一带一路”沿线国家能源发展规划，基于各方共同利益，将那些对于改变区域整体能源状况最有帮助的项目作为重点项目。对影响重大的能源项目和基础设施做好战略性规划。

二是建立以企业为主体的风险防范机制。防范政治风险。在一些战略性项目合作上，政府要作为项目先行者和支持者，通过外交等方式，将企业面临的政治风险降到最低。防范商业风险。对海外投资国和投资地的尽职调查，包括常规的评估市场环境、法规、习俗、文化，也包括对这个国家适用的国际投资保护条约、争端解决机制等，提高自身识别风险、抵御风险的能力。防范环境风险。做好项目的环境影响评价，以避免在项目运行过程中出现金融机构停贷、撤资等问题，或在投资国引发抗议等，将给企业造成不可挽回的后果。

三是充分利用投融资机制。利用好现有的政策性融资机制。亚洲基础设施投资银行、丝路基金是“一带一路”建设重要的金融支持机构。除此，上合组织银联体、中亚区域经济合作机制、金砖国家新开发银行都可为“一带一路”能源合作提供资金支持。鼓励各国政策性金融机构、出口信用机构加强合作，为“一带一路”能源合作提供政策性金融支持，发挥融资促进和风险分担作用。用好债券市场融资，开发创新型金融产品。以政府与社会资本合作（PPP）模式鼓励私人资本参与。

四是适时建立“一带一路”能源合作机构。适当时机，可联合沿线能源生产国、消费国和过境国共同发起成立“一带一路”能源治理机构，更好地推进区域能源治理改革。

五是加强能力建设。与“一带一路”沿线国家加强人才培养方面的合作。开展智库交流，推进合作研究。加大我国能源智库与沿线国家相关智库的合作与交流，设立能源研究基金，支持沿线国家开展能源战略、规划等相关问题研究；鼓励我国智库与沿线国家智库建立合作关系。

（四）加强能源合作项目储备

“一带一路”能源合作需以项目为依托，分行业、分区域开展国际合作。要与沿线国家制定的能源发展蓝图、战略、计划和规划相对接，寻求最大公约数。分类处理小型项目，打包推进，注重互补性。推进先进技术“走出去”，推动符合目标国家产业发展需要的产业和产能转移。提升目标国经济发展水平，引导居民消费行为，加大能源使用强度，逐步培育目标市场、用能地和消纳地。加强能源规划、能源体系建设、制度规则和标准体系等方面的合作，增强我国影响力和辐射力。

——油气领域。特别是天然气领域，推进合作勘探开发，加强研发与服务合作，重点降低油气开发生产成本。

——煤炭领域。加大与蒙古国等煤炭出产国的合作，推进煤炭清洁利用。

——电网建设。加大电网基础设施投资力度，加强输配电投资建设、运营和管理，加快推进与周边国家建设“一张网”。

——火电领域。加强对电力短缺国家的火电输出。输出我国具有经济技术优势的、超低排放的先进煤电技术和项目。

——核电领域。充分利用我国所掌握的先进核电技术，推广在沿线国家的应用，集中力量、集中资源、重点建设。

——可再生能源领域。我国是世界最大可再生能源生产和消费国，特别是水电等技术、装备、队伍、惯例和标准均为世界先进水平。应利用好这一优势，输出可再生能源技术、装备、电力等，加强与具有可再生能源资源国家的合作开发。改变无序竞争局面，形成合力，集团作战。

专题报告

报告一　“一带一路”新能源与可再生能源合作

一、中国在全球可再生能源领域取得的突出成就

随着我国加大结构调整力度、转变能源发展方式，可再生能源实现快速发展，水电、风电、太阳能等领域都取得了很大进步，对全球可再生能源发展起到了重要的引领作用。

（一）投资

近些年来，中国在可再生能源领域的投资力度不断加大，连续6年成为可再生能源的最大投资国。据彭博新能源财经（BNEF）数据，2011年以来中国可再生能源投资额全球占比持续上升，2017年全球可再生能源总投资额为3335亿美元（不包括大型水电），同比增长3%，中国投资额达1326亿美元，同比增长24%，全球占比连续3年在30%以上水平。2017年中国可再生能源项目海外投资总额再创新高，超过440亿美元，与2016年的320亿美元相比大幅增长。

按照《可再生能源发展“十三五”规划》，2016—2020年中国可再生能源领域的新增投资将达到2.5万亿元，规划投资规模相比“十二五”期间增长近39%。其中，水电新增投资约5000亿元，风电新增投资约7000亿元，各类太阳能发电装机新增投资约1万亿元，生物质、太阳能热水器、沼气、地热能利用等新增投资3000亿元。随着巨大规模的投资不断落地，中国在全球绿色发展领域的引领作用将愈加显著。

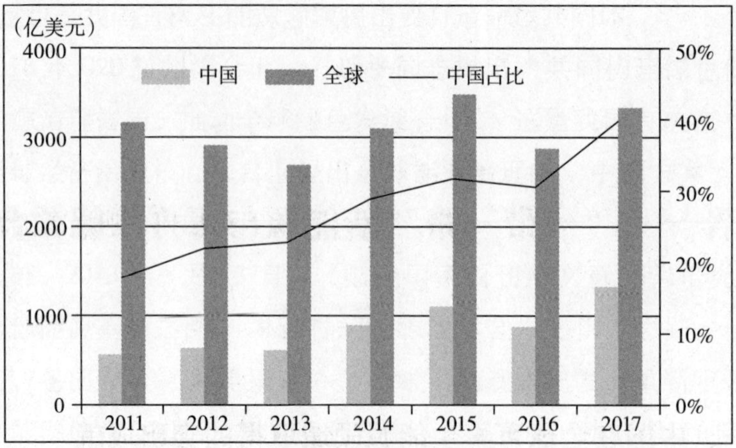

图 1 全球清洁能源投资情况

资料来源：BNEF。

（二）装机

随着可再生能源扶持政策的不断完善，我国连续保持着全球可再生能源新增市场规模最大的地位。据国际可再生能源署报告，2016 年全球可再生能源发电新增装机容量 161GW，同比增长 8.7%，创历史最高纪录。其中，中国新增装机约 64GW，约占全球的 40%。

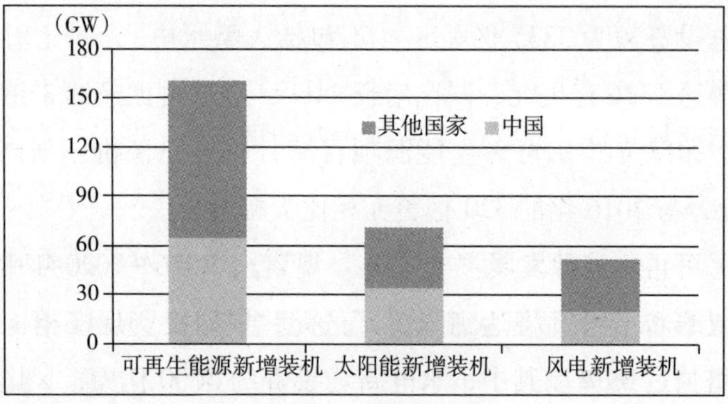

图 2 2016 年全球可再生能源新增装机情况

资料来源：《21 世纪可再生能源政策网络》（REN21）发布的《可再生能源全球现状报告 2017》。

截至2016年底，中国光伏发电新增装机容量3454万kW，累计装机容量7742万kW，新增和累计装机容量均为全球第一；新增太阳能集热系统总量3952万平方米，市场总保有量达到4.6亿平方米；新增风电装机2337万kW，累计并网装机容量达到1.69亿kW；生物质发电累计装机1214万kW；太阳能光热发电总装机容量达2.8万kW；地热能发电累计装机2.6万kW。

根据“十三五”规划，到2020年中国全部可再生能源发电装机6.8亿kW，太阳能发电装机达到1.1亿kW以上，风电装机达到2.1亿kW以上，生物质发电装机达到1500万kW。

（三）技术

近年来，我国可再生资源开发技术处于全球领先水平。一些光伏企业凭借强大的科研实力在世界不断崭露头角，先进晶体硅电池技术研发多次打破世界纪录，太阳能热利用企业也正通过技术创新推动产品升级换代，在太阳能跨季节采暖、平板型太阳能集热器供暖、多能互补等技术方面取得重要突破。风力发电技术亦稳步发展，尤其是大型并网风力发电技术，风电机组平均功率持续增加，低风速风电机组发展迅速，风电机组的单机容量和叶轮捕风能力等不断提升。生物质能方面，近些年我国一直将生物质能利用技术的研究与应用列为重点科研攻关项目，积极推进生物质能的高效综合利用和产业升级，不断增强技生物质能利用新技术的研究与开发水平，在生物质气化、固化成型、热解液化和沼气技术方面取得了明显进展，资源利用效率不断提升。地热能产业方面，我国继续提高地热能开发利用技术水平，加快浅层地温能资源开发，推进中深层地热发电技术开发利用，提高发电效率。

二、中国在“一带一路”沿线开展可再生能源合作的机会分析

（一）国际能源的绿色、低碳转型

当前，全球能源行业处于转折点，在近年来油价大幅下跌及应对气候变化的大背景下，能源结构正加速向低碳化、无碳化方向演变，绿色低碳经济成为全球共识和主流。2016 年，可再生能源提供了全球新增电力需求的一半，未来能源投资向可再生资源倾斜将是大趋势。加快全球能源转型，实现绿色低碳发展，是国际社会的共同使命，在这种趋势下，发展新能源成为各国创造新的经济增长点、抢夺未来发展制高点的重要抓手。

随着“一带一路”建设的推进，国际能源合作从以偏重传统化石能源开采的合作开始向以绿色低碳为导向的能源经济产业链转变。“一带一路”沿线国家大多数是新兴经济体与发展中国家，普遍存在能源普及率低、人均能源消耗量少问题，能源不足已成为制约经济发展的主要障碍，向新能源转型也成为其重要能源战略。这些国家可再生能源蕴藏丰富，开发潜力巨大，一些国家资源开发利用率低、开发水平落后与我国可再生资源产业的资金、技术优势形成互补。

（二）资金优势

我国经济发展平稳，资金充足，国际投资建设运营经验丰富，近年来已与全球 80 多个国家在水电、光伏、风电、核电等领域开展合作。“一带一路”倡议更是为中国能源企业“走出去”创造了极有利的条件，2014 年底中国出资 400 亿美元成立的丝路基金正式启动运作，主要为“一带一路”建设中的基础设施、资源开发、产业合作、金融合作提供资金支持。2015 年底中国成立亚洲基础设施投资银行，结合中国进出口银行和国家开发银行已经具备的对外投资能力，以及其他金融

机构，为“一带一路”投资提供各类金融服务。

可见，我国金融机构正加快海外布局，提高服务保障能力，对外并购的资金能力正在不断增强，国际竞争力和地位持续提升。“一带一路”相关国家资源禀赋各异，与我国经济互补领域与程度各不相同，因此我国对沿线国家直接投资的产业领域也呈现异质性。2017 年，我国对“一带一路”沿线国家直接投资达到 144 亿美元，其中在能源领域的投资规模最大。可见，未来我国与“一带一路”国家的可再生能源合作具有良好的资金基础，投资潜力巨大。

（三）技术优势

当前，我国可再生资源领域企业技术水平在国际上保持着绝对优势。在太阳能领域，生产企业正通过新型硅材料的研发制造、电池制造工艺改进、生产装备技术提升等继续提升电池转换效率，减少电池的硅用量。太阳能热发电企业也正积极改进热发电站储热技术以及降低成本，随着国家首批 20 个太阳能热发电示范项目陆续开工建设，企业的设备制造能力、系统集成能力和工程施工能力将不断得到提升，技术标准体系也逐步完善。风电技术亦发展迅速，大型风力发电企业积极设计新产品、加大关键零部件的进一步研发，在叶片、齿轮箱、发电机等重要零部件的研发和制造水平已经非常接近国外先进企业，在满足国内主流机型使用要求的同时已开始在一定范围内出口，在轴承、变流器以及控制系统的研制上也取得了重大突破，技术优势明显。

（四）国际市场优势

在新能源和可再生能源领域，中国企业国际竞争优势明显，不论是产品出口规模还是发电装机规模，都排在世界前列。在 2017 年全球新能源企业“500 强”中，中国企业占据 198 家，比 2016 年增加 5 家，远多于排名第二的美国（65 家）和排名第三的日本（58 家）。排名前 50 的企业中，中国企业 15 家，且排位更加靠前。在企业竞争力、产业链完整性上，中国新能源企业正全面、快速发展，产业效率持续提高，企业创新能力增强，在国际市场上的竞争优势逐渐上升。

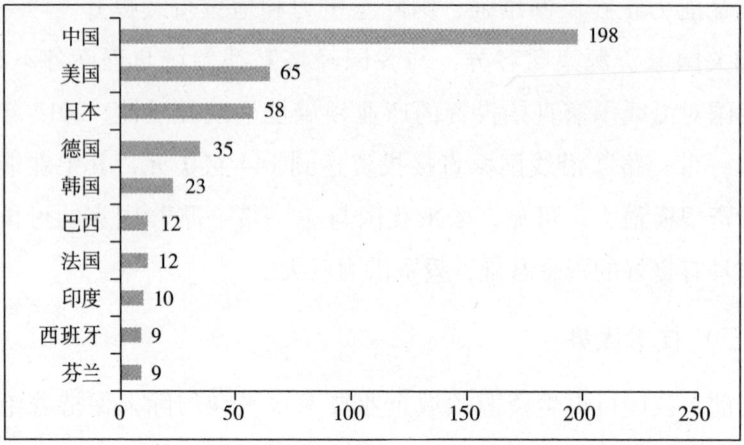

图3　2017 年全球新能源业 500 强企业数量排名前 10 国家

资料来源：根据公开资料整理。

我国在太阳能电池和电池组件生产能力上有着绝对优势，稳居世界首位且产品质量优良。2016 年我国多晶硅、硅片、电池片产量分别占全球总产量的 50%、86%、68%。2007—2016 年，太阳能电池的国际市场占有率平稳增长，从近 20% 上升至逾 50%，远高于日韩、德国、美国等。风电产业也成为新能源的领跑者，形成了一批全球知名的龙头骨干企业，2016 年全球前 10 位风力涡轮制造商占领了 75% 的市场，中国约占其中的 28%。整机制造商全球排名进步显著，2016 年有 5 家风电整机制造商合计出口 319 台机组，容量约 54.5 万 kW，累计有 17 家制造商出口风电机组容量约 258 万 kW，影响力正不断提升。

在我国新能源产业国际优势不断提升的背景下，相关企业应抢抓“一带一路”倡议的机遇，积极与沿线国家沟通交流，通过产能输出、技术转让、直接投资、工程服务、经营管理等各种方式，深入开展新能源与可再生能源的国际合作。

三、中国在“一带一路”沿线开展可再生能源合作的重点领域

“一带一路”沿线涵盖了发展中国家、相对发达国家和一些新兴国家，这些国家在可再生能源领域所处的开发阶段不同，发展潜力以及未来的合作方向也各有不同，这样的市场结构带来了多元化的发展机会。近些年，我国企业已与一些国家在风能、太阳能、生物质能和地热能等可再生能源领域展开投资及合作，未来可根据这些区域的可再生能源先天优势、发展规划等，因地制宜、继续有针对性地展开布局。

（一）风能

风能资源受地形影响较大，全球风能资源多集中在沿海和开阔大陆的收缩地带。从全球风能资源分布上看，西欧、北美风能资源最为丰富，中东、非洲独联体等地区资源蕴含量也较大。

表 1　全球风能资源分布

地区	风力 3 ~7 级 地区面积（平方公里）	风力 3 ~7 级地区 占陆地面积比例（%）
西欧	1968	42
北美	7876	41
中东和北非	2566	32
撒哈拉以南非洲	2209	30
东欧和独联体	6783	29
太平洋地区	4188	20
拉丁美洲和加勒比	3310	18
中亚和南亚	243	6
总计	29143	27

资料来源：根据公开资料整理。

据全球风能理事会（GWEC）统计，2016 年全球风电市场稳步发展，新增装机容量超过 54.6GW，累计容量达 486.7GW，继续由中国、

美国、德国和印度引领。在“一带一路”国家及区域中，印度和土耳其风电发展迅速；哈萨克斯坦、东南亚一些国家发展缓慢，但后期开发潜力巨大；中东欧和西亚北非大部分国家发展相对落后。

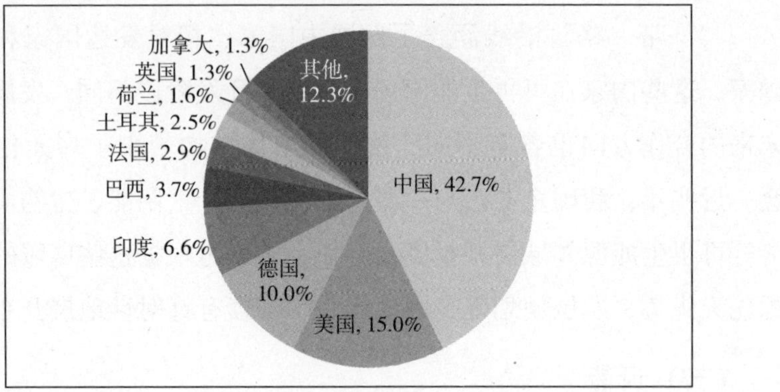

图 4　2016 年全球风电新增装机容量主要国家占比

资料来源：全球风能理事会。

近年来印度经济高速发展、能源缺口大，政府极其重视可再生能源发展。因大部分地区处于热带季风活动范围，印度风力资源非常丰富，风电产业发展迅速，已成为全球风电行业重要市场之一，2016 年印度新增风电装机容量 3612MW，累计装机容量 28. 7GW，全球排名第四，2022 年风电发展目标达 60GW。印度风电产业发展速度虽然很快，但远低于其设定目标，仍需积极吸引海外投资。2015 年 10 月，三一重工与印度安德拉邦政府签署谅解备忘录，投资 6 亿美元建设风电项目。2016 年末印度政府出台政策，只要国外风力涡轮机生产者的产品符合国际标准，则无须再申请新的印度国内标准认定，这为中国风电设备厂商提供了出口机遇。

表 2　“一带一路”沿线主要国家风电装机情况（MW）

国家	2015 年底	2016 年新装	2016 年累计
印度	25088	3612	28700
土耳其	4694	1387	6081

续表

国家	2015 年底	2016 年新装	2016 年累计
波兰	5100	682	5782
罗马尼亚	2976	52	3028
埃及	810	—	810
约旦	119	—	119
泰国	223	—	223
菲律宾	216	—	216

资料来源：全球风能理事会。

土耳其风电产业发展速度较快，2016 年表现超过预期，新增风电装机容量 1387MW，全球排名第七，累计装机容量 6081 MW。土耳其市场是国家“一带一路”倡议的桥头堡，其风电项目发展迅速正吸引着中国企业的投资兴趣。2017 年 4 月中国电建签约 140MW 风电项目群 EPC 合同，以工程总承包身份进军土耳其市场，该项目群由四个独立项目构成，分别为查塔尔布克 20MW 风电项目、查塔尔布克 25MW 风电项目、查塔尔布克—西撒拉尔德 45MW 风电项目、厄布尔 50MW 风电项目。

中亚地区阿拉伯半岛及沿海蕴含风能相对丰富，哈萨克斯坦地处北半球风带地区和拥有强对流气候，是世界上人均风能资源最多的国家，风能发电潜力达 1. 82 万亿千瓦时/年，成为该国最具潜力的可再生能源发电方向。哈工新技术部已确定了 10 个风力发电厂址，用于建造装机容量为 100 万 kW、可发电 20 亿 ~30 亿千瓦时/年的风力发电站。中国企业已积极与哈萨克斯坦开展风电项目合作，2016 年 1 月中国水电工程顾问集团公司与哈萨克斯坦巴丹莎公司就 200MW 风电项目签署工程总承包合同，这是哈萨克斯坦和中亚地区最大的新能源工程。2016 年 12 月，中国电建湖北工程公司签约哈萨克斯坦 77. 5MW 风电 EPC 项目。

东盟国家风电产业发展较缓慢，主要是风电成本相对较高，并网困难，尚未建立起相应的技术能力和产业基础，近两年新增装机几乎为 0，但市场仍存在潜力。菲律宾位于亚太季风带边缘，风能发电潜力为每平方米31瓦特，是东南亚风电发展潜力最大的国家之一；缅甸发展风电潜能也较大，政府已开始推进项目建设，2016年2月三峡集团与缅甸电力部部署羌达风电项目开发协议，为该国第一个风电项目，首期开发装机30MW。

欧洲风资源非常丰富，是世界风能利用最发达的地区，但“一带一路”区域中的中东欧国家风电开发进展缓慢，仅波兰规模相对较大，危地马拉、塞尔维亚在2015年才新建商用风场，其他国家风力发电基本处于起步阶段，属于新兴的风能市场。中东国家风电发展比较落后，近几年新增容量很少，主要集中在埃及和约旦。

综合来看，我国企业可重点考虑在风电利用发展速度较快的印度、土耳其等国加强风电产业的建设布局，在资源潜力较大、政府积极推进风电产业发展的哈萨克斯坦和东南亚一些国家展开投资或出口设备。

（二）太阳能

当前，全球太阳能光伏市场正处于高速发展时期，截至2016年底装机容量累计超过300GW，新增光伏装机容量至少75GW，中国光伏新增装机为34.5GW，连续4年居全球首位。“一带一路”沿线一些国家电力基础设施比较差、天然能源少、火电价格高，但日照资源丰富，光伏产业市场空间广阔。中国光伏业作为全球领先的中国制造业，将在沿线国家及区域的可再生能源应用上起到巨大的推动作用。

在“一带一路”国家中，印度光伏行业发展最为迅猛，该国地处热带亚热带，光照资源丰富，年太阳辐射量1200～2300kW·h/m^2，若利用3%的闲置土地，其太阳能潜在装机容量将达到7.49亿kW。2016年印度新增太阳能装机量4GW，累计装机9GW，分别排名全球第四和第七，政府的宏伟目标是到2022年装机规模达100GW。

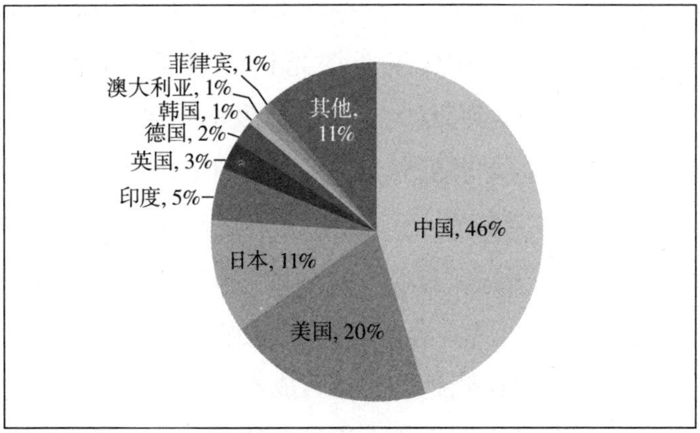

图5　2016 年全球光伏新增装机容量主要国家占比

资料来源：IEA PVPS。

表3　2016 年全球主要国家光伏装机量　　单位：GW

国家	2016 年新增装机	累计装机
中国	34. 5	78. 1
美国	14. 7	40. 3
日本	8. 6	42. 8
印度	**4**	**9**
英国	2	11. 6
德国	1. 5	41. 2
韩国	0. 9	4. 35
澳大利亚	0. 8	5. 9
菲律宾	**0. 8**	**0. 9**
智利	0. 7	1. 61
泰国	**0. 7**	**2. 15**
土耳其	**0. 6**	**0. 8**
以色列	**0. 1**	**0. 9**
马来西亚	**0. 05**	**0. 3**

注：加黑部分为“一带一路”国家及相关国家。

资料来源：IEA PVPS。

东盟国家主要位于热带和亚热带地区，日照时间长，太阳能资源丰富，未来发展潜力较大，不过与欧美及亚洲其他国家相比，东盟国家太阳能产业发展仍处于起步阶段。这些国家中，泰国太阳能产业发展得最好、政府支持力度大，2016 年新增光伏装机量 726MW，累计装机 2.15GW，其发展目标是到 2021 年太阳能发电达到 3GW。中国太阳能企业也开始在泰国市场寻求机会，一些制造商承诺投资并建立组件生产设施，这一趋势还将持续蔓延。越南太阳能产业发展正迎来黄金期，2017 年 7 月越总理签署关于鼓励发展越南太阳能电力项目的政府决议，要求越南电力集团以 9.35 美分/度的价格收购全部并网太阳能电力，带来巨大的投资机会。考虑到越南劳动力成本和用地低、经济发展快、制造业优势突出，近些年中国企业也积极在越南建设太阳能生产基地。

中东地区太阳能资源丰富，发展前景也很广阔，以阿联酋和沙特为代表的国家早已制订了发展计划，引领中东太阳能产业的发展。据中东太阳能行业联合会报告，截至 2015 年底中东北非地区运营中的太阳能项目规模达 700MW，2016 年新增项目规模约 200 MW，计划中的项目总规模超过 5700 MW。

阿联酋是中东地区太阳能利用的领导者，2017 年 1 月宣布 1630 亿美元投资可再生能源项目的计划，从而实现全国一半的电力需求来自可再生能源。该国政府主要投资部门之一穆巴达拉发展公司全资子公司马斯达在全球范围内投资引进可再生能源和清洁发展技术。沙特阿拉伯也是太阳能资源最丰富的国家之一，平均每年每平方米可获得的太阳照射量为 2200kW 时，部分地区甚至高达 2550kW 时，拥有开发太阳能热发电站的先天优势。该国计划到 2023 年发展近 10 亿 kW 的可再生能源发电量，占全国发电总量的 10%，2018 年太阳能光伏装机目标是 150 万 kW，CSP 达 100 万 kW。除阿联酋和沙特外，科威特、卡塔尔、巴林、阿曼等中东国家也正在积极部署太阳能发展计划，对太阳能热发电和光伏发电项目均有规划，一些项目已启动建设。

表4 “一带一路”国家重点光伏项目进展

印度	批准一项40GW的太阳能发电项目计划，预计到2019年至少新建50个太阳能公园
越南	晶澳太阳能2016年11月在北江省光州工业园区建设一座太阳能电池厂，总投资10亿美元，还启动一座1.5GW的太阳能硅片厂建设，总投资额约2.8亿美元，规划在3年以内完成 2017年1月，天合光能在北江省投资建设的太阳能电池组件正式开业，其单体设计1GW的总产能已成为越南国内最大规模的太阳能电池制造项目
马来西亚	2017年7月，晶澳太阳能宣布为马来西亚首个大型地面光伏电站独家提供50MW组件，该项目位于沙巴，已投入建设，预计2017年底完工
阿联酋	马斯达在阿布扎比投资了三个大型项目，分别是世界首座零碳排放城市——马斯达城、全球最大单体光热发电厂“太阳1号”（100MW）以及海水淡化试验场。马斯达尔计划将建设以可再生能源利用为主的零排放生态城——马斯达尔城，其中已建成马斯达尔学院1MW的光伏屋顶项目和1万kW的光伏园区，建成了一个1000kW的浮动式光伏岛屿项目
沙特阿拉伯	规划了4000kW的太阳能热发电项目、一座1万kW的利用太阳能发电的停车场、2000kW的太阳能光伏屋顶在建项目以及一个3500kW的太阳能园区
蒙古国	2017年4月，皇明太阳能公司与蒙古国达成项目合作，在蒙古国建成第一个50MW的太阳能光伏电站

资料来源：根据公开资料整理。

综合来看，中国企业可深耕太阳能产业发展较快的印度市场以及泰国、越南、马来西亚和菲律宾等太阳能发展潜力大的东盟国家，以参股、并购、新建电站、建设生产基地和设立研发中心等方式在这些市场布局。长期来看，对于国际化程度高的太阳能企业而言，可关注在中东市场的投资机会，提早布局或将大有裨益。另外，“一带一路”沿线一些国家太阳能应用环境严苛，如高强光照、高温、高湿、盐碱、高紫外等，光伏产品的高可靠性成为应用与推广的关键。

（三）生物质能

生物质能是全球继石油、煤炭、天然气之后的第四大能源，成为国际能源转型的重要力量。全球生物质资源十分丰富，每年可产生约850亿吨标准煤的生物质，相当于2015年全球能源消费总量的4.5倍。

2016 年全球生物质能产业保持平稳增长，生物质发电新增装机 9GW，创历史最高纪录，欧洲、中国、巴西是增长的主要驱动力；生物质液体燃料产量增长 2.1%。据预测，2030 年可再生能源在全球能源消费总量中的占比将达到 36%，其中生物质能将占可再生能源的 60%，在能源替代中发挥重要作用。

从生物质发电占可再生能源装机容量（含水力发电）的份额上来看，所占比例较低，历年变化不大。

表 5　生物质发电装机容量占比

年份	可再生能源装机容量（GW）	生物质发电装机容量（GW）	生物质发电占比（%）
2013	1560	88	5.6
2014	1712	93	5.4
2015	1849	106	5.7
2016	2017	112	5.6

资料来源：《21 世纪可再生能源政策网络》（REN21）发布的《可再生能源全球现状报告 2017》。

生物燃料生产方面，2016 年产量最大的国家是美国，占全球总量 48%，“一带一路”国家中，印尼、泰国的产量排名靠前，新加坡、波兰、印度也是主要的生产国。

表 6　2016 年全球生物质燃料产量

国家	产量（亿升）	同比增幅（%）
美国	651	2.6
巴西	308	-1.4
德国	39	-0.3
阿根廷	39	1
中国	35	—
印度尼西亚	**31**	**1.3**
泰国	**26**	**0.2**
法国	23	-0.2
英国	23	0.1

续表

国家	产量（亿升）	同比增幅（%）
加拿大	21	0.1
西班牙	14	-0.2
新加坡	**12**	**—**
波兰	**11**	**—**
比利时	11	-0.1
哥伦比亚	9	-0.1
印度	**9**	**0.2**
欧盟 28 国	130	0.2
总计	1353	2.1

注：加黑部分为“一带一路”国家及相关国家。

资料来源：《21 世纪可再生能源政策网络》（REN21）发布的《可再生能源全球现状报告 2017》。

“一带一路”沿线区域和国家中，印度和东盟国家地处热带亚热带地区，生物质资源极为丰富，主要得益于其丰富多样的生物质废弃物，如农作物秸秆、木质生物质、动物粪便、生活垃圾等，生物质能产业的发展较为迅速，潜力巨大，与中国不论是资源还是开发应用，都有很高的互补性。

印度是世界农业大国，拥有世界 1/10 的可耕土地，面积约 1.6 亿 hm^2，生物质资源非常丰富。据印度政府评估，发展生物质发电装机的潜力为 2509 万 kW。目前，印度生物质发电主要应用在 3 个方面，并网生物质发电厂、独立分散的生物质发电和制糖等行业的热电联产。

东盟各国社会经济发展水平相差较大，对生物质能源现代化利用的方式多样，主要为生物质发电和生物质液体燃料，其中泰国和印度尼西亚的生物质燃烧发电装机分别达到了 232 万 kW 和 160 万 kW，占本国可再生能源的 32% 和 17%。东盟国家沼气发电装机为 27 万 kW，主要集中在泰国，垃圾发电装机 32 万 kW，主要分布在新加坡。印度尼西亚和泰国是生物质液体燃料的主要产地，产量位列世界前十。

近年来，中国生物质能产业发展已渐入佳境，主要领域和产品已达产业化生产水平，拥有了一批颇具竞争力的生物质能源企业，在技术、资源方面拥有明显的优势，已具备了出征“一带一路”的条件。我国企业可重点在印度和东盟布局生物质能的投资开发，帮助这些国家最大限度地利用生物质资源，实现互惠互利。不过，我国大型的生物质能源企业主体较少且高价值的生物质能源产品还有待开发，可考虑组团出征，关注政策面和金融面，协调合作各方诉求，营建良好的合作氛围。

（四）地热能

近年来全球地热能市场一直保持着稳定增长的发展态势，最新数据显示，当前全球地热资源利用总量已达到8500MW，地热发电接近1/3，项目主要集中在少数高温地热资源丰富的国家，如美国、菲律宾、印尼和墨西哥等，其余是地热能热利用，至少 82 个国家已开发地热能热利用，中国、美国、瑞典、土耳其和德国是装机量排名前列的国家，合计占世界总装机规模的2/3。

2016 年全球地热发电装机容量呈增长态势，达 13. 5GW，新增装机 0. 3GW，同比增长 2. 27%，为 3 年来最小增幅。

表 7　地热能发电装机容量占比

年份	可再生能源装机容量（GW）	地热装机容量（GW）	地热发电占比（%）
2013	1560	12	0. 77
2014	1712	12. 8	0. 75
2015	1849	13. 2	0. 71
2016	2017	13. 5	0. 67

资料来源：《21 世纪可再生能源政策网络》（REN21）发布的《可再生能源全球现状报告 2017》。

从地热发电量来看，美国发电量占全球总量的 26. 8%，“一带一路”国家中，菲律宾、印尼地热发电量位列全球第二、三位，相关区域的意大利和肯尼亚地热发电量也较大。

表 8　2016 年全球主要国家地热发电量（MW）

国家	发电量（MW）	同比增幅（%）	全球占比（%）
美国	3596	0	26.8
菲律宾	**1929**	**0.6**	**14.4**
印度尼西亚	**1590**	**13.5**	**11.8**
新西兰	971	0	7.2
意大利	**916**	**0**	**6.8**
墨西哥	907	2.3	6.7
土耳其	**775**	**24.2**	**5.8**
肯尼亚	**676**	**11.7**	**5**
冰岛	665	0	4.9
总计	13438	3.4	100

注：加黑部分为“一带一路”国家及相关国家。

资料来源：《21 世纪可再生能源政策网络》（REN21）发布的《可再生能源全球现状报告 2017》。

我国地热能开发利用势头良好，利用规模持续稳居世界第一，形成了较完备的地热资源开发、利用等领域的一系列新技术，处于世界领先水平。“一带一路”沿线中东盟、西亚和欧洲很多国家处于全球高温地热带之上或拥有火山地热资源，资源优势凸显。

东盟地热能资源十分丰富，开发与利用最为成熟的两个国家是火山地热资源丰富的菲律宾和印度尼西亚。菲律宾处于环太平洋地震地热带，地热资源十分丰富，截至 2017 年底地热能装机达 1868MW，仅次于美国，排名全球第二。印尼是火山之国，共有火山 400 多座，预计拥有世界最大的地热能源储量，约 270 亿瓦，占全球总量的 40%。近年来印尼地热发电能力发展迅速，新装机组逐年增加，截至 2017 年底地热发电规模已达 1809MW，预计到 2018 年达到 2024MW，有望超越菲律宾成为全球第二大地热发电国。马来西亚位于地中海—喜马拉雅地热带，近年来大规模开发地热资源，已经掌握了一定的地热能源开采技术，在地热发电方面也尝试进行建设，政府的节能优惠政策也为其地热行业的发展带来利好。

欧洲和非洲沿线一些国家地热能利用也保持着良好的发展势头。土耳其境内多火山，高温地热资源丰富，2017 年新增地热发电装机 325MW，占全球新增装机的近一半，该国政府鼓励地热能开发，对地热发电在电价和设备上给予补贴，西部已经建起了 6 座地热发电设备。意大利是世界地热发电主要国家之一，位于罗马西北部的拉德瑞罗地热电站是世界上建成的第一座地热发电站。肯尼亚位于红海—亚丁湾—东非裂谷地热带，地热资源储备丰富，具有开发深层地热资源的可行性，该国能源部大力鼓励地热能利用，目前国家电网中 13% 的电力来自地热发电，未来地热资源预计可 100% 满足电力需求。

中国企业可寻求在东盟、欧洲、非洲等一些地热能发展迅速、政府支持力度大的国家布局，就地热开发技术进行沟通交流，在大规模的地热开发项目中展开国际合作，尤其可重点关注发展速度快、未来潜力大的菲律宾、印尼等国，目前印尼有 331 个极具开发潜力的地热矿点等待投资者加盟，当地政府也将通过财政和其他优惠政策为投资者提供便利。在地热供暖、地热发电、地热工农业领域应用上，与这些国家进行地热资源开发的多层次立体式互通互助，将地热能开发推向国际化。

四、促进绿色“一带一路”建设国际合作的政策建议

（一）以传统能源市场促可再生能源拓展

世界能源结构向低碳化、无碳化方向演变的过程中，必然存在一部分新能源对传统能源的替代，但在相当长的一段时期内，新能源与传统能源之间应该是有机结合、分工合理、合作有序的。化石能源经过多年的发展，具有明显的规模与区位优势，技术成熟度与成本竞争力高，而新能源资源丰富，具有可再生性，开发潜力巨大，但成本普遍偏高且尚未形成完善的技术体系。因此，以传统能源市场促可再生能源拓展，平

衡传统能源与新能源之间的关系，越来越多地利用跨领域技术，不仅可以促进传统能源的转型升级，同时还能够推动新能源产业的成长，实现双方资源优势互补及长期可持续发展。

（二）以重大项目合作带动可再生能源利用

“一带一路”是以项目为导向，以互利合作网络、新型合作模式、多元合作平台为目标的战略构想，战略提出以来已有一批有影响力的可再生能源项目落地。

我国政府应继续科学合理地战略布局和规划，健全引导机制，推动“走出去”的企业有序有重点地进行海外可再生能源投资。加强顶层设计和整体布局，完善统筹协调机制，引导企业瞄准重点国家、重点领域，选取若干个区位条件好、投资环境优、经济辐射能力强的地区，打造成“一带一路”倡议的有力支点，在此基础上进行示范性重点可再生项目与工程建设，再进一步围绕项目开展双边贸易，推动重点产业落地生根，以点带面支撑起战略的整体实施，建立战略支点、重点项目与国际贸易协调发展的“一带一路”网络体系。

（三）支持民营可再生能源企业“走出去”

“一带一路”建设为中国企业走出去提供了难得的契机，一些民营可再生企业也借力“一带一路”政策在沿线国家展开布局，投资项目数量和投资额逐年增加，成为中国企业“走出去”的中坚力量。

我国政府应继续对民营可再生能源企业“走出去”给予支持，为企业提供风向标，打造战略支点，如推动投资主体多元化，发挥国有企业作用，运用市场机制带动中小民营企业快速高效地“走出去”；完善配套的金融扶持体系，缓解民营企业海外发展的资金瓶颈，发挥政府公共投资和国企投资对民间资本的引导和带动作用；简化政府相关审批手续，降低审批周期，可采取与专业机构如律师事务所等合作进行相关尽职调查等方式进行合理分析，推进民营企业更好地“走出去、走进去、走上去"，在国际竞争中提升企业素质。

（四）加强可再生能源专利保护

我国绿色能源产业技术专利的累计申请数遥遥领先于其他国家及地区，居全球首位，但海外专利申请总量不大，得到授权的专利数量更有限，与我国新能源海外市场占有份额不相称，因此新能源产业海外专利布局力度有待加强，建议政府采取引导措施，加大资金支持力度，鼓励新能源企业"走出去"，培育有知识产权的企业最大限度地将专利技术市场化，优化对外专利申请环境。同时，应注重可再生能源专利保护，保障和促进可再生能源高新技术的创新，从而促进其产业化的发展，没有知识产权的保护，可再生能源产业化的发展将缺乏法律保障和动力，其发展也将成为无水之源。

（五）发挥可再生能源行业组织作用

"一带一路"可再生能源投资过程中，我国企业面临着诸多不确定性以及各种挑战，将应对沿线国家与地区越来越大的经济成本、贸易摩擦，甚至政治风险。

可再生能源行业组织作为能源企业海外投资中行业自律、产业合作与人文沟通的重要平台，可以帮助企业应对多边经贸关系不确定性、预警海外投资的不确定风险，在国际经济博弈中保护行业利益中发挥着不可替代的作用。未来，应继续发挥可再生能源行业组织作用，从公共治理角度来看，可借助行业组织身份参与东道国可再生能源领域的对话，减少隐性风险；从行业治理来看，发挥产业协调和管理功能，开展行业自律，规避恶性竞争；从企业发展来看，发挥预警、咨询与服务的"传送带"功能；从国家利益角度来看，作为国际经济利益对话与博弈的市场代表，是维护产业利益与国家声誉利益的重要角色。

参考文献

[1] 于果. 我国生物质能技术发展研究 [J]. 资源与产业，2016，18 (5).

[2] 张鸿洋. 我国风力发电技术探析 [J]. 才智，2016 (6).

[3] 国家可再生能源中心.2016 国际可再生能源发展报告 [M]. 北京：中国环境出版社，2016.

[4] 王海波. "一带一路" 背景下我国生物质能源发展的机遇与挑战 [J]. 林业调查规划，2017，42 (2).

[5] 周长玲. 可再生能源产业化中的知识产权保护. 中国可再生能源和新能源产业化高端论坛，2006.

[6] 李峰. "一带一路" 战略下行业协会的组织功能与作用探索 [J]. 理论与现代化，2016，4 (4).

报告二 “一带一路”能源互联网与电力合作

2015年9月，在联合国可持续发展峰会上，习近平主席发出“探讨构建全球能源互联网，推动以清洁能源和绿色方式满足全球电力需求”的倡议，得到国际社会的积极响应。2017年11月，以“建设全球能源互联网，助推联合国2030可持续发展议程”为主题的高级别研讨会在联合国总部举行，这标志着全球能源互联网正式纳入联合国工作框架。作为引领全球治理体系变革的中国倡议，全球能源互联网将全面对接落实联合国2030年可持续发展议程，对推动构建人类命运共同体、落实“一带一路”倡议将产生巨大作用。

一、全球能源互联网的概念和意义

（一）概念和功能

1. 概念

全球能源互联网是清洁主导、电为中心、互联互通、共建共享的现代能源体系，代表了世界能源发展的趋势和方向，是推进能源变革的重要平台，其实质是“智能电网+特高压电网+清洁能源”。

智能电网是基础。智能电网集成了先进输电、智能控制、新能源接入、新型储能等现代智能技术，灵活性和适应性强，能够满足清洁能源和分布式电源接入、智能设备即插即用和互动服务等需求。

特高压电网是关键。特高压电网由1000千伏及以上交流和±800

千伏及以上直流系统构成，具有输电距离远、容量大、效率高、损耗低、占地省、安全性好等显著优势，是全球能源互联网的骨干网架，能够实现数千公里、千万千瓦级电力输送和跨区、跨国、跨洲电网互联。

清洁能源是根本。北极风能、赤道太阳能，以及各洲各国集中式和分布式清洁能源，是未来全球能源互联网输送的主导能源，是摆脱化石能源依赖，实现清洁、低碳、可持续发展的根本保障。

2. 功能

过去50年来，全球一次能源消费总量从54亿吨增加到200多亿吨标准煤，增长了2.8倍。化石能源比重超过80%。化石能源大量开发使用，给世界可持续发展带来严峻挑战。未来，全球能源需求仍将持续增长，加快能源转型迫在眉睫。纵观世界能源转型的历程，最重要的标志就是主导能源的更替。当前能源发展面临的问题，根源是对化石能源也就是碳基能源的依赖，最有效的解决方案，就是发展低碳能源、零碳能源。推动世界能源转型，要遵循从高碳向低碳、从低效向高效、从局部平衡向大范围配置的发展规律，立足技术创新，以“两个替代、一个回归、一个提高”为方向，以全球能源互联网为平台，加快形成以清洁能源为主导、电为中心、全球配置的能源发展新格局，为世界提供更安全、更清洁、可持续的能源供应。

“两个替代”，即能源开发实施清洁替代，以太阳能、风能、水能等清洁能源替代化石能源；能源消费实施电能替代，以电代煤、以电代油、以电代气、电从远方来、来的是清洁发电，根本解决对化石能源的过度依赖以及碳排放等世界难题。“一个回归”，即化石能源回归其基本属性，主要作为工业原料和材料使用，为经济社会发展创造更大价值。据统计，世界原油70%作为燃料使用，仅30%用作原料，单位原油作为原料创造的经济价值是用作燃料时的1.6倍。“一个提高”，即提高电气化水平，增大电力在能源消费中的比重，在保障用能需求前提下降低能源消费量。研究表明，电力产生的经济价值相当于等当量煤炭的 17.3 倍、石油的 3.2 倍，电能占终端能源比重每提高 1 个百分点，能源强度下降 3.7%。

构建全球能源互联网是实施“两个替代”的关键。全球清洁能源资源十分丰富，仅开发万分之五就可满足全球能源需求。但全球清洁能源分布不均衡，如亚欧非大陆 85% 的水能、风能、太阳能资源集中在从北非经中亚到俄罗斯远东、与赤道成 45°角的能源带上，负荷主要集中在东亚、南亚、欧洲、南部非洲等地区。风电、光伏发电具有间歇性、波动性，只有融入大电网才能实现大发展。另外，各类一次能源都可以转化为电能，各种终端能源都可用电能替代。这决定了只有构建全球能源互联网，大范围优化配置能源和电力，才能够实现清洁能源高效开发利用，保障安全、充足、便捷的电力供应。

（二）构建全球能源互联网的重大意义

构建全球能源互联网，实现绿色低碳转型，对于世界经济、社会、环境可持续发展具有全局性、根本性的推动作用。

1. 推动实现联合国“2030 议程”目标

“2030 议程”提出了 17 个可持续发展目标，涉及能源、经济、社会、环境等多个方面。构建全球能源互联网，将加速能源变革转型，保护地球生态环境，让世界走上可持续发展的道路；将大幅减少全球无电人口，让人人享有可持续能源，促进消除贫困和饥饿，缩小地区差距，实现区域经济协调发展；将有力拉动能源电力等相关行业投资，带动智能电网、特高压、新能源等新兴产业，打造世界经济增长新引擎；将推动全球互联互通，促进创建政治互信、经济融合、文化包容的世界，推动人与人、人与自然、人与社会和谐共处，实现“2030 议程”主要发展目标。

2. 推动《巴黎协定》落实

《巴黎协定》明确到本世纪末，将全球温升控制在 2℃之内，力争不超过1.5℃，解决气候变化问题。构建全球能源互联网，打造绿色低碳现代能源体系，大规模开发利用全球清洁能源，实现从化石能源为主到清洁能源主导的升级，到2050年全球能源消费的二氧化碳排放可控制在115亿吨左右，能够实现《巴黎协定》的目标。

3. 推动世界和平繁荣和进步

构建全球能源互联网，将推动人类从化石能源竞争转向清洁能源共享与合作，增强国家间信任关系，促进世界和平，形成开放共享、互利共赢的全球能源新格局；推动全球电力基础设施互联互通，与信息、交通网络融合发展，打造繁荣发展的全球经济新体系；让现代电力文明惠及千家万户，促进人类生产和生活方式的转变，推动社会进步，开启人类文明新篇章。

二、全球能源互联网与“一带一路”能源合作

“一带一路”倡议是中国首倡、面向21世纪、适应经济全球化的重大战略，秉持和平合作、开放包容、互学互鉴、互利共赢的理念，以政策沟通、设施联通、贸易畅通、资金融通、民心相通（即“五通”）为主要内容，汇聚起沿线国家共谋发展、交流合作的美好愿望和强大力量，实现共同繁荣。

全球能源互联网是落实“一带一路”倡议的重要举措和抓手。能源是事关“一带一路”国家经济社会发展的重大课题。加快跨国跨洲电网互联，构建全球能源互联网是“一带一路”建设的重要内容，已经纳入了“一带一路”建设框架体系，对于落实“一带一路”建设将发挥综合带动作用，具有全局战略意义。2017年5月“一带一路”国际合作高峰论坛期间，全球能源互联网发展合作组织分别与联合国经济和社会事务部、联合国亚洲及太平洋经济社会委员会、非洲联盟、阿拉伯国家联盟、海湾国家合作委员会电网管理局签署了合作备忘录，纳入

了论坛成果清单。建设全球能源互联网，能够推动各国能源发展战略、政策和标准有效对接，加强区域能源合作，促进政策沟通；能够发挥重大工程的示范和引领作用，增进国家之间互信和协作，推进跨国联网和电力互联互通，促进设施联通；能够建立跨国跨洲电力大市场，扩大能源和电力交易规模，实现清洁能源大范围优化配置，促进贸易畅通；能够搭建基础设施投融资合作新平台，开辟绿色金融发展新领域，促进资金融通；能够解决无电人口通电和生态环境保护问题，切实保障和改善民生，促进民心相通。

构建全球能源互联网，落实“一带一路”建设，需要抓住重点环节。一是积极推进电网互联互通。联通是“一带一路”建设的根本。从现实情况看，电网互联互通是“一带一路”建设最有条件取得重大突破的领域之一。要以“一带一路”沿线国家为重点，加快实施一批条件成熟、示范作用强的跨国、跨洲电网互联项目，发挥引领和带动作用。二是大力开发清洁能源。破解“一带一路”国家能源发展难题，实现清洁绿色转型，必须加快水电、风电和太阳能发电开发利用。集约规模开发各国清洁能源并进行跨国跨洲大范围配置，灵活经济开发各类分布式能源，实现多能互补、灵活互济、协调利用，满足未来各国能源需求。三是加强国际合作。建立跨国界、跨领域、跨专业的国际合作机制，推动各国政府、行业企业、社会团体、研究机构在政策、市场、资金、技术、标准等方面开展务实合作，共同推动全球能源互联网创新发展。

全球能源互联网将有力推动“一带一路”建设更好更快发展，给各国人民带来巨大福祉。沿线国家将实现能源发展战略紧密对接，各国在能源变革上将采取一致行动，共同推动能源可持续发展；能源基础设施互联互通将达到前所未有的程度，形成亚欧非能源互联互通格局；清洁能源在更大范围内优化配置，跨国、跨洲电力贸易规模显著提高；商业模式和金融模式进一步创新发展，有效支撑实体经济发展；将大幅消除“一带一路”沿线国家无电人口，基础设施建设和清洁能源发展将提供大量就业岗位，显著改善居民生产生活条件。

三、“一带一路”电力合作面临的形势

我国与“一带一路”沿线国家开展电力领域国际合作既面临重要机遇，也面临前所未有的挑战。

（一）主要机遇

“一带一路”倡议为促进中国与周边国家电网互联互通，实现跨地区、跨国家的电力能源资源优化配置带来重要机遇。周边国家能源资源丰富但开发利用水平较低，我国能源电力需求高但面临较强资源与环境约束，周边国家与我国能源电力发展具有较强互补性。俄罗斯、蒙古国、中亚五国煤炭、油气、水力、风力、太阳能等资源丰富，与我国合作开发其煤电、水电资源向我国送电的意愿较强。我国掌握特高压交直流输电工程技术，开展电力合作具备工程技术可行性。“一带一路”倡议提出的电网互联互通符合各国利益，推进跨国电网互联，实现跨地区、跨国家的资源优化配置，对于中国和周边地区的能源协调互济、环境协调发展以及实现双方和多方优势互补具有重要意义。

“一带一路”沿线国家电力投资建设需求巨大，为我国电力工程承包和电工装备产业“走出去”带来重要机遇。中亚、南亚、东南亚、北非等沿线国家多为发展中国家，正处于或即将进入工业化发展阶段，电网等基础设施建设落后，电气化水平较低，电力短缺问题长期存在，普遍将电力作为各国优先发展的重点行业。中东欧和独联体国家电网设备老化、管理不善等问题突出，风电、太阳能发电等新能源并网面临较大压力，对电网设备升级改造具有刚性需求。“一带一路”沿线国家资金匮乏，电力基建设施投资不足，引入外资需求日益强烈。中国电工装备和电力工程承包企业通过参与国内外电源和电网大规模建设，在生产

成本和市场份额等方面已经具备较强的国际竞争力。

我国颁布实施“一带一路”指导意见和支持政策，为中国企业参与“一带一路”电网领域国际合作带来更多便利条件。国家颁布了《推动共建丝绸之路经济带和21世纪海上丝绸之路的愿景与行动》，着力推进西南跨境电力通道和中俄输电通道建设，积极参与中亚地区电网升级改造，有序推进水电、核电、风电、太阳能、煤炭、电力等能源合作，推动我国具有优势的电力技术、装备与工程服务走出去。国务院国资委召开中央企业参与“一带一路”建设暨国际产能和装备制造合作工作会议，提出将在融资、规划、队伍建设、分类考核、服务保障等方面对中央企业“一带一路”国际合作提供支持。“中国制造2025”制定了包括电力装备在内的十大重点发展领域，并将在财税、金融、人才等方面给予政策倾斜。国务院发布“推进国际产能和装备制造合作的指导意见”“加快培育外贸竞争新优势若干意见”，在财税支持、优惠贷款、信用保险、外交服务、信息共享、标准国际化等方面对扩大电网领域合作做出战略部署。国家开发银行、中国进出口信用保险公司等金融机构大力加强对“一带一路”相关项目的金融支持，适当扩大对沿线国家承保范围，对大型成套设备出口融资应保尽保，降低大型成套设备出口融资成本。亚洲基础设施投资银行、丝路基金、金砖国家开发银行、上海合作组织融资机构的筹建，为中国企业扩大对“一带一路”沿线国家电网领域国际合作带来更多的便利条件。

中国与沿线国家加强合作平台建设，在机制上为共建“一带一路”提供了重要的支撑。中国正与沿线国家积极合作规划中巴、孟中印缅、中蒙俄、新亚欧大陆桥、中国—中亚—西亚、中国—中南半岛六大经济走廊建设。中国与俄罗斯、蒙古国政府建立了能源合作机制，与哈萨克斯坦建立了产能合作机制，与巴基斯坦建立了全天候战略合作伙伴关系。在倡导创新合作模式的同时，充分利用现有的区域合作机制和平台，如上海合作组织、亚信会议、中亚区域经济合作（CAREC）、欧亚经济联盟、南亚区域合作联盟、中国—东盟（10+1）、中日韩—东盟（10+3）、区域全面合作伙伴关系（RCEP）、中阿合作论坛、中国—海合会战略对话、大湄公河次区域合作（GMS）等双多边、区域次区域合作机制和论坛，为“一带一路”电网互联互通建设起到强化和补充作用。

（二）主要挑战

地缘政治和大国博弈对跨国电网互联互通带来不确定因素。长期以来，美国、俄罗斯、欧盟、日本、韩国等都视中亚等地区为其战略利益的重点区域。美国2009年“重返亚洲”，实行亚太再平衡战略，加大介入亚洲地区事务，使得中国与海上丝绸之路沿线国家间的关系趋于复杂。美国2011年提出“新丝绸之路”计划，以阿富汗为枢纽推动南亚、中亚的经济一体化和跨区域贸易，实现“能源南下”“商品北上”，意在排斥中国并为遏制中国、俄罗斯和伊朗提供战略支点。日本2012年提出“亚洲超级电网”，拟建设连接俄罗斯、中国、蒙古国、韩国和日本的泛亚洲跨国电网。韩国也提出开发俄罗斯远东地区电力资源，通过高压输电线路向韩国输送电力。各国之间的战略博弈对我国与周边国家推动电网互联互通带来不确定性。

部分国家政治局势对我国扩大国际电力工程承包业务、深化国际产能与电工装备制造合作带来挑战。一些沿线国家政局不稳、社会持续动荡，局部地区武装冲突此起彼伏。缅甸、泰国民主转型带来的政治风险，巴基斯坦、吉尔吉斯斯坦等国政治不稳定，突尼斯、利比亚、伊朗、伊拉克、阿富汗、叙利亚和也门等西亚北非国家出现社会震荡和政治冲突。部分国家和地区由于民族和宗教问题所引发的极端主义、恐怖主义和分裂主义盛行，对中国企业在“一带一路”沿线国家开展电工装备制造合作和电力工程承包业务构成现实挑战。

社会环境与法律体系差异、汇率和债务风险，给电力投资项目回报带来不确定性。“一带一路”途经不同国家和地区，宗教、文化、社会背景差异大，中亚、南亚等国法律体系不透明、执法随意性大，蕴藏隐性风险。中东欧部分国家存在较大的经常项目赤字，经济基本面不利，面临较高的主权债务风险，在国际资本市场的融资成本高。俄罗斯面临经济制裁、卢布贬值、通货膨胀攀升、对外贸易减少、资金外流加剧，导致与其经贸关系紧密的中亚国家汇率波动。“一带一路”电网互联互通项目建设周期长，落地电价竞争力对各国税收、贷款利率敏感，投资回报和项目盈利性存在不确定性。

部分国家与我国缺乏政治互信，对共建“一带一路”存有疑虑。哈萨克斯坦、乌兹别克斯坦、土耳其等国，历史上都曾是区域性强国，由于历史、文化、宗教和制度等方面存在的差异，对泛突厥主义与泛伊斯兰主义的中亚走廊也有着与中国不同的利益诉求。东南亚的越南、菲律宾等国与中国存在领土主权和海洋权益纠纷，在承认中国大国崛起影响力的同时，不断穿梭主要大国之间搞平衡，以谋求自身利益最大化。这些都可能对中国在沿线国家开展电力投资与工程承包项目产生不利影响。

中国企业之间在国际市场上存在无序竞争，抱团“走出去”的协同效应未得到有效发挥。由于电工装备出口中 EPC（工程总承包）业务比重的快速增长，我国电工装备“走出去”呈现设备制造厂商、经贸公司、设计院、工程建设企业、电力企业等“五驾马车”并驾齐驱态势。电力装备出口和国际工程承包市场竞争激烈，部分中国企业缺乏合作意识，无序竞争的情况尤为突出，如在投标工程承包项目过程中竞相压价等，这种缺乏大局观念和意识的行为对中国企业的整体国际形象造成了不良影响。

四、“一带一路”建设电网领域国际合作政策建议

（一）建立与沿线国家的跨国协调机制和标准认证体系

在沿线国家电网互联互通建设领域，应充分利用各种政府间协调磋

商和战略对话机制，统筹协调电力电网统一规划、能源资源开发、征地、环保、国家财税政策协调和工程建设事项，及时研究解决电网互联互通工程面临的重大问题。

在电工装备出口领域，建议由国家标准化委员会或行业协会出面，统筹推进我国与“一带一路”沿线国家在技术标准、资质认证等方面的合作。国家提供一定的资金支持，减少企业成本，提高我国电工装备在国际市场的竞争力。

（二）简化国内审批流程，推动各国完善法律保障机制

以提升国家竞争力为导向，支持我国企业到“一带一路”沿线国家投资运营电网和建设跨国输电通道，对重大投资项目、重点工程项目简化审批或备案流程，进一步扩大企业自主权，提高企业对外投资决策效率。

加强与“一带一路”沿线国家有关政府部门的沟通，促进沿线国家对我国企业的信任和接纳，推动“一带一路”沿线国家完善和健全外商投资电力能源领域的法律法规，保证资金安全和投资回报，降低我国企业进入各国能源电力基础产业的政策壁垒。

（三）加强国际合作能力建设与人才培养

加强国际标准制定与国际组织参与程度，进一步提升我国企业在世界电网领域的影响力和话语权。强化海外社会责任管理，通过标志性工程进一步提升我国品牌的国际影响力。加快推进我国电工装备商标品牌在海外注册，通过境外媒体、公关公司、广告、外文网站等拓展海外品牌传播渠道，完善品牌规划、危机预警、风险应对体系，提升品牌国际影响力。结合“一带一路”电网领域合作特点，“引进来”与“走出去”相结合，加快培养高素质复合型国际化人才，提高人才本土化水平。

（四）加强统筹协调，减少无序竞争

加强政府部门之间的横向协调，抓紧研究制定区域、次区域电力市场发展规划，重点支持开发“一带一路”沿线国家大型电力项目。积极发挥行业协会作用，进一步加强电力工程承包和电工装备出口业务重点市场的指导和规划，避免行业无序竞争、恶性竞争。以综合价值最大化为导向，鼓励和支持中国企业之间抱团“走出去”。加快信息共享和配套服务体系建设，促进我国企业国际化发展经验和境外项目信息共享。

参考文献

[1] 王益民. 全球能源互联网理念及前景展望 [J]. 中国电力，2016 (3).

[2] 舟丹. 中国“一带一路”能源互联网进展 [J]. 中外能源，2017 (5).

[3] 曾鸣. “一带一路”下的能源互联网 [J]. 中国电力企业管理，2017 (8).

[4] 王敏. 构建中国能源互联网服务“一带一路”建设 [J]. 中国电力企业管理，2017 (8).

[5] 何枢. 加快构建全球能源互联网 打造“一带一路”建设新引擎 [N]. 国家电网报，2017-05-16.

[6] 刘振亚. 落实“一带一路”战略 构建全球能源互联网 [N]. 人民政协报，2015-03-03.

[7] 何枢. 多项协议助力全球能源互联网在亚洲、非洲和“一带一路”沿线国家加快落地 [N]. 国家电网报，2017-05-15.

后 记

加强能源国际合作是习近平总书记提出的“四革命一合作”能源革命战略的重要任务之一。本书系在中国国际经济交流中心（以下简称“国经中心”）2017 年度重大课题《加强我国能源国际合作研究》基础之上整理而成。

本书主体内容分为上下两篇，分别就我国全方位能源国际合作和“一带一路”能源国际合作进行研究。

上篇主题为新时代全方位推进我国能源国际合作。回顾了我国能源国际合作的历程和成就，分析了新时代能源国际合作面临的挑战，并对国际能源合作新变化和新趋势做出了研判，在此基础上提出了新时代加强我国能源国际合作的总体思路和建议。本书认为，新时代我国能源国际合作要有更高目标：以为全面建成小康社会和两个一百年奋斗目标提供充足的能源保障为底线；全面参与全球能源治理，承担与自身能力相适应的责任，构建人类能源命运共同体；坚持绿色低碳发展方向，推动形成绿色低碳的全球能源治理格局。新时代我国能源国际合作应采取积极有为、义利兼顾，融入、改造、引领，全面加强、重点突破的原则。建议全方位推进全球能源治理；以“一带一路”为依托深化能源国际合作；勾画国际合作框架和区域合作框架；深化已有多边和双边合作机制；推动能源企业走出去和全面国际化；提升我国能源国际合作软实力。

下篇主题为大力推进“一带一路”能源合作，建立能源合作伙伴关系。2015 年 3 月，习近平同志在博鳌亚洲论坛年会上提出“推动建设亚洲能源资源合作机制”；6 月，曾培炎同志在“博鳌亚洲论坛第三届能源、资源与可持续发展会议”上首次提出建立“亚洲能源资源伙伴关系”的倡议。本部分就“一带一路”能源合作中如何落实“能源资源伙伴关系”思想进行了研究，特别是对曾培炎同志提出的构建亚洲能源资源交易市场，贸易投资自由化、便利化准则，大宗商品金融化监管合作等若干机制进行了深化研究。本书认为，“一带一路”能源合作伙伴关系将能源生产国、消费国、过境国紧密联系在一起，共同参与解决能源发展、经济增长问题，是落实“一带一路”利益共同体、命运共同体、责任共同体的载体和抓手。建议有序推进与伙伴关系国家能源合作，发挥能源合作枢纽作用，强化体制机制保障，加强能源合作项目储备。

国家发改委能源研究所原所长韩文科担任课题负责人，对课题研究的框架设计和主要观点给予了重要指导。国经中心信息部副部长、研究员景春梅博士担任课题组组长，负责框架设计及全书统稿，并承担总报告、第三章、第四章写作；国经中心副研究员王成仁博士承担第六章和第九章写作；国经中心副研究员陈妍博士承担第七章写作和专题报告二汇编；国经中心研究员曾少军博士承担第八章和专题报告一写作；中国社科院研究生院政府政策系曾省存博士承担第一章和第二章写作；民德研究院金爱伟承担第五章写作。

在大半年的研究过程中，课题组多次召开座谈会，并走访政府部门、研究机构和企业进行调研。课题组在资料收集、观点形成过程中得到了国家能源局国际合作司的大力支持和帮助。在“一带一路”能源合作俱乐部论证过程中，课题组也对相关工作提供了应有的智力支持。课题组先后与到访中国的国际能源署（IEA）副署长保罗·西蒙斯一行、沙特国王研究中心研究总监大卫·霍布斯一行进行了座谈，就国际能源形势、中国与 IEA 合作、中沙能源合作等议题进行了充分交流，对深化课题研究起到了积极作用。

感谢国经中心常务副理事长、执行局主任张晓强，国经中心执行局副主任吴越涛，国家能源局国际合作司司长顾骏，国际能源署署长高级顾问杨雷在课题研究过程中给予的大力支持和重要指导，课题组同志深受启发和裨益。国家能源局国际合作司副司长安丰全、国经中心战略研究部副部长任海平、国家发改委能源研究所研究员朱跃中、中国能源网首席信息官韩晓平、中国人民大学国际能源战略研究中心许勤华教授、全球能源互联网合作发展组织经济技术研究中心副主任周原冰、中投海外直接投资有限责任公司综合部经理张爽等领导和专家，参与课题讨论，并给予了热情指导和有价值的意见建议。

课题组对课题报告进行了成果转化，撰写的两篇内参得到国务院领导重要批示，相关建议对实际工作发挥了积极作用。部分成果公开发表，课题组部分同志在有关学术会议上发表观点，并多次接受主流媒体采访，取得了较好的社会效果。2017 年 12 月，经专家匿名评审，本课题被评为国经中心 2017 年度优秀研究课题。

谨此向所有给予本研究以帮助的单位和专家表示衷心感谢！由于能力所限，本研究中一定还存在不少问题和纰漏，敬请读者朋友批评指正。